Lieber Ludwig

Schöne Weihnachten
2002
wünscht Dir

Anna

Kroatien

Buchten · Ankerplätze
Häfen · Landgänge

Dubrovnik

Kroatien

Buchten · Ankerplätze
Häfen · Landgänge

DSV-Verlag

Rab

Ein Wort zuvor

Nach dem sich die 1. Auflage 2000 auf das Gebiet Istriens und der Kvarner Bucht beschränkte, steht dem Skipper mit diesem Werk die gesamte Küste Kroatiens mit seinen Inseln zur Verfügung.
Die neu aufgenommenen großen Inseln liegen zum Teil weit vor der dalmatinischen Küste.
Die Entfernungen zwischen den Marinas nehmen, verglichen mit Istrien und der Kvarner Bucht, deutlich zu und es lassen sich auch äußerst anspruchsvolle Seeschläge, zum Beispiel nach Sušac und Lastovo, realisieren.

Damit dürfte jeder Wassersportler an der kroatischen Küste auf seine Kosten kommen.
Eine Reihe moderner Marinas und viele Ankermöglichkeiten bieten sich einer durchreisenden Yacht an. Dabei ist das Revier belebt, ohne jedoch überfüllt zu wirken.
Danken möchte ich all jenen, die durch ihren Einsatz zum Gelingen dieses Werkes beigetragen haben.

Ich wünsche dem Leser viel Vergnügen dabei, die reizvolle Küste Kroatiens für sich zu gewinnen.

Volker Lipps

Ankerbucht von Pantera

Strand bei Bol

Omiš

Mali Lošinj

Inhalt

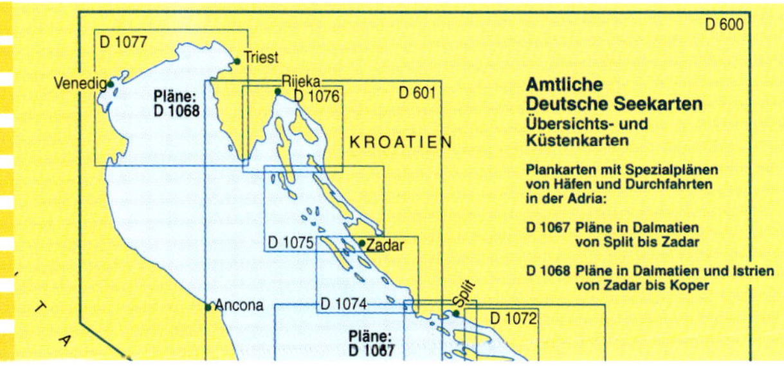

D 600
D 1077
Triest
Venedig
Rijeka
D 1076
D 601
Pläne: D 1068
KROATIEN
Amtliche Deutsche Seekarten Übersichts- und Küstenkarten
Plankarten mit Spezialplänen von Häfen und Durchfahrten in der Adria:
D 1067 Pläne in Dalmatien von Split bis Zadar
D 1068 Pläne in Dalmatien und Istrien von Zadar bis Koper
D 1075
Zadar
Ancona
D 1074
Split
D 1072
Pläne: D 1067

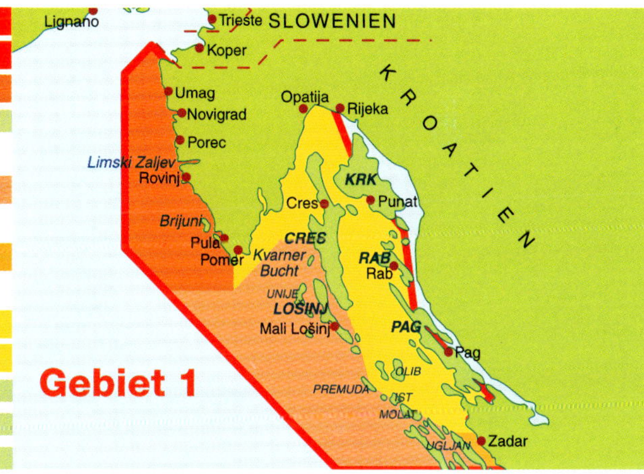

Lignano
Trieste
SLOWENIEN
Koper
KROATIEN
Umag
Novigrad
Opatija
Rijeka
Porec
Limski Zaljev
Rovinj
KRK
Cres
Punat
Brijuni
Pula
Pomer
CRES
Kvarner Bucht
RAB
Rab
UNIJE
LOSINJ
Mali Losinj
PAG
Pag
Gebiet 1
OLIB
PREMUDA
IST
MOLAT
UGLJAN
Zadar

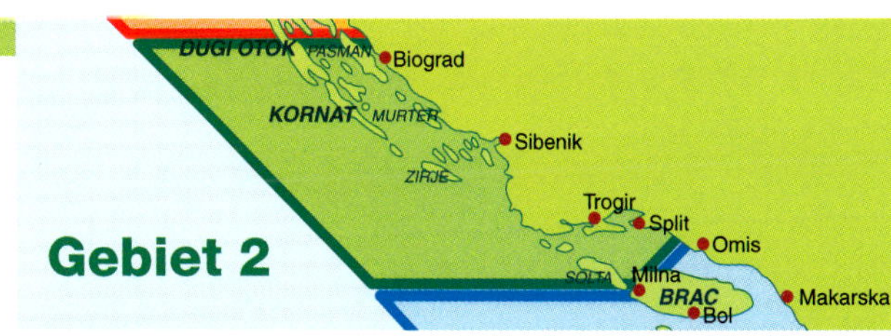

DUGI OTOK
PASMAN
Biograd
KORNAT
MURTER
Sibenik
ZIRJE
Trogir
Split
Omis
Gebiet 2
SOLTA
Milna
BRAC
Bol
Makarska

Trogir
Split
Omis
Gebiet 3
SOLTA
Milna
BRAC
Bol
Makarska
SV.KLEMENT
Stari Grad
HVAR
Hvar
Gradac
Ploce
VIS
Vela Luka
PELJESAC
Orebic
KORCULA
Korcula
Ston
SUSAC
LASTOVO
MLJET
SIPAN
Dubrovnik
Cavtat

ITALIEN
SLOWENIEN
Lignano
Trieste
Piran
Koper
Portoroz
Izola

Gebietsübersicht

Einführung

1. Allgemeine Angaben

Das ganze im vorliegenden Werk behandelte Revier Kroatiens erstreckt sich vom 42. Breitengrad im Süden bis zum 46. Breitengrad im Norden. Damit ist die Region ein verbindendes Glied zwischen Nord- und Südeuropa – schon nicht mehr zu Nordeuropa gehörig, aber auch noch nicht ganz Süden. Wir haben es zusammen mit dem Golf von Genua mit dem nördlichsten Zipfel des Mittelmeers zu tun. Das prägt im Wesentlichen den Landschaftscharakter und die klimatischen Bedingungen.

Unverändert sind die Küsten Istriens und der Kvarner Bucht kein Hochseerevier. In etwas eingeschränktem Maße gilt dies auch für die südlicher gelegenen Gebiete Dalmatiens. Das Revier ist bestimmt durch seine Unzahl von Inseln, Inselchen und Klippen. Ganz Kroatien besteht aus einer Küstenlinienlänge von fast 6.000 km. Über 700 kleine und größere Inseln sowie mehr als 500 Felsen und Riffe sind der gesamten Küste vorgelagert. Genau diese starke Gliederung lässt einen eigentlich auch nicht von Küstenlinie sprechen. Auch hier gilt, so wie die kroatische Inselwelt nicht zum Norden gehört, aber noch nicht Süden ist, so ist das Gebiet insbesondere der Kvarner Bucht nicht mehr Festland, aber auch noch nicht ganz Meer. Es ist ein einzigartiges Revier, das sich jeder kategorischen Zuordnung entzieht.

Für den nautischen Touristen ist es durchaus ordentlich erschlossen, wenngleich die Dichte von Marinas und geeigneten Liegeplätzen nicht so groß ist, wie dies beim flüchtigen Blick auf die Karte vom Landschaftseindruck suggeriert wird. Bei den für Sportboote geeigneten Häfen handelt es sich zumeist um moderne Marinas, den typisch klassischen mediterranen Fischerhafen wird man nur noch selten finden. Daneben bieten sich einige romantische Ankerplätze an, von denen es eine ganze Reihe gibt.

Ideal geeignet ist insbesondere der Nordteil Kroatiens schon wegen der kurzen Anreisewege, um mit dem Trailerboot erschlossen zu werden. Speziell in den zum Teil stillen Kanälen zwischen den Inseln des Reviers, also besonders im der Stadt Zadar vorgelagerten Archipel, kommt auch der Jollenkreuzer zu seinem Recht. Bei verantwortlicher Schiffsführung und vorausschauender Wetterbeobachtung spricht nichts dagegen, mit ihm auf Wanderfahrt zu gehen. So kann man auch noch dort in die flachsten und verwinkelsten Ecken gelangen, die dem Kielboot-Skipper verschlossen bleiben. Aber auch der Freund längerer Seeschläge wird entlang der äußeren Inseln auf seine Kosten kommen.

Geschichte

Bis in die heutige Zeit hinein ein deutlicher Unterschied zwischen den hochentwickelten urbanen Zentren – selbstbewußte Städte – und dazwischen gelegenen, zum Teil armen, zurückgebliebenen Landstrichen auffällig. Vielerorts spürt man die Zurückgezogenheit der Menschen auf ihre Insel, ihr Dorf. Nirgendwo in Europa ist außerdem die Geschichte von Orient und Okzident enger verzahnt als an der dalmatinischen Küste. Die Gegend ist eine Nahtstelle zwischen der östlichen und der westlichen Kultur, der lateinisch-römisch-katholisch geprägten auf der einen, der byzantinisch-orthodoxen sowie islamisch-türkischen auf der anderen Seite. Zum Teil spüren wir die leidvollen Auswirkungen noch heute.

Schon in der Antike war die Küste, damals besiedelt von illyrischen Stämmen, Objekt der Begierde Roms. Der Name Dalmatien leitet sich noch heute vom illyrischen Stamm der Dalmatae ab, nach dem die Römer die Provinz jenseits der ihnen bekannten Adria benannten. Später folgten den Römern die Westgoten, und weiter etablierte sich Byzanz in der Region. Erst am Ende, nach Byzanz, kamen die Slawen auf die Balkanhalbinsel. Anfang des 15. Jahrhunderts geriet die Gegend unter die Herrschaft des aufstrebenden Venedig. Diese Herrschaft sollte 400 Jahre andauern, wurde aber immer wieder von der Macht des osmanischen Reichs vom Innern des Balkans her bedroht. Anfang des 19. Jahrhunderts trat anstelle der Seerepublik Venedig das Habsburger Reich, das die dalmatinische Küste bis zum Ende des Ersten Weltkrieges und bis zur Gründung des Staates Jugoslawien innehatte. Während der Herrschaft Venedigs hatten aber viele Stadtstaaten ganz im Süden der Region, z. B. Pag oder Dubrovnik (ital. Ragusa), eine weitgehende politische Autonomie durch die Ausnutzung ihrer Lage zwischen Venedig und Byzanz erhalten. Dass die Gegend wenige Jahre (1812 bis 1815) zum kurz aufstrebenden napoleonischen Reich gehörte, sei nur der Vollständigkeit halber erwähnt. Seit Juni 1991 – der Abtrennung Kroatiens vom jugoslawischen Staatenbund – ist Kroatien ein selbstständiger Staat und ab 15. Januar 1992 völkerrechtlich als eigenständiger Staat allgemein anerkannt.

Anreise

Für den Charterer keine Frage, für den Bootseigner aber interessant – wie gestaltet sich die Anreise zur Nordadria? Mit dem Trailerboot hat man von Frankfurt bis zur Nordadria eine zweitägige Fahrt über gut ausgebaute Autobahnen bzw. in Istrien und im Nordteil der Kvarner Bucht über Landstraßen zu bewältigen. Man kann dann sehr gut von einem der Häfen der istrischen Westküste oder auf der Insel Krk das Boot zu Wasser lassen. Über die Küstenstraße sind auch die Reviere Dalmatiens erreichbar. Man sollte aber wegen des zum Teil dichten Verkehrs mit längeren und strapaziöseren Reisezeiten rechnen. Für die Autoanreise ist neben den üblichen Papieren (Personalausweis oder Reisepaß, nationaler Führerschein, Fahrzeugschein und Nationalitätskennzeichen) eine grüne Versicherungskarte für Kroatien Pflicht. Es sei auch darauf hingewiesen, dass in Kroatien ein Reservesatz Glühlampen Pflicht ist. Zu Beginn von Schulferien im Sommer, an Ostern und an Pfingsten muss man allerdings mit längeren Wartezeiten an den Grenzen rechnen. Wir dürfen nicht vergessen, dass Kroatien und Slowenien außerhalb der EU liegen.

Ein Boot, das man nicht selbst trailern kann, wird man von Nordeuropa aus nur über den Seeweg bzw. über einen professionellen Yachttransport in das nordadriatische Revier bringen können.

2. Seekarten, Seehandbücher

Es empfiehlt sich, Literatur und Seekarten schon rechtzeitig vor dem Törn in Deutschland zu besorgen. Erfahrungsgemäß sind vor Ort diese Artikel kaum erhältlich.

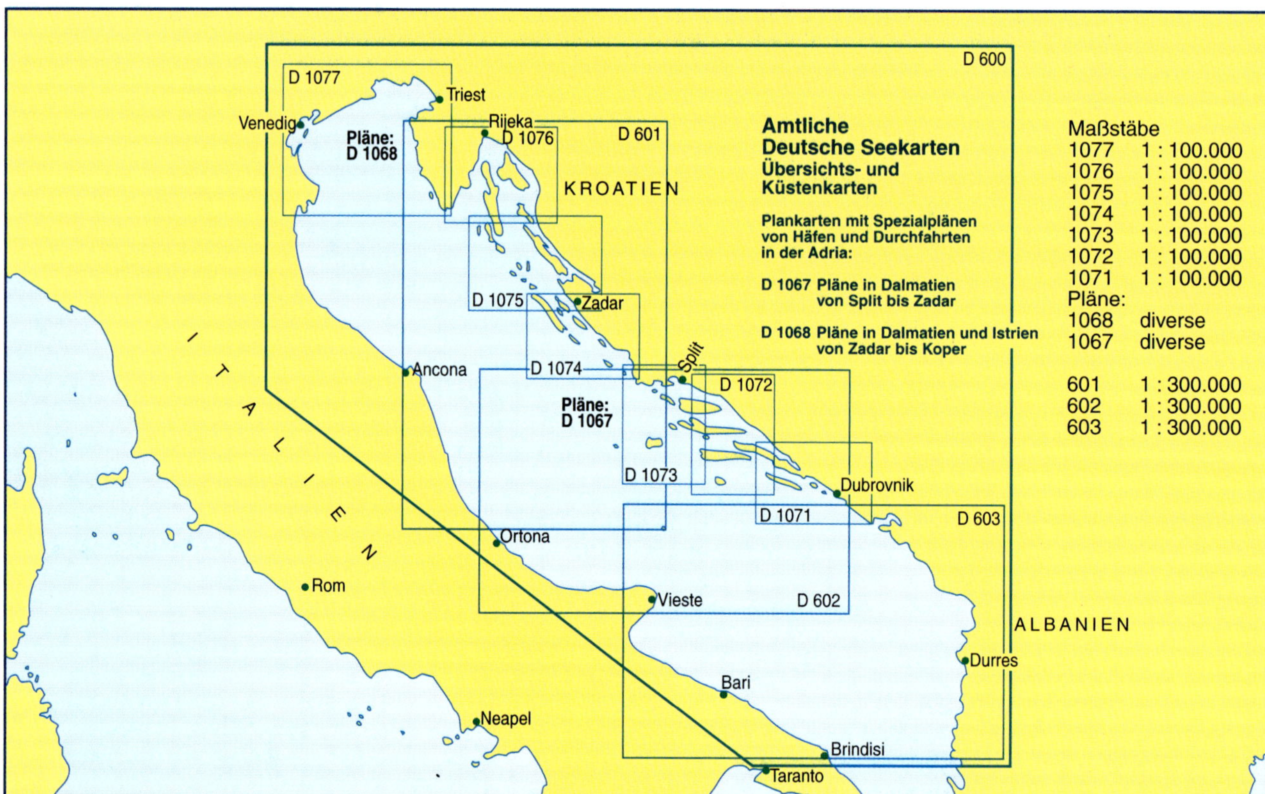

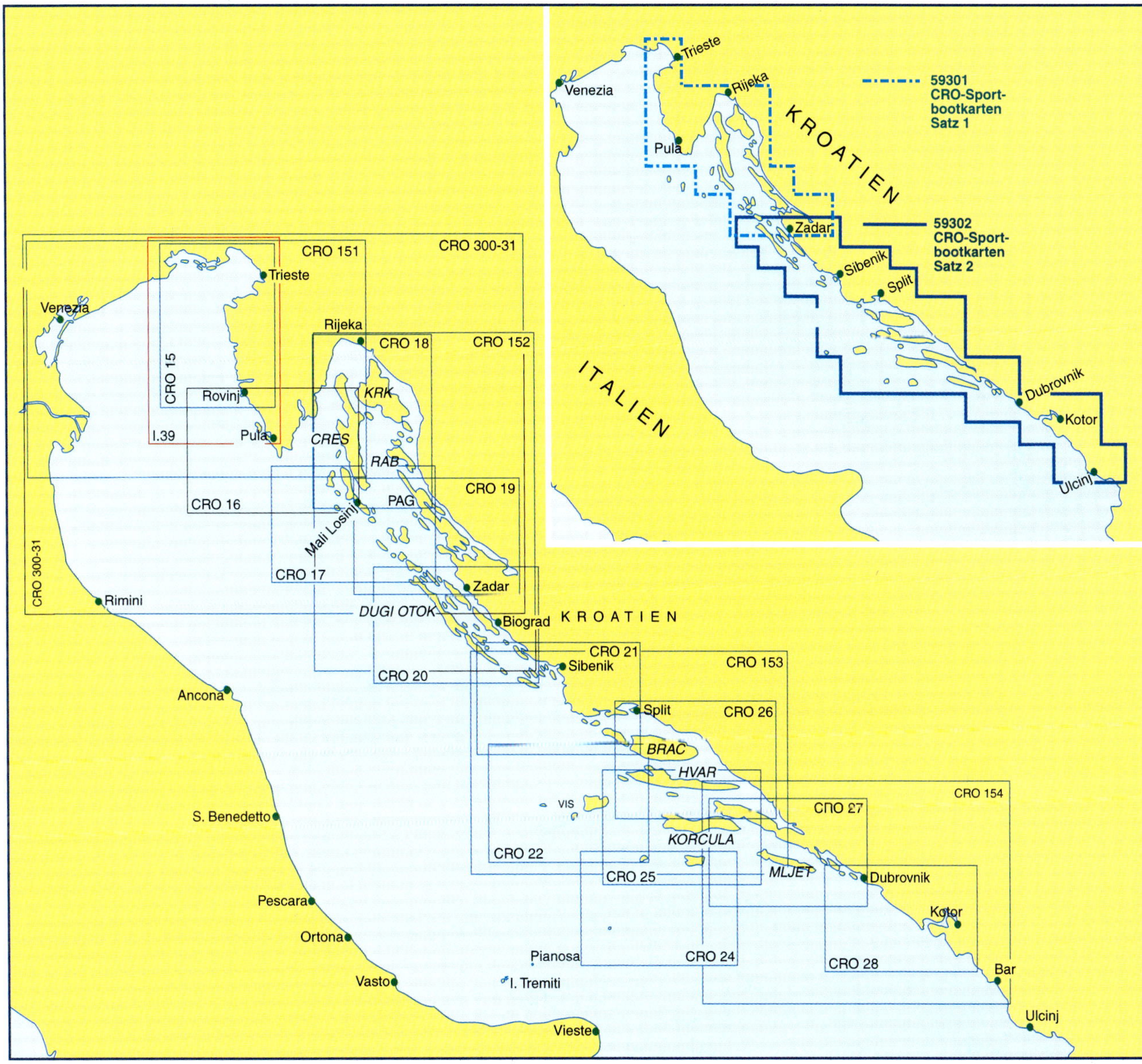

Das hier behandelte Seegebiet wird von folgenden Seekartensätzen und Einzelkarten abgedeckt:
Amtliche Deutsche Karten:
D1077, D1076, D1075, D1074, D1073, D1072, D1071;
Pläne D1068, D1067; D601, D602, D603
Karten im Maßstab von 1:100.000 und 1:300.000 (Seite 10)
Italienische Karte: I 39 Maßstab 1:100.000 (Seite 11)

Kroatische Karten:
CRO15 bis CRO28
Karten im Maßstab von 1:100.000.
Kroatischer Sportbootkartensatz 59301, 59302
ebenfalls im Maßstab 1:100.000
Amtliche Britische Seekarten
im Maßstab 1:100.000 und 1:300.000 (Karte Seite 12)

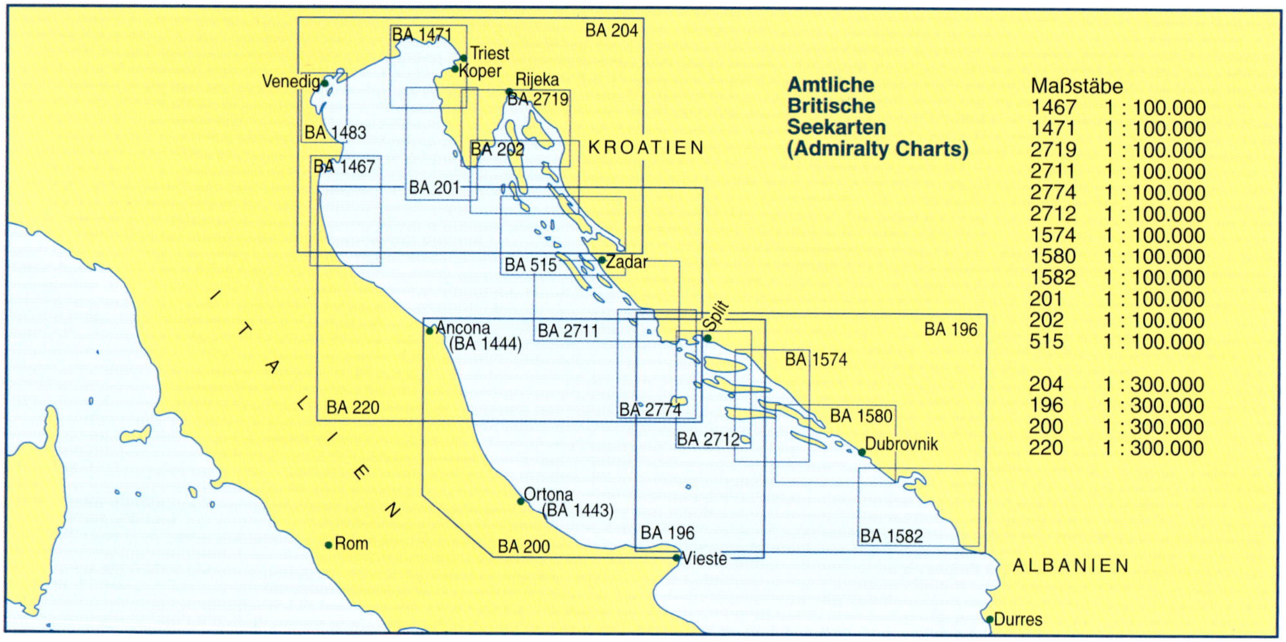

Die Darstellungsart der Karten unterscheidet sich unwesentlich voneinander. Der Sportbootkartensatz hat den Nachteil, aus zwölf Einzelblättern zu bestehen, sodass das Seegebiet in viele kleine Teile aufgeteilt wird und Navigation über den Kartenrand hinaus zum üblichen Fall wird. Darunter leidet etwas die Gesamtschau. Dafür ist der Sportbootkartensatz mit zurzeit 92 Euro für die Komplettabdeckung des Reviers am preiswertesten. Für die deutschen und italienischen Seekarten sind für das angegebene Revier im Satz gut 120 Euro zu bezahlen und für die amtlichen kroatischen Seekarten rund 160.

Achtung: Die kroatischen Seekarten basieren nicht auf dem Bezugssystem WGS 84! Damit können GPS-Positionen nicht ungeprüft in die Karte übernommen werden, wenn der Rechner mit WGS 84 operiert. Die so gewonnenen Positionen weichen um gut eine viertel Meile von der wahren Position ab. Nähere Korrekturangaben befinden sich auf den Seekarten!

Folgende Seehandbücher empfehlen sich für das Revier:

- Mittelmeerhandbuch IV. (BSH Nr. 2030)
- Leuchtfeuerverzeichnis Mediterranean, Black and Red Seas, NP78 Vol. E
- Yachtfunkdienst Mittelmeer (BSH Nr. 2159)
- Klima und Wetter im Mittelmeer (BSH Nr. 2180)

3. Klima, Windverhältnisse, Gezeiten/Strömungen

Klima

Im Prinzip entspricht das Klima der Nordadria dem allgemeinen mediterranen Klima. Das heißt, trocken-heiße, niederschlagsarme Sommer und feucht-kühle Winter, in denen das Gros der Jahresniederschlagsmenge fällt, wechseln einander ab. Hierbei dürfen wir aber nicht vergessen, dass die Nordadria ungefähr auf dem Breitenparallel zu Bordeaux und der inneren Biscaya liegt. Im Sommer befindet sich der subtropische Hochdruckgürtel über dem südlichen Bereich des Mittelmeers, wo es zum großräumigen Absinken der Luft kommt – blauer Himmel und Wolkenfreiheit sind die Folge. Im Winter zieht sich der subtropische Hochdruckgürtel weiter nach Süden zurück und kommt zumeist über der Sahara zu liegen. Dann ist der Weg frei für die atlantischen Westwinde der gemäßigten Breiten, die Tiefdruckgebiete über den Mittelmeerraum streichen lassen. Es bietet sich uns das aus norddeutschen Sommern bekannte Bild von starker Bewölkung, Niederschlägen und aufgelockertem Rückseitenwetter.

Die klassische mediterrane Wetterlage wird sich aber nur im äußersten Hochsommer in der Nordadria ausbreiten. Zumeist sind es Tiefausläufer, die vom Atlantik kommend über die Biscaya und Frankreich sowie Italien hinweg ins Mittelmeer schwenken, die das Wetter in der Nordadria stark beeinflussen. Seltener werden Tiefdruckzentren über Südfrankreich in den Golf von Genua und weiter gegen die Südalpen ziehen. Gerade die Randlage der Nordadria macht die klimatische Zuordnung etwas schwierig. Wochenlange Schönwetterperioden mit wenig Wind, viel Sonne und viel Trockenheit stellen hier die absolute Ausnahme dar. Augenfällig ist auch, dass sich die lokale Wetterlage durch orographische (gebirgsbedingte) Gegebenheiten ohnehin von der Großwetterlage deutlich unterscheiden kann. Daher sind durchschnittliche Aussagen über Temperatur, Bewölkung, Luftdruck, Regenhäufigkeit, Sonnenscheindauer usw. gerade in diesem Revier mit einer gewissen Unsicherheit behaftet. Nach dem Durchzug einer aktiven Kaltfront, heftigem Gewitter mit Regenfällen – was in der Nordadria weiß Gott keine Seltenheit ist – kann es zu ganz normalen 10 °C oder auch mehr Temperaturstürzen kommen, die subjektiv fröstelnd wahrgenommen werden, obgleich die entsprechende Monatsdurchschnittstemperatur relativ hoch liegen kann. Daher nutzt es für die Einschätzung auch relativ wenig, daß an der dalmatinischen Küste Temperaturmaxima von 40 °C erreicht werden können und dass das Monatsmittel an der Südspitze Istriens im Juli bei 23,2 °C und im Januar bei 4,9 °C liegt, während die vergleichbaren Temperaturen in Hamburg, Berlin oder München im Sommer um rund 5 °C und im Winter um 7 °C tiefer liegen. Da sich das Meer über den Sommer auf bis zu angenehme 24 °C erwärmt, ist es auch verständlich, daß die Frühjahrsmonate, in denen das Meer im Schnitt vielleicht 14 °C hat, kühl sind, der Herbst auch an Land die mildere Jahreszeit ist. Dem Schiffer sei zum Trost gesagt, dass sich längere Regenperioden selten einstellen, zumeist fällt der Niederschlag in kurzen, heftigen Schauern beim Durchgang einer Kaltfront. Schnee fällt an der Küste so gut wie nicht – jahresdurchschnittlich an fünf Tagen im Winterhalbjahr. Aber als Winterrevier eignet sich die Nordadria nicht, auch nicht der Südteil Dalmatiens.

Gewitter, es wurde schon kurz erwähnt, sind im Sommer in der Nordadria jedoch sehr häufig. Zwischen Juni und September muss man im Durchschnitt mit fünf bis acht Tagen Gewitter pro Monat rechnen. Diese Häufigkeit entspricht etwa derjenigen in Deutschland - dem Autor kommt es aber subjektiv deutlich häufiger vor. Da sich Gewitter in der Regel schnell und unerwartet – wesentlich häufiger nachts als tagsüber – entwickeln, muss man recht wachsam ihnen gegenüber sein und rechtzeitig sowohl im Hafen als auch auf See Sicherungsmaßnahmen treffen. Besonders unangenehm, darauf sei an dieser Stelle noch einmal hingewiesen, ist der mit einem Gewitter einhergehende Windwechsel um zuweilen rund 180 Grad. Die am Abend bei Wetterleuchten noch so angenehm stille Bucht mit dem leicht ablandig säuselnden Wind kann sich so innerhalb weniger Stunden des nächtens zum Hexenkessel mit auflandigen Sturmböen entwickeln.

Wind

Wer in der Adria von Wind spricht, meint meist die Bora. Dieser kalte, trockene Fallwind ist zwar das dramatischste, gewiss aber nicht das einzige Windereignis der Gegend. Sieht man sich das Relief der kroatischen Adriaküste einmal an, fällt auf, dass sie sich von Nordwest nach Südost erstreckt und fast auf der gesamten Länge von einem sich in der gleichen Richtung erstreckenden Gebirge eingerahmt wird. Schon von der Struktur, die man der Landkarte entnehmen kann, wird man Windrichtungen aus Südost oder Nordwest erwarten – vollkommen zu Recht.

Bevor wir uns den Windrichtungen weiter nähern, schauen wir uns zunächst die Windstärken genauer an. Schwachwinde und Windstillen, das heißt Winde von 0 bis 3 Beaufort, sind am häufigsten. Sie umfassen im Jahresdurchschnitt fast 70 % aller Beobachtungen. Lässt man den Winter weg, bleiben für den Sommer sogar 80 % dieser Windstärken. Mäßiger Wind füllt im Sommer mit etwas weniger als 20 % praktisch den gesamten Rest. Starkwinde finden sich im Sommer so gut wie nicht, außer lokal begrenzt bei Gewittern. Stürme oder gar Orkane kommen ausschließlich im Winter vor.

Jedoch können Düsen, Ecken und Kanten, von denen es im Inselgewirr der nördlichen Adria ja eine ganze Menge gibt, den Wind lokal locker um 2 bis 3 Beaufort verstärken. Gerade die vielen Inseln, Berge und zum Teil schmalen Meeresarme sorgen dafür, dass auch die Windrichtungen auf kürzester Strecke stark von der dem Wetterbericht zu entnehmenden Hauptwindrichtung abweichen können – das Gleiche gilt natürlich auch für die Windstärke. Die lokale Windbeobachtung ist in diesem Revier wie in sonst kaum einem anderen von Bedeutung.

Im Extremfall können an mancher Stelle zwei Boote – alles schon gesehen – wie auf manchem Binnenrevier unter Spinnaker genau aufeinander zu laufen – bis sie beide ins Flautenloch fallen.

Der warme, feuchte Wind aus südöstlicher Richtung heißt **Jugo**, mancherorts auch Scirocco genannt. Er entsteht zumeist, wenn ein atlantisches Tiefdruckgebiet bei der Straße von Gibraltar ins Mittelmeer geschlüpft ist und auf seiner Vorderseite kräftig warme Luft nach Norden schaufelt. Der Himmel ist bewölkt, bedeckt, die See in Folge der großen Windwirkstrecke längs des gesamten Adriaraums entsprechend hochgehend. Man muss allerdings sagen, dass es sich nicht um ein plötzlich eintretendes Ereignis handelt, wie z. B. bei der Bora, sondern Sichtverschlechterungen, langsam ansteigende Temperatur, zunehmende Feuchtigkeit ihn früh genug ankündigen.

Auch die schon erwähnte Luftdruckverteilung im Mittelmeerraum lässt ihn frühzeitig erkennen.

Genau das ist es, was der **Bora** fehlt – ihre frühzeitige Erkennbarkeit. Die großräumige Luftdruckverteilung ist leider kein besonders gutes Vorhersagemerkmal einsetzender Bora.

Die Bora kann in zwei verschiedenen Varianten vorkommen, der zyklonalen und der antizyklonalen Bora. In beiden Fällen muss hohem Druck über Mitteleuropa, tiefer Druck über dem westlichen oder südlichen Mittelmeer gegenüberstehen. Je nachdem von welchem der Druckgebilde die Nordadria stärker betroffen ist, nennt man den entstehenden Boratyp zyklonal, also eher von dem Tiefdruckgebiet beeinflußt, oder antizyklonal, also eher von dem Hochdruckgebiet beeinflusst. Der antizyklonale Boratyp tritt meist im Sommer auf. Die Luft ist dann meist klar, und man hat eine hervorragende Fernsicht.

Die zyklonale Bora ist regelmäßig eher ein Winter- denn ein Sommerereignis.

Der angenehme Schönwetterwind der Region, der **Maestrale**, setzt am späten Vormittag ein und steht bis Sonnenuntergang durch. Er entsteht aufgrund thermischer Wirkung. Das heißt, während des Tages erwärmt sich die Oberfläche des Festlandes schneller als das Seewasser, und infolgedessen kommt es zu einer aufsteigenden Luftbewegung über dem Land und zu einer absinkenden Luftbewegung weit draußen auf der Adria. Das Gegenstück zu diesem Seewind ist der nächtliche Landwind, Burin genannt. Während der Maestrale im Norden der Adria zumeist aus Richtungen von West bis Nordwest weht, kommt der Burin eher aus dem nördlichen bis östlichen Quadranten. Das Ausbilden dieser sommerlichen Schönwetterwindlagen setzt aber eine durch keinen Frontaufzug oder sonstwie gestörte Wetterlage voraus.

Wenn sich ein Hochdruckgebiet über Mitteleuropa, z. B. eine Zunge des Azorenhochs nach Bayern, vorschiebt, über der Adria der Luftdruck aber normal oder eher tief ist, kann sich eine antizyklonale Bora ausbilden. Im Winter kann natürlich an die Stelle des Azorenhochkeils auch oder gerade das kontinentale russische Hoch bis an die Adriaküste vordringen, was die gleiche Wirkung hat. Der zyklonale Typ entsteht, wenn ein starkes Tiefdruckgebiet im südlichen Teil der Adria oder noch weiter südlich festliegt oder durchzieht und die Nordadria in den Bereich seines Druckgefälles nördlich des Tiefkernes gerät. Der zyklonale Typ ist in der Regel gefährlicher als der antizyklonale und meist von kräftigen Sturmböen begleitet. In beiden Fällen muss kontinentale kalte bzw. kühlere Luft aufgestaut auf dem kroatischen Festland jenseits des Velebit-Gebirges lagern. Diese Kaltluft muss dann quasi über den Gebirgskamm bzw. Taleinschnitte (Borapforten) abfließen. Man darf sich diesen Vorgang ruhig wie fließendes Wasser vorstellen. Die kalte Luft fällt vom Gebirgskamm an der Westflanke oder durch Taleinschnitte hinunter, knallt voller Wucht auf die Wasseroberfläche und stiebt, Gischt mit sich reißend, Richtung offene See. Ein solches Ereignis geschieht recht gerne auf der Rückseite einer durchziehenden Kaltfront, auf die man deswegen besonders Acht geben muss.

Das Günstigste, was man von der Bora sagen kann, ist, dass sie zumindest im Bereich der äußeren Inseln ablandig weht. Unmittelbar vor der Velebit-Küste, z. B. im Velebit-Kanal, ist sie hingegen ein Wind, der von oben herabfällt und ein Boot weniger auf die Seite legt als mehr platt auf das Wasser drückt. Schon deshalb ist der Velebit-Kanal kein besonders geeignetes Segelrevier. Auch die viel beschworene Wolkenmauer über den Kämmen des Velebit-Gebirges als sicheres Anzeichen für eine Bora ist letztlich nicht für eine zuverlässige Vorhersage geeignet. Es kommt sehr häufig vor, dass über dem Velebit-Gebirge Wolken stehen, ohne dass auch nur entfernt ein Bora-Ereignis eintritt, es kann aber auch durchaus eine Bora einsetzen, ohne dass vorher eine entsprechende Wolkenbildung zu beobachten war. Da es sich bei der Bora um ein sehr rasch einsetzendes Ereignis handelt, ist das Barometer als Frühindikator nicht geeignet. Da aber alles nicht so heiß gegessen wird, wie man es kocht, kann man auch den üblichen sommerlichen Bora-Ereignissen, die natürlich bei weitem nicht so heftig sind, wie sie im Winter sein können, durchaus begegnen. Die einfachste und wirkungsvollste Möglichkeit ist sicher diejenige, sich dort aufzuhalten, wo sie üblicherweise nicht weht oder nicht so stark weht, bzw. Gegenden, wo man auch im Sommer mit heftigen lokalen Windereignissen rechnen muss, zu meiden. Ich denke hier insbesondere an die berüchtigte Borapforte von Senj in der Nähe von Rab und Krk, wo an weit über 200 Tagen im Jahr Bora von mehr als 6 Beaufort weht. Übel an der Bora ist auch ihr stark böiger Charakter. Man kann im

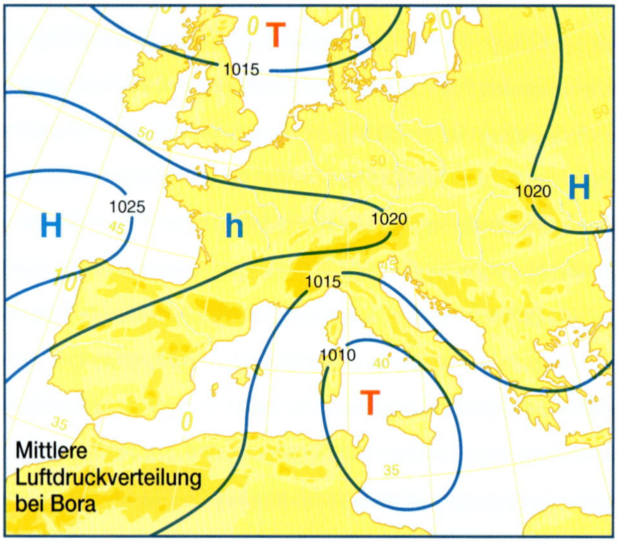

Mittlere Luftdruckverteilung bei Bora

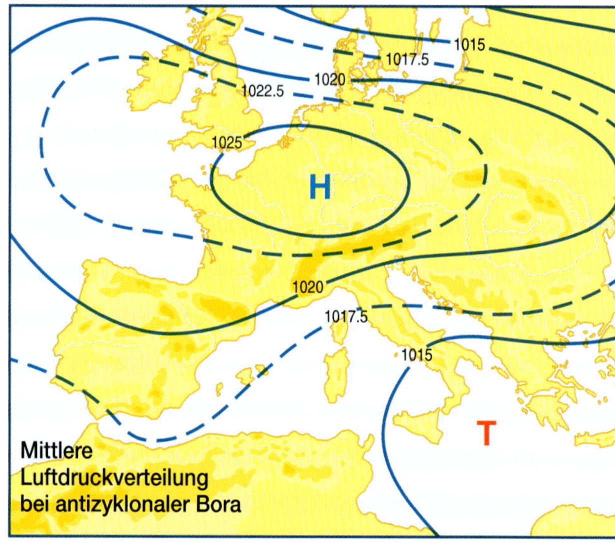

Mittlere Luftdruckverteilung bei antizyklonaler Bora

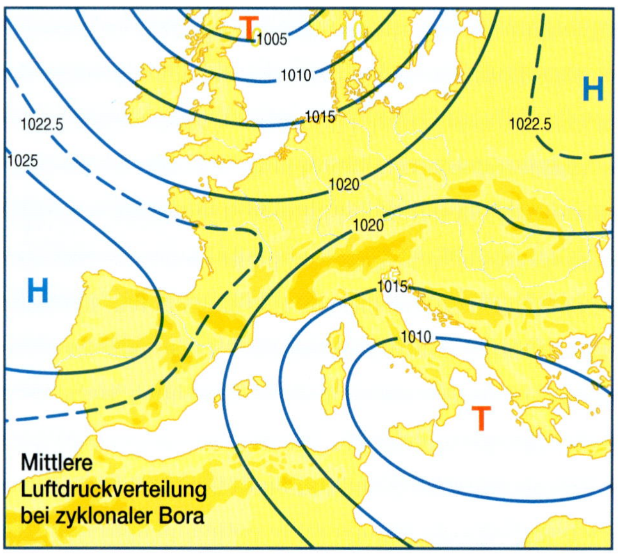

Mittlere Luftdruckverteilung bei zyklonaler Bora

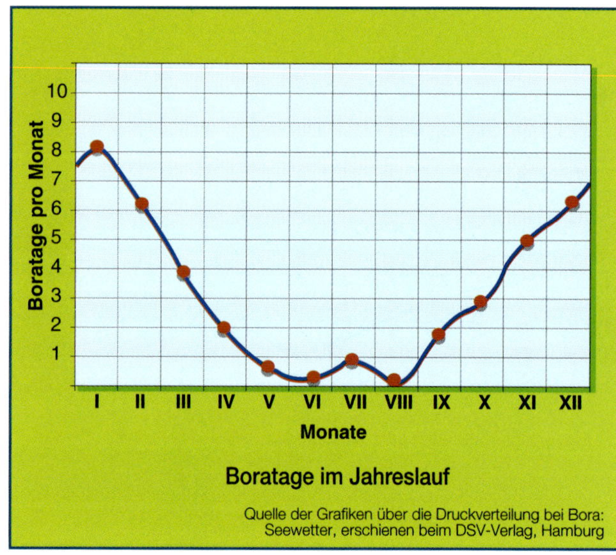

Boratage im Jahreslauf

Quelle der Grafiken über die Druckverteilung bei Bora: Seewetter, erschienen beim DSV-Verlag, Hamburg

Sommer aber auch einige Wochen in der Nordadria segeln, ohne auch nur ein einziges ernsthaftes Bora-Ereignis zu erleben. Aus Gründen der Vorsicht sollte man aber Häfen und Buchten in der Nordadria, die nach Ost oder Nordost offen sind, nach Möglichkeit meiden. Die beste Vorwarnung vor einer Bora erhält man aus dem Wetterbericht – die eigene Beobachtung ist hier aus den genannten Gründen leider weniger sicher.

Was einem im Sommer aber nicht gelingen wird, ist, einem der zahlreichen lokalen Unwetter (Nevera) zu entrinnen. Meist treten sie als kurzzeitig wirkende Unwetterstürme mit Gewitter auf, die von fürchterlichen Regenfällen begleitet werden. Es sind typische sommerliche Ereignisse, die von Juni bis September anzutreffen sind. Die Nevera kann durchaus bei jeder denkmöglichen Wetterlage einsetzen, sowohl bei heiterem, klarem und warmem Wetter als auch schon bei einer bestehenden Schlechtwetterlage. Leider werden derartige Gewitter auch von starken Böen aus schnell wechselnden Richtungen begleitet. Das Beste an der Nevera ist noch zumindest im Sommer, dass sie nur von sehr kurzer Dauer ist und örtlich begrenzt auftritt. Als wichtige Vorzeichen einer Nevera dürfen sowohl Hitze und Schwüle sowie plötzlich einsetzender Barometerfall gelten. Wenn dann noch die gewittertypischen Cumulonimbus-Wolken auftauchen, womöglich abends – begleitet von Wetterleuchten, darf man sich des nächstens auf übles Wetter einstellen.

Überhaupt scheint sich gerade in den letzten Jahren eine typische Sommerlage eingestellt zu haben, die ungefähr so abläuft:

Am ersten Tag hat man strahlend schönes Wetter bei leichten Winden. Am nächsten Tag zieht fern im Süden eine Wolkenbank auf, es wird wärmer, die Sicht beginnt dunstig zu werden. Mit einsetzender Schwüle ist die Wolkenbank deutlich näher gekommen, der Wind weht aus südöstlicher Richtung. Abends setzt Wetterleuchten ein, des Nachts heftiges Gewitter mit stürmischen Böen aus den verschiedensten Richtungen.

Der nächste Tag grauverhangener Himmel, leichter, manchmal auch schwerer Regen, später am Nachmittag reißt die Bewölkung im Westen jedoch auf, und es kündigt sich wieder strahlender Sonnenschein an. Gerade in Ankerbuchten muss man auf starke Windrichtungssprünge beim Durchzug einer gewittrigen Störung bedacht sein.

Gezeiten

Der Tidenhub nimmt in der Adria von Süd nach Nord deutlich bis auf knapp 1 m an der Westküste Istriens zu. Gleichwohl kann er praktisch völlig vernachlässigt werden. Unterschiedliche Höhen des Wasserstandes sind viel eher durch den Wind bedingt. So kann ein kräftiger Jugo den Wasserstand innerhalb der Buchten des Nordadriabereichs um bis zu 90 cm ansteigen lassen. Eine ablandig wehende, heftige Bora kann den Wasserstand aber ebenfalls um einen halben Meter senken.

Strömungen

Die Oberflächenströmungen sind schwach ausgeprägt. An der kroatischen Küste fließt das Wasser in der Regel von Nordwest in südöstliche Richtungen. Strömungen sind im allgemeinen aber so schwach, dass man sie lediglich vor Kaps mit vielleicht einem halben bis einem Knoten bemerken wird.

Hiervon ausgenommen sind einige wenige Engstellen, wie zum Beispiel der Kanal bei Osor zwischen Losinj und der Insel Cres (Gebiet 1.4), wo eine Strömung von bis zu 5 Knoten hindurchgurgeln kann.

Wassertemperaturen

Das Oberflächenwasser vor der nordadriatischen Küste liegt im Sommer bei angenehmen 22 bis 26 °C. Das Wasser erscheint an vielen Stellen besonders klar. Üblicherweise kann man vom Boot aus den Grund in einer Tiefe bis zu 10 m gut erkennen und es ist nicht selten, dass felsiger Grund bei weitem näher erscheint, als er tatsächlich ist. Daher kommt dem Echolot in diesem Revier besondere Bedeutung zu.

4. Seewetterberichte

Mit dem Seewetterbericht macht man recht zwiespältige Erfahrungen. Gewiss ist das Abhören des Wetterberichtes auch im Sommer absolute Pflicht. Jedoch kommt es gerade im Inselgewirr der Nordadria auf die eigene Beobachtung an, denn der Seewetterbericht kann letztlich nur eine durchschnittliche Vorhersage für das gesamte Seegebiet geben, was er nicht leisten kann, ist, Windstärke und Richtung für jeden winzigen Abschnitt dieses abwechslungsreichen Reviers klar wiederzugeben. Das will nichts anderes sagen, als dass gerade in diesem reizvollen Revier die Kompliziertheit der Landschaftsstruktur zu örtlich sehr unterschiedlichen und von der allgemeinen Wetterlage durchaus abweichenden Wettergeschehen führen kann.

Für deutschsprachige Skipper liegt es nahe, den Seewetterbericht Mittelmeer der Deutschen Welle oder die Seewettermeldung des Österreichischen Rundfunks für das Mittelmeer abzuhören. Das ist im gesamten Bereich der Nordadria problemlos auf Kurzwelle möglich. Der Autor macht im übrigen keinen Hehl daraus, dass er mit dem Seewetterbericht der Deutschen Welle, Frequenz 6.075, 9.545 kHz, die besten Erfahrungen auch bezüglich der Treffsicherheit gemacht hat. Nimmt man zum Wetterbericht noch die eigene sorgfältige Beobachtung hinzu, braucht man ungeliebte Überraschungen eigentlich nicht mehr zu befürchten.

Verlässt man sich bei den Wetterberichten auf die örtlichen Küstenfunkstellen und UKW, kann man an mancher Stelle in Sendeschatten geraten, das heißt, dem Autor ist es nicht gelungen, in jeder abgelegenen Bucht einen geeigneten UKW-Sender abzuhören. Lediglich die italienische Marine lässt über

Kanal 68 für alle italienischen Gewässer, aber eben auch für die adriatische Gegenküste, ein Tonband auf Italienisch und Englisch laufen, mit dem man einen groben Wetterüberblick erhalten kann.
Die folgenden Wetterberichtsangaben beziehen sich auf das Jahr 2002:

Deutsche Welle
Frequenz 6.075, 9.545 kHz
Sendezeit in UTC montags bis samstags 15.55 Uhr (außerhalb der Sommerzeit 16.55 Uhr), sonntags 17.55 Uhr (außerhalb der Sommerzeit 18.55 Uhr)

Radio Österreich International
Frequenz 6.155, 13.730, 15.410, 17.870 kHz
Sendezeit in UTC ca. 5.45 Uhr
Frequenz 6.155, 9.880, 13.730 kHz
Sendezeit in UTC ca. 15.45 Uhr

Koper
Frequenz 1.170 kHz, 88,4 und 103,1 MHz
Sendezeit in UTC 5.30 Uhr, 8.30 Uhr, 12.30 Uhr vom 01. 05. bis 30. 09.

Ljubljana
Frequenz 918, 1.602 kHz, 88,6, 90,9, 92,5, 92,9, 94,1, 95,3, 98,1, 102 MHz
Sendezeit in UTC 4.35 Uhr, 7.50 Uhr werktags in der Zeit vom 30. 05. bis 17. 09.

Der kroatische Rundfunk sendet seinen Wetterbericht leider nur in kroatischer Sprache. Die aktuellen Sendezeiten und Frequenzen kann man dem Yachtfunkdienst Mittelmeer des Bundesamts für Seeschifffahrt und Hydrographie entnehmen, der jedes Jahr aktualisiert wird. Daneben senden die kroatischen Küstenfunkstellen mehrmals täglich auf UKW Seewetterberichte auch in englischer Sprache:

Rijeka Radio
Kanal 24
Sendezeit in UTC 5.35 Uhr, 14.35 Uhr, 19.35 Uhr

Split Radio
Kanal 7, 21, 28
Sendezeit in UTC 5.45 Uhr, 12.45 Uhr, 19.45 Uhr

5. Navigation

Natürlich unterscheidet sich die Navigation in der Nordadria nicht prinzipiell von derjenigen in Nord- oder Ostsee. Auf einige Besonderheiten soll hier aber eingegangen werden.

Eine Betonnung wird man regelmäßig vergeblich suchen. Lediglich in größeren Häfen, wie z. B. Zadar, kann man eine Betonnung ausmachen, die dann aber dem uns bekannten System aus heimatlichen Revieren entspricht.

Wenn man sommertags in küstennaher Fahrt dahinbummelt, ist man leicht geneigt, auf exakte Navigation zu verzichten. Auch das Mitkoppeln in der Seekarte kommt dann meist zu kurz. Hiervor kann nur eindringlich gewarnt werden. Zwar gibt es durchaus Stellen, wie z. B. vor der Südspitze Istriens, wo der Navigator nur einen Rundumblick werfen muss, um sofort seinen Standort zu erkennen. Bewegt man sich aber durch das Inselgewirr des Zadar-Archipels oder in den Kornaten, wird einem die Positionsbestimmung – so widersinnig dies auf den ersten Blick klingen mag – auf diese Weise unmöglich gemacht. Es gibt keine charakteristischen festen Bezugspunkte im Hinterland, z. B. Berge, und das, was auf der Karte als klar auszumachende Insel erscheint, wirkt von See aus betrachtet wie ein einziger langer Gebirgszug. Ohne ordentliches Mitkoppeln in der Karte wird man die jeweils ausgewählte Ankerbucht vermutlich nicht erkennen und ist vor Überraschungen nicht gefeit. Z. B. wird man Durchlässe zwischen zwei Inseln erst sehr spät als solche erkennen.

Ist man vom heimatlichen Tidenrevier gewöhnt, zur Positionsbestimmung sorgfältig Tonne für Tonne abzuhaken, kann man dieses System in der Nordadria zum Abhaken von Kaps, Buchten usw. umfunktionieren. Zumeist sind sie die deutlichsten Landmarken, die schnell auf ihre Übereinstimmung mit der Seekarte geprüft werden können. Auf diese Weise kann man durchaus die Navigationsarbeit auf ein erforderliches Minimum reduzieren, aber man darf nicht auf eine exakte Standortbestimmung vollständig verzichten.

Die vielen Inseln und Durchlässe zwischen den Inseln machen es auch notwendig, sich mit Kap- und Düseneffekten noch einmal genau zu beschäftigen. Wind kann in der Nordadria an mancher Stelle um 2 bis 3 Beaufort verstärkt werden und auch deutlich in seiner Richtung geändert werden. Es lohnt sich auf jeden Fall, bei jedem Törn derartige Windänderung zuvor genau zu überlegen.

Nachtfahrten: Die Küsten der vorgelagerten Inseln sind zwar meist bis in den Nahbereich rein, aber das ist nicht in allen Fällen so. Von Nachtfahrten muss daher abgeraten werden. Es gibt doch zu viele Unterwasserfelsen und zu wenige Leuchtfeuer, als dass man zu Nachtfahrten im Inselgewirr der kroatischen Küste raten könnte – es sei denn, man kennt das Revier, in dem man sich bewegt, wie seine Westentasche.

Nur an wenigen Stellen muss man mit ausgelegten Fischnetzen rechnen, sie werden bevorzugt vor Kaps ins Meer gelegt. Sie liegen zwar zumeist tief genug unter der Wasseroberfläche, dass man sich nicht in ihnen verfangen kann, die unbefeuerten Schwimmkörper, die das Netz halten, sind aber in dunkler Nacht so gut wie nicht auszumachen.

6. Einreisebestimmungen und nützliche Informationen

Pass und Visabestimmungen

Es genügt bei einem Aufenthalt bis zu 90 Tagen ein gültiger Reisepass oder Personalausweis. Für das Kraftfahrzeug ist die Mitnahme der grünen Versicherungskarte obligatorisch.

Sprache

Überall in Kroatien wird man häufig mit Deutsch zurechtkommen. Wo das nicht möglich ist, wird es auch mit Englisch gehen. Ein kleines serbokroatisches Glossar mit Aussprachehilfe findet sich am Ende dieses Buches.

Schiffspapiere

Boote müssen beim Grenzübertritt lediglich mündlich deklariert werden. Sie beginnen erst beim Hafenamt des gewählten Ausgangshafens, Formalitäten zu verursachen. Alle Boote über 3 m Länge und solche, die mit einer Maschinenleistung von mehr als 4 kW ausgestattet sind, müssen bei einem kroatischen Hafenamt gemeldet werden. Bei der Anmeldung sind vorzulegen:

- Personaldokumente der Besatzung.
- Crewliste.
- Internationaler Bootsschein vom deutschen Seeglerverband, vom deutschen Motoryachtverband oder vom ADAC ausgestellt bzw. Flaggenzertifikat des Bundesamts für Seeschiffahrt und Hydrographie (BSH) in Hamburg (österreichische Skipper müssen den österreichischen Seebrief, Schweizer den Flaggenschein vorlegen).
- Bootsführerschein für den Küsten- oder Seebereich, der deutsche Sportbootführerschein See wird anerkannt. Österreichische Skipper brauchen den Bewegungsnachweis für Küstenfahrt, Fahrbereich 2, und Schweizer Skipper den Führerschein für Yachten auf See.
- Nachweis über eine Bootshaftpflichtversicherung (blaue Versicherungskarte).

Die Anmeldebestätigung, die der Skipper daraufhin erhält, ist für ein Jahr gültig. Innerhalb dieser Periode kann beliebig oft über Land oder See ein- und ausgereist werden, ohne dass die Anmeldung ihre Gültigkeit einbüßt. Bei der Einreise über See müssen Yachten die übliche gelbe Flagge Q sowie die Nationale von Kroatien unter der Steuerbordsaling führen.

Es muss zunächst ein sogenannter Port of entry angesteuert werden. Diese sind im Sommer:
Umag, Novigrad, Poreć, Rovinj, Pula, Mali Lošinj, Zadar

Beim Einklarieren werden all diejenigen Dokumente benötigt, die auch schon bei der Anmeldung aufgeführt wurden. Auf die gleiche Weise muß vor dem Verlassen der kroatischen Hoheitsgewässer ein entsprechender Port of entry zum Ausklarieren besucht werden.

Sicherheitsbestimmungen

Da in Deutschland keine einschlägigen Sicherheitsbestimmungen für Yachten gelten, wird das in Kroatien eigentlich geforderte Papier über die Fahr- und Seetüchtigkeit eines Bootes aufgrund der in Deutschland ausgestellten Bootsdokumente (gilt auch für Österreich und die Schweiz) als erfüllt angesehen. Welche Sicherheitsausrüstung als Minimum zu betrachten ist, darüber gehen die Meinungen auseinander. Ein guter Anhaltspunkt sind aber die Sicherheitsrichtlinien der Kreuzer-Abteilung des Deutschen Segler-Verbandes, Hamburg, und die Ausrüstungsliste der Vereinigung Deutscher Yachtcharterunternehmen (VDC) in Köln.

Geld und Geldwechsel

Kreditkarten, Euroschecks und Reiseschecks werden bei jeder Bank und Wechselstube (auch in den Marinabüros) akzeptiert.

Euroschecks werden bis zu einem Höchstbetrag von 1.500 Kuna (10 Kuna = 1,50 Euro) angenommen. Beim Geldwechsel oder beim Einlösen von Euroschecks ist meist der Personalausweis oder Reisepass vorzulegen!

Funkgeräte

Fest installierte Seefunkstellen, die mit Genehmigung der Behörden des Heimatlandes des Schiffes betrieben werden, sind zulässig. Voraussetzung ist natürlich, dass der Betreiber ein UKW-Sprechfunkzeugnis bzw. das Betriebszeugnis für Funker I besitzt.

Telefon

Von Telefonzellen kann man mit speziellen Münzen (zeton) oder Telefonkarten (telefonska karta), die in Postämtern, Tabakgeschäften und an Zeitungsständen verkauft werden, telefonieren.

Die Vorwahlnummern von Kroatien aus lauten:

Deutschland 9949

Österreich 9943

Schweiz 9941

Dann folgt die Städtevorwahl ohne die Null und dann die Rufnummer.

Telefonieren mit einem deutschen Mobiltelefon ist im D1- und D2-Netz möglich. Eventuell mitgeführte Geräte sollten an der Grenze mündlich deklariert werden. Es kommt recht häufig vor, dass gerade an der äußeren Inselreihe nicht überall Abdeckung besteht bzw. das Handy zwar am Netz ist, die Sendeleistung des Handys aber für das Aufrechterhalten einer Verbindung nicht genügt. Dass ein Mobiltelefon an Bord kein Ersatz für ein UKW-Seefunkgerät sein kann, da Küstenfunkstellen nur auf internationalen Seefunkfrequenzen hörbereit sind, sei nur noch einmal der guten Ordnung halber wiederholt.

Festmachen

In der Nordadria, wie überall im Mittelmeer, wird „römisch-katholisch" festgemacht, d. h. entweder mit Bug oder mit Heck zur Pier. Das Liegen im Päckchen ist allenthalben verpönt.

In Marinas ist das Ausbringen des eigenen Ankers nicht gestattet. Ausgelegte Muringleinen sind zu benutzen.

Bojenfelder

In immer mehr Buchten findet man zum Teil ausgedehnte Bojenfelder, zumindest im Sommer, vor. Gerade die reizvollsten Buchten und Liegeplätze sind mittlerweile in dieser Weise bewirtschaftet und organisiert. Diese – offiziell organisierte Ankerplätze genannt – sind entgeltpflichtig übrigens auch dann, wenn man vor eigenem Ankergeschirr in der Nähe der Ankerbojen ankert. Die Gebühren für die Ankerfeldnutzung setzen sich zusammen aus einer offiziell festgesetzten Gebühr von zurzeit 4 Kuna pro Meter Bootslänge, pro Übernachtung und einer pro Person berechneten Kurtaxe, die je nach Jahreszeit und auch je nach Ort zwischen ungefähr 2 und 6 Kuna pro Person schwanken kann.

Die offizielle Begründung für das Einrichten der Ankerplätze ist der Umweltschutz. Wegen des Schutzes vor der Alge Caulerpa Taxipholia, deutsch auch „Killeralge" genannt, die angeblich durch Bootsanker Verbreitung findet, aber auch wegen der Sicherheit der Ankerlieger. Fiskalische Überlegungen sind in die offizielle Begründung jedenfalls nicht eingeflossen. Hier mag sich jeder seinen Teil denken.

Die zumeist abends mit kleinen Motor- oder Ruderbooten vorbeikommenden Kassierer sind übrigens verpflichtet, Müllsäcke von Bord der Ankerlieger mitzunehmen und an Land geordnet zu deponieren. Sie sprechen einen in der Regel nicht von sich aus auf diesen Service an, man sollte aber davon regen Gebrauch machen.

Das Grundgewicht hat übrigens ein Gewicht von 700 kg, und festgemacht wird nicht am oberen Auge der orangefarbenen Boje, sondern an einem Metallring an der Unterseite der Bojen. Die Hafenverwaltung lehnt übrigens jede Garantie für die Funktionsfähigkeit des Grundgeschirrs und die Sicherheit des Ankerliegers ab. Es kann also nicht schaden, das Grundgewicht und die Verbindung zwischen ihm und der Yacht kurz mit der Taucherbrille zu inspizieren, um unliebsamen Überraschungen vorzubeugen.

Seenotrettung

Die kroatischen Küstenfunkstellen Rijeka-Radio, Split-Radio und Dubrovnik-Radio sind über UKW-Kanal 16 rund um die Uhr empfangs- und sprechbereit. Die jeweiligen Arbeitskanäle werden nach der Kontaktaufnahme mitgeteilt. Die Verkehrssprache ist Englisch. Gegebenenfalls können die Marinas über UKW-Kanal 17 und die Hafenämter auf Kanal 10 gerufen werden.

Es gelten die üblichen Regeln für Funkanrufe auf UKW-Kanal 16 bzw. über DSC.

Tauchen

Tauchen mit Geräten ist in kroatischen Küstengewässern genehmigungspflichtig. Die Taucherlaubnis ist bei den Hafenämtern zu beantragen. Sie kann für ein Jahr erteilt werden. Das Bergen von Amphoren ist strengstens untersagt. Taucher sind verpflichtet, durch eine rote Boje mit einem Mindestdurchmesser von 30 cm im Zentrum ihres Tauchgebietes oder durch Setzen der Taucherflagge oder der Flagge A des internationalen Signalalphabets ihre Position kenntlich zu machen. Für die Erteilung der Tauchgenehmigung ist die Vorlage eines Taucherbefähigungsnachweises erforderlich. Die im Heimatland des Tauchers anerkannten Zeugnisse werden auch in Kroatien akzeptiert. In geschützten Reservaten, wie z. B. dem Limski-Kanal oder den Brioni-Inseln, ist Tauchen verboten. Das gilt natürlich auch für Gewässer, soweit sie Ankerplätze, Hafenzufahrten usw. darstellen. Dass das Tauchen in der Nähe von Militärgebäuden und Kriegsschiffen zu unterbleiben hat, bedarf kaum der Erwähnung. Ausführliche Informationen über die jeweils geltenden Sperrgebiete – die sich auch zeitlich ändern können – sind bei den Hafenämtern zu erhalten.

Hafengebühren

Die Liegegebühren sind ein heikles Thema. Pauschal vorweg gesagt – sie sind in Kroatien nicht billig. In privaten Marinas werden grundsätzlich Gebühren verlangt, die von Hafen zu Hafen wenig unterschiedlich sind. 2001 kostete z. B. ein 10-m-Boot im Normalfall (Hauptsaison) rund 25 bis 35 € umgerechnet pro Nacht. Außerhalb von Marinas wird in vielen Ankerbuchten offiziell ein amtliches Hafengeld erhoben. Dies betrug 2001 für ein 10-m-Boot, festgemacht an einer ausgelegten Muringtonne, rund 8 € pro Nacht. Inbegriffen ist hierin der Abtransport des Schiffsmülls – die Hauptbegründung für die Erhebung der Gebühren. Natürlich können diese Angaben nur Anhaltswerte sein, sie unterliegen ja auch einer ständigen Veränderung. Wichtig zu wissen ist nur, dass mittlerweile praktisch sämtliche geeigneten Ankerplätze auf die eine oder andere Weise gebührentechnisch bewirtschaftet sind.
Es wäre daher sicherlich eine sehr romantische Vorstellung, seinen Segelurlaub „gebührenfrei" verbringen zu wollen.

Tankstellen

Bootstankstellen gibt es nicht in allen Häfen. Die Treibstoffversorgung will durchaus gut geplant sein. Wo sich Tankstellen befinden, ist im Text bei den jeweiligen Häfen vermerkt.

Info

Allgemeine Informationen erhält man über die Kroatische Zentrale für Tourismus,

Rumfordstraße 7, 80469 München,
Tel. 089/223344, Fax 089/223377,

Karlsruher Straße 18/VIII, 60329 Frankfurt/Main,
Tel. 069/252045, Fax 069/252054,

Burggasse 23, 1070 Wien,
Tel. 0222/5226428, Fax 0222/5226427

Beckenhofstraße 10, 8035 Zürich,
Tel. 01361/3127, Fax 01362/1439

Diplomatische Vertretungen

Deutschland
Ulica Grada Vukovara 64, 10000 Zagreb,
Tel. 01/6158105, Fax 01/6158103

Schweiz
Bogoviceva 3, 10000 Zagreb,
Tel. 01/421573, Fax 01/425995

Österreich
Smartinska, 10000 Zagreb,
Tel. 01/273392, Fax 01/424065

In den Plänen verwendete Symbole

- Gastlieger
- Ankerplatz
- Hafenmeister
- Toilette
- Dusche
- Wasser
- Strom
- Abfallbehälter
- Waschmaschine
- Mastenkran/Kran
- Trailerbahn
- Slip
- Diesel/Benzin
- Altölentsorgung
- Entsorgung
- Telefon
- Schiffsausrüster
- Bank
- Apotheke
- Arzt
- Bootsservice
- Markt/Kaufmann
- Werft
- Segelmacher
- Zoll

1. Istrien und Kvarner Bucht – von Umag bis Zadar

Rovinj

Limski-Kanal

Istrien und die Kvarner Bucht bilden zusammen den nördlichsten Teil des kroatischen Seereviers. Wie unterschiedlich sind jedoch hier auf kürzester Distanz die Landschaftseindrücke! Istrien von der Westseite gesehen ist eine eher flach anmutende Halbinsel. Sanfte grün bewachsene Hügel und die nicht zu steile Kliffküste prägen das Bild.

Noch wirkt Kroatien nicht besonders mediterran, eher so wie an den norditalienischen Seen in der Nähe der Alpen. Dafür wirkt das Land sehr fruchtbar und scheint auch intensiv landwirtschaftlich genutzt zu sein. An der Ostseite Istriens bietet sich dem Betrachter indes ein völlig anderes Bild. Hohe Berge, die steil zum Ufer abfallen, und tief ins Land hineingezogene Fjorde prägen das Bild. An Istriens lieblicher Westseite finden sich folglich auch viele hübsche venezianische Städte, gedacht sei zum Beispiel an das malerische Rovinj. An der Ostseite findet man außer dem Seebad Opatija derartige Kleinode der urbanen Kultur nicht. Rau und abweisend präsentiert sich die Landschaft, aber auch interessant wild und unzugänglich.
Leider folgt aus dieser Wildheit auch ein ausgeprägter Mangel an Liegemöglichkeiten für ein durchreisendes Boot. Auf Tourismus ist hier niemand eingestellt.
Völlig anders auf der Westseite der abwechslungsreichen Insel. Hier finden sich viele Zentren mit ausgeprägter touristischer Infrastruktur. Das Segelzentrum Pula mag hier als Beispiel fungieren.
Erst ab der Südspitze Istriens fängt mit der Kvarner Bucht das Segelrevier an, das wir in der Regel mit Kroatien assoziieren. Die vielen Inseln beginnen, den Landschaftseindruck zu bestimmen. In zwei parallel zur Festlandsküste laufenden Bändern reiht sich Eiland an Eiland. Je weiter weg von der Festlandsküste sie liegen, desto grüner, bewaldeter und idyllischer wirken die Inseln. Das hat einen ganz einfachen Grund. Ab hier beginnt das Reich der Bora, jener heftige kalte Fallwind, der der Landschaft seinen unverkennbaren Stempel aufgedrückt hat. Ihre Gewalt kann ungeheuerlich sein, aber je weiter man auf die offene See hinausgelangt, desto schwächer wird die Wirkung der Bora. Das sieht man der Landschaft eben an. Die Inseln unter Land, zum Beispiel Pag, sind ihrer Gewalt schutzlos preisgegeben. Dort hat der Wind nur öde Mondlandschaft übrig gelassen. Die Inseln der äusseren Kette sind da begüns-

Veruda

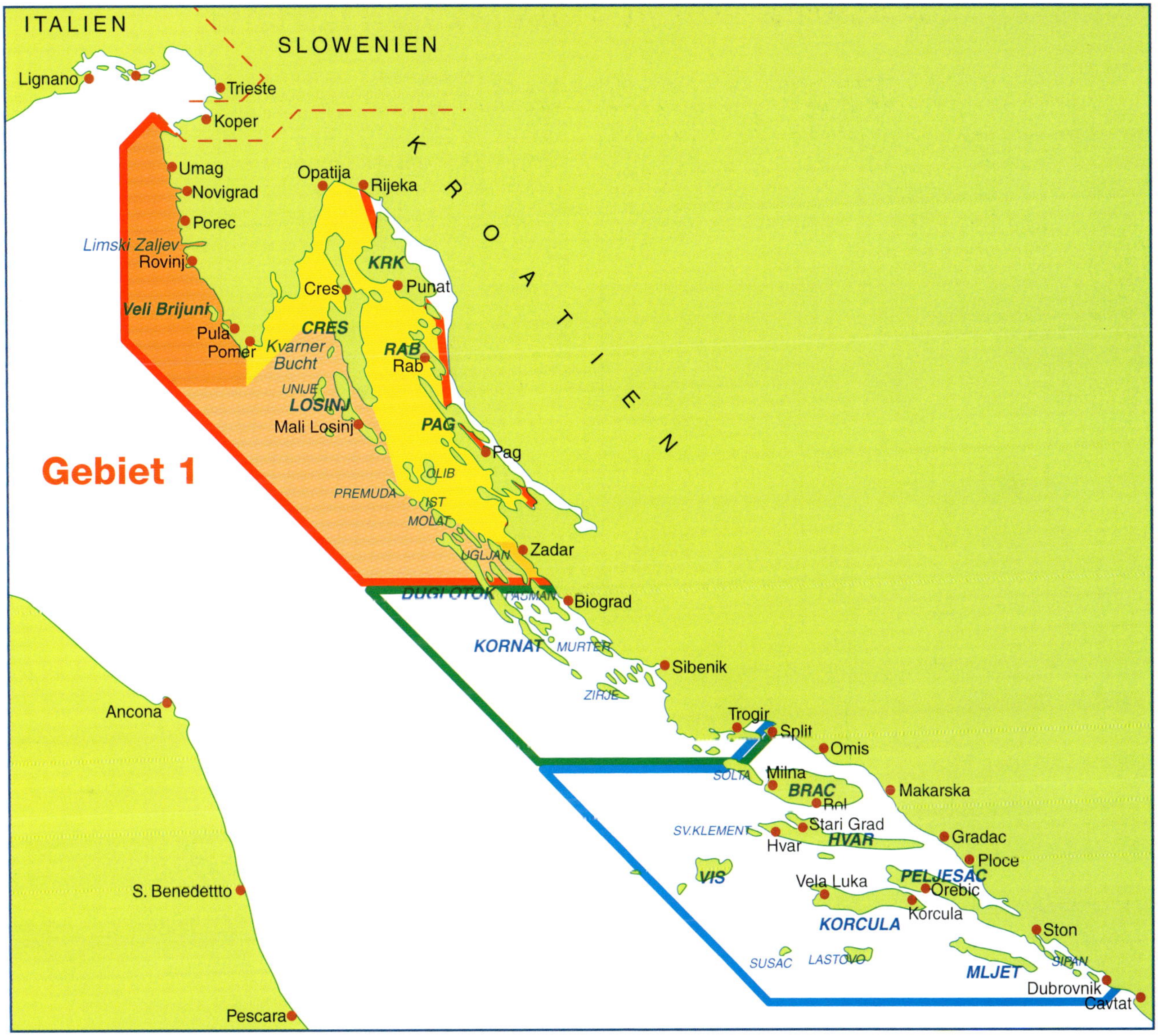

tigt. Grün bewaldet sehen sie aus, üppig gedeiht dort die Vegetation. Auf kürzester Distanz kann man exorbitante Unterschiede erleben. Das gilt für Wind und Landschaft, weniger jedoch für die Besiedelung. Ihr merkt man an, dass sie ihre Hochblüte dem Aufstieg der Seerepublik Venedig verdankt. Jeder Ort wetteifert mit dem nächsten darin, der Mutterstadt Venedig am ähnlichsten zu wirken. Lediglich Rijeka macht hierin eine unrühmliche Ausnahme. Dort sind Handel, Wandel und leider auch schmutzige Schwerindustrie zu Hause. Ganz eindeutig ist die Stadt ein wirtschaftlich wichtiges Zentrum, gerade dadurch aber für den die Einsamkeit suchenden Urlauber die falsche Adresse. Die Hafen- und Marinadichte in der Kvarner Bucht ist sehr hoch und dank der geschützten Meeresarme zwischen den Inseln – die Bora weht ja doch im Sommer nur selten – lässt es sich auch mit kleinen Booten entspannt und sicher reisen. Schnell wird der durchreisende Skipper die zum Teil brandneuen ACI Marinas schätzen lernen. Im Süden der Kvarner Bucht fällt noch ein besonderer Landschaftseindruck ins Auge. Es ist die Kulisse des Velebit-Gebirges an der Festlandsküste. Steil und schroff riegelt es das Land vom Meer ab und bei klarer Sicht wirkt es geradezu gigantisch und weit höher, als es tatsächlich ist. Am südlichen Ende der Kvarner Bucht erreicht man mit der Stadt Zadar eine Hochburg venezianischer und antiker Stadtkultur. Sie gehört zu der Westküste Istriens.

Westküste Istriens

Fünf Seemeilen südlich der Bucht von Portorož, der Grenze zu Slowenien, liegt die Marina

Umag (45° 26‘ N 13° 32‘ E)

im nördlichen Teil einer flachen Bucht (rund 4,5 m Wassertiefe) gegenüber dem malerischen Stadtkern der Altstadt.

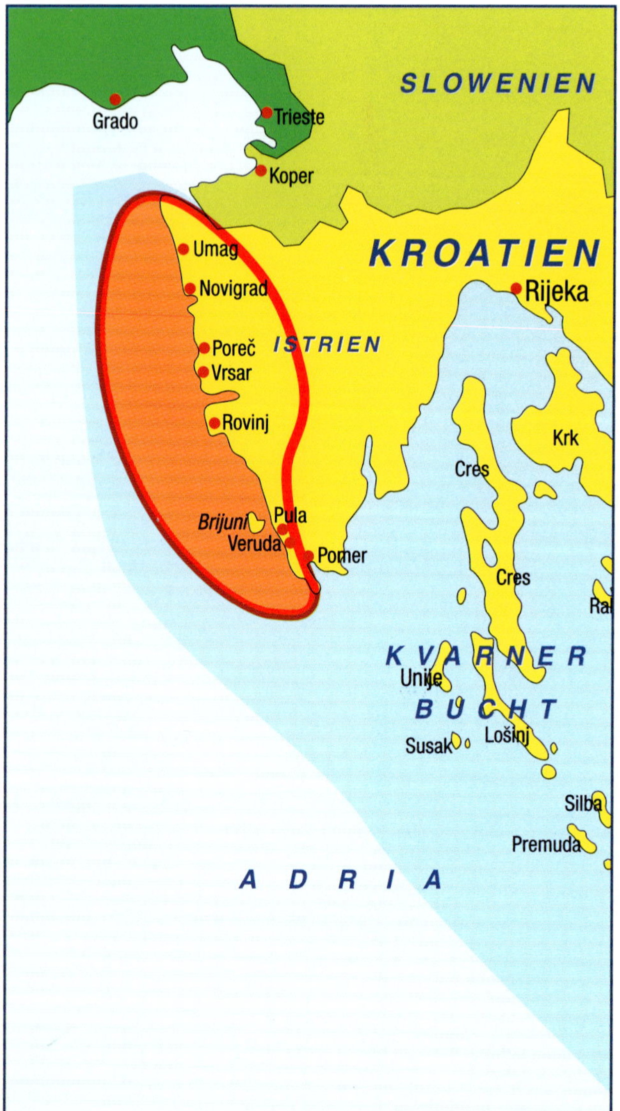

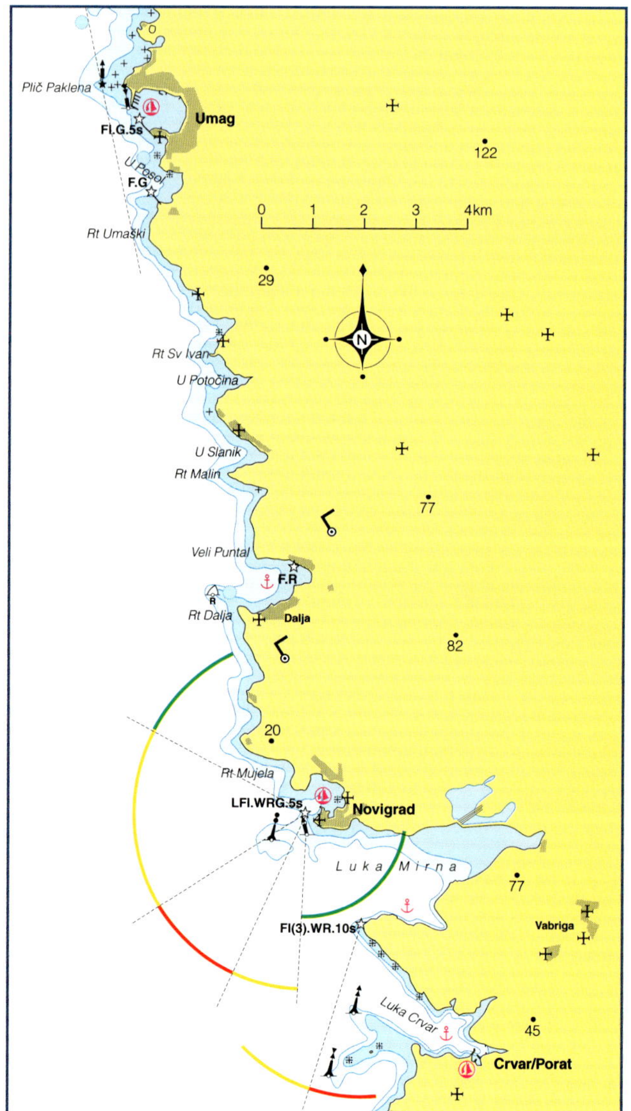

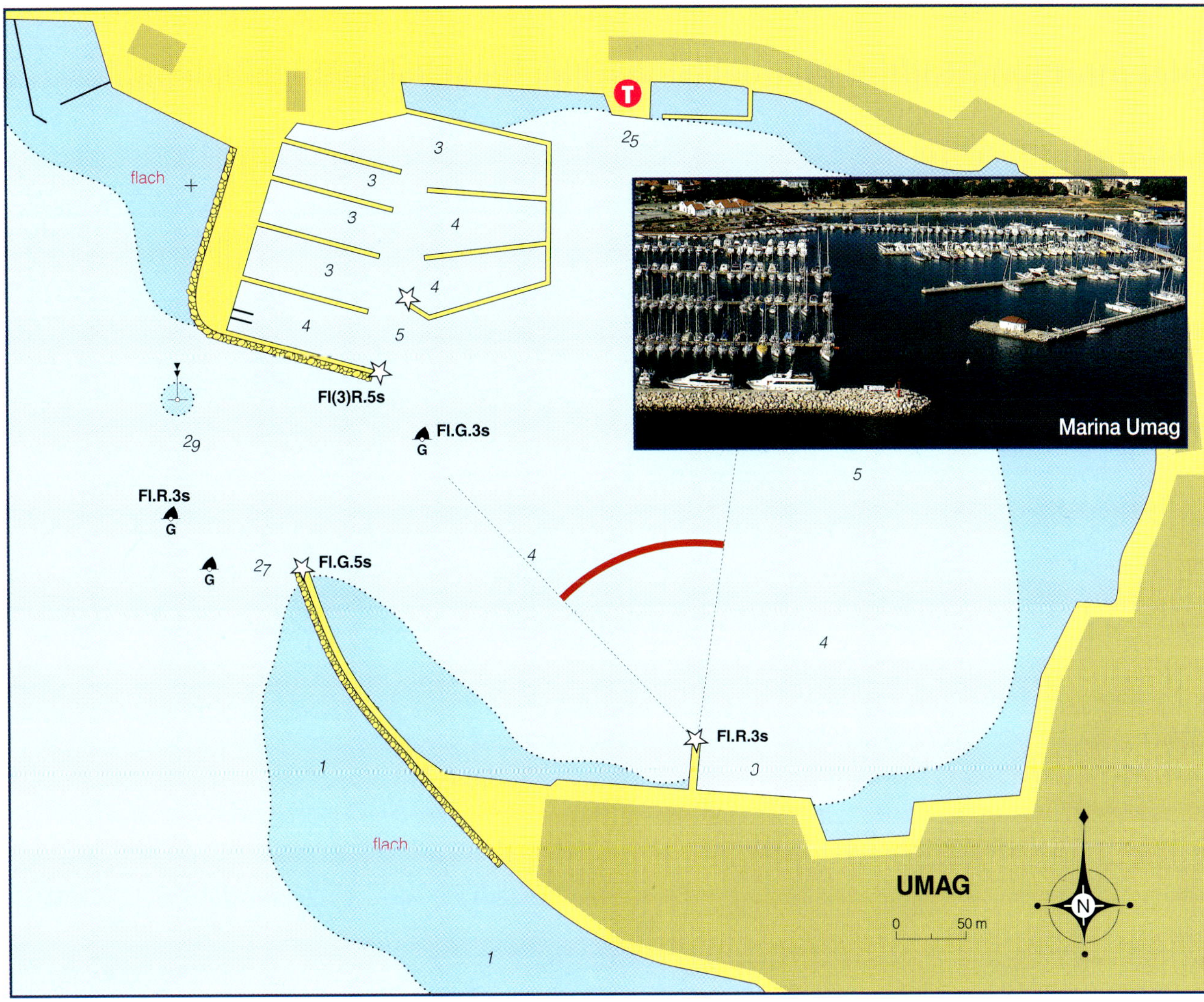

Ansteuerung:

Das Hinterland ist flach und ohne deutliche Landmarken. Am besten erkenntlich ist Umag an seinem weit ins Meer hinausgebauten Wellenbrecher und dem Campanile der Altstadt, der deutlich nördlich des Zement-Industriekomplexes rund 1 Meile weiter südlich auszumachen ist.

Liegeplätze:

Die Marina bietet guten Schutz und an 550 Liegeplätzen Raum für Yachten jedes Größenzuschnitts. Motor- und Segelyachten teilen sich den Platz je zur Hälfte. Einlaufend Backbord befindet sich die Marina. Der alte Hafenteil Umags, der der Marina quasi gegenüberliegt, ist kleinen offenen Fischerbooten vorbehalten. Eine Tankstelle befindet sich außerhalb der eigentlichen Marina im Scheitelpunkt der Bucht (INA-Tankstelle, blau-gelb gestrichen). Bedauerlicherweise ist sie von kleinen Fischerbooten manchmal dicht belegt.

Versorgung:

Auf einer netten Strandpromenade kann man von der Marina bis in den Ort Umag (rund 20 Min.) zu Fuß gehen. Neben den üblichen Serviceeinrichtungen einer luxuriösen Marina, befin-

Marina Umag

Marina (links) und alter Hafen von Umag

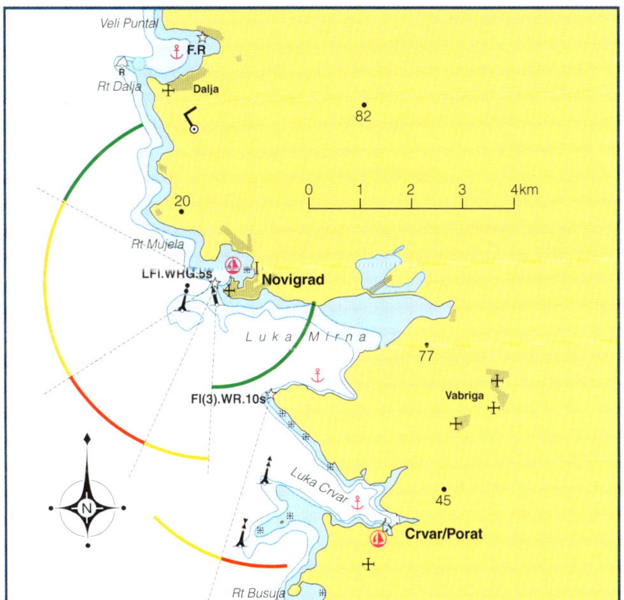

det sich innerhalb des Hafenareals ein wirklich ausgezeichnetes Restaurant, das ein außergewöhnliches Angebot bereithält. Für den Fan von Bandnudeln mit Trüffeln ein absolutes Muss.

Nur 8 sm weiter südlich entlang der recht ungegliederten, flachen, pinienbestandenen Küste liegt die Marina Novigrad.

Novigrad (45° 19‘ N 13° 34‘ E)

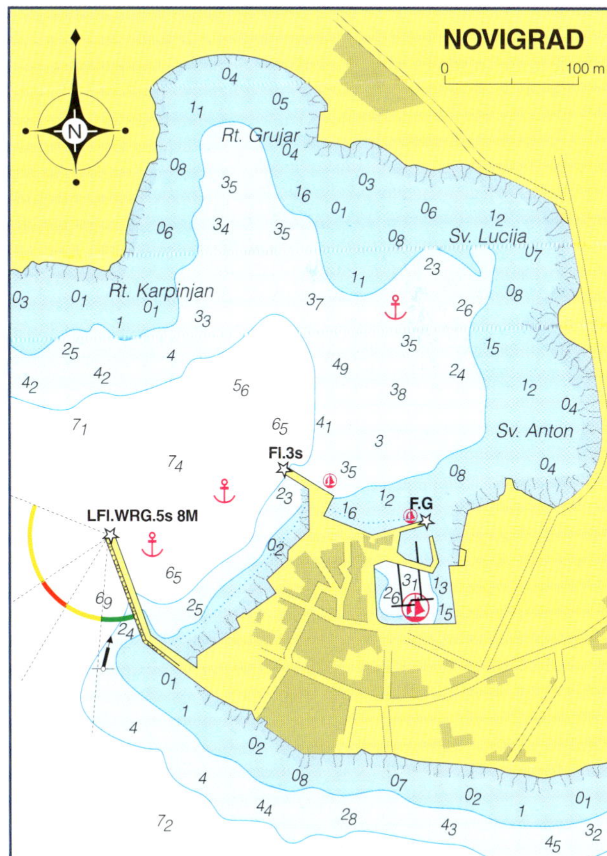

Novigrad - Marina

Sie ist ein bei allen Winden und auch höherem Seegang sicherer Liegeplatz.

Ansteuerung:

Allerdings ist bei der Ansteuerung infolge der geringen Wassertiefen Vorsicht geboten. Die Marina ist – nicht gerade häufig in dieser Gegend – mit dem Ort eng verwachsen. Eigentlich ist sie der alte Ortshafen, der lediglich zum Sportboothafen ausgebaut wurde.

Als Landmarke dient der hübsche Campanile der Stadtkirche bei der Ansteuerung der weiträumig und tief eingeschnittenen Bucht. Am Ende der Bucht laufen wir auf den Werftbereich der Marina zu, vor dem wir scharf nach Steuerbord direkt in das eigentliche Hafenbecken abknicken.

Liegeplätze:

Der einzige Nachteil der Marina ist in ihrem beschränkten Platzangebot zu sehen. Es gibt nur 86 Liegeplätze für Yachten, deren Tiefgang 1,5 m nicht überschreiten sollte. Die Zufahrt zur Marina neigt zur Versandung. Für Schiffe, die die Marina nicht anlaufen können oder wollen, gibt es eine Liegeplatzalternative. Unmittelbar vor dem schon erwähnten Campanile geht ein Wellenbrecher weit hinausgebaut in die Bucht. Ist nun die Marina übervoll oder aus welchen Gründen auch immer nicht anzulaufen, kann man vor dem Stadtkern am äußeren Ende des ins Meer hinausgebauten Wellenbrechers festmachen oder zwischen dieser Mole und der Marina ankern.

Die Schwimmzonen für Badegäste sind mit weißen Bojenreihen abgetrennt.

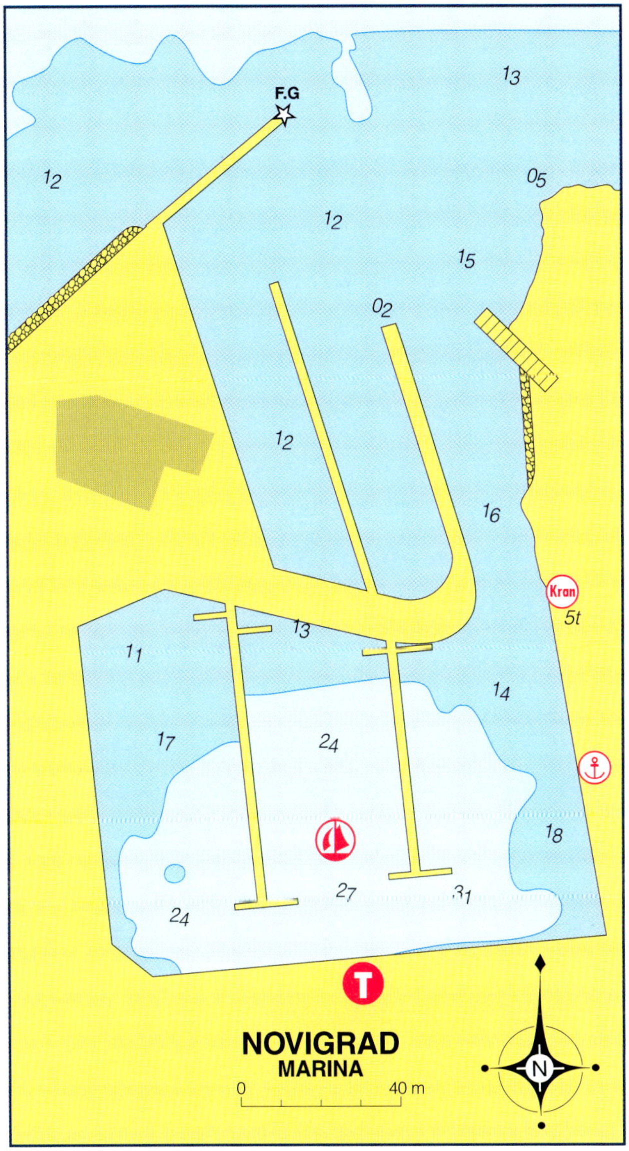

Die Außenmole von Novigrad

Versorgung:

Eine Tankstelle, gleichermaßen für Boote wie für Automobile geeignet, befindet sich an der äußersten Innenseite des Hafenbeckens zur Stadt orientiert. Lebensmittel finden sich nahebei im Ort.

Touristik:

Bei einem Rundgang durch die kleine Gemeinde fallen vom Hafen kommend rechter Hand einige alte Mauerreste auf. Hier zeigt es sich, dass Novigrads Stadtmauer zum Teil noch bruchstückhaft vorhanden ist. Halten wir uns rechter Hand hangaufwärts, treffen wir nach wenigen Metern auf die Überreste einer Zisterne von 1496, die schon von der Ornamentierung her ihren venezianischen Ursprung nicht verhehlen kann. Nach weiteren rund 80 m halten wir uns links und treffen auf den Palacio Rigo aus der Mitte des 18. Jahrhunderts. Heute

beherbergt der venezianische Stadtpalast eine Kunstgalerie, wie man überhaupt in der kleinen Straße, an der dieser Palast liegt, eine Menge Kunsthändler entdecken kann, mit mehr oder weniger interessantem Angebot. Im Großen und Ganzen ist von der Klassik aber nicht übermäßig viel geblieben, der Ort ist heute doch stark touristisch geprägt. Wenige Meter weiter treffen wir auf den Hauptplatz. Linker Hand sehen wir das Rathaus und rechts den Ortscampanile. Interessant ist die Bronzeskulptur des Schutzengels der venezianischen Kaufleute auf dem Kirchturm. Der Glockenturm – obgleich altertümlich wirkend – wurde erst 1883 im klassischen Stil errichtet. Die Basilika neben dem Campanile stammt ursprünglich aus dem 6. Jahrhundert, ist aber vollkommen umgestaltet und Ende des 19. Jahrhunderts praktisch neu errichtet worden. Einige nette Restaurants laden hier am Platz zur Rast ein.

Campanile von Novigrad

Weitere 8 Seemeilen südlich befindet sich der Hafen von

Poreč (45° 14‘ N 13° 36‘ E).

Ansteuerung:

Recht malerisch, auf einer Landzunge ins Meer hinausreichend, ist der Ort gut auszumachen. Das Inselchen Sveti Nicola, auf dem sich außer einem Hotelkomplex nur noch grüne Kiefern en masse befinden, schützt Hafen und Bucht vor westlichem Wind und Seegang.

Liegeplätze:

Im Windschatten der Insel bieten sich Ankerplätze, wenn auch auf schlecht haltendem, steinigem Grund, an. Relativ nah am Stadtzentrum liegt die kleine Marina. Für durchreisende Boote brauchbar ist lediglich der Bereich vor der Tankstelle bzw. an der Innenseite der Außenmole oder am ersten Steg, weiter nach innen wird der Hafen deutlich flacher. Das Hafenbecken ist zwar meist dicht an dicht belegt, aber auch für durchreisende Boote wird der eine oder andere Platz vorzugsweise an der Außenmole frei sein. Am Hafen bieten fliegende Händler, in der Saison jedenfalls, allerlei Waren an, vom T-Shirt über Badesandalen bis zu sonstigem Ramsch. Besonders malerisch wirkt die alte Häuserfront an der Nordseite der Bucht. Auffällig ist auch auf der vorgelagerten Insel der moderne, in die Landschaft aber hübsch eingefügte Hotelkomplex. Vor dem Ortskern befindet sich eine nette palmengesäumte Uferpromenade. Vor der alten Strandpromenade liegen im Übrigen die Boote der Berufsfischer, die hier manchmal auch an ihren Netzen arbeiten, also keine Anlegestelle für Yachten. Diese können aber an dem kleinen Außenmolenstummel im Ostteil längsseits gehen.

Touristik:

Poreč ist touristisch stark frequentiert und erschlossen. Interessant wirkt das Restaurant in dem alten Hafenfestungsturm hinter der Uferpromenade. Vor dem Turm, parallel zur Promenade, nur quasi in der „zweiten Reihe“, befindet sich eine hübsche Restaurantzeile mit einem Flanierweg, der von schattenspendenden Bäumen eingerahmt wird. Kleine, schmale, verwinkelte Gässchen führen immer wieder in die Altstadt. Sie sind nicht asphaltiert, sondern mit Kalksteinquadern ausgelegt, denen man die jahrhundertelange Benutzung deutlich ansieht. Die Gaßchen sind außerdem nicht breiter als für Eselskarren geeignet. Wenn man von dem alten Festungsturm ein kleines abknickendes Gässchen geht, trifft man auf die Via San Mauro, benannt nach einem Märtyrer aus dem 3. nachchristlichen Jahrhundert, der in Poreč Bischof war. Diesem gepflasterten Sträßchen kann man durch die gesamte Länge der Altstadt folgen. Noch weiter parallel zu dieser Via San Mauro läuft die ehemalige römische Hauptverbindung, der Decumanus. Hier kann man einige venezianische Barockpaläste sehen, deren äußere Fassaden noch halbwegs erhalten sind. Es ist der Palaca Sincic. Ein kleiner Abstecher zur Basilika San Euphrasius lohnt. Die Euphrasius-Basilika ist die Kirche unter dem aufwendigen Campanile mit dem sechseckigen Dachstuhl, den wir schon von der Ansteuerung her kennen. Hier findet man noch eine Menge antiker Baureste. In der Basilika (neben dem Eingang zur Kirche auf der linken Seite) befindet sich eine Karte, von der der Interes-

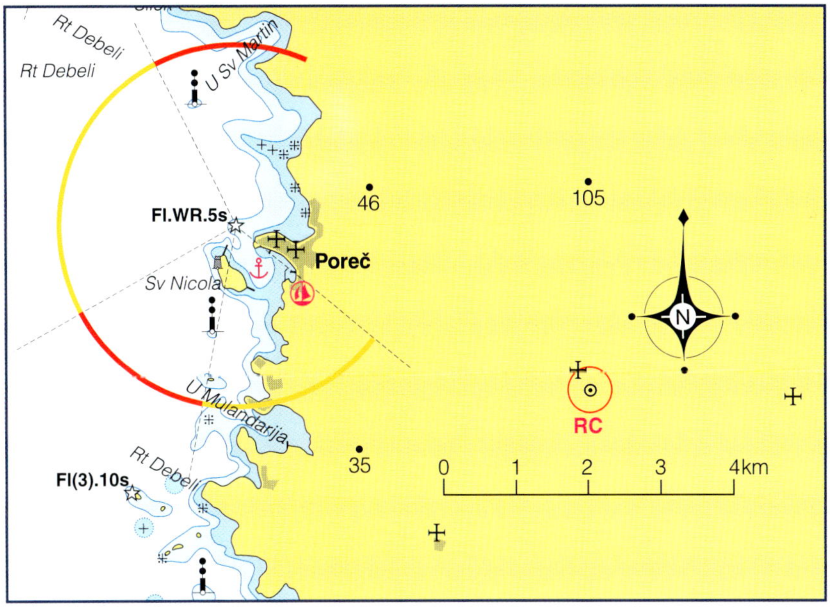

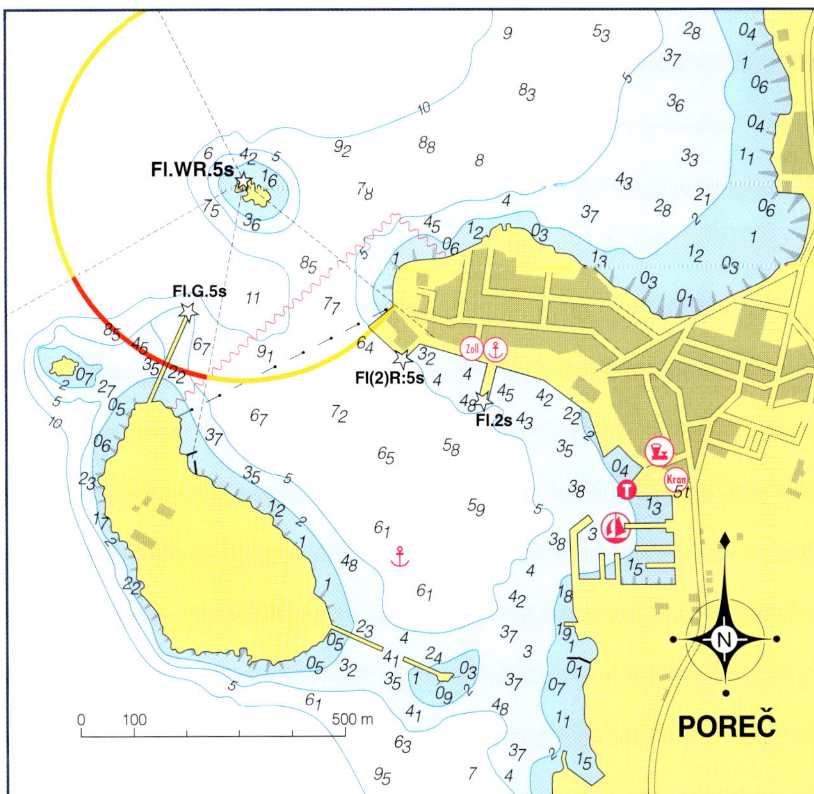

sierte noch Details entnehmen kann. Tritt man in die Kirche, kann man unmittelbar hinter dem Eingang auf der linken wie auf der rechten Seite die Überreste eines relativ gut erhaltenen römischen Mosaikfußbodens sehen.

Das Mosaik ist auf das 4. nachchristliche Jahrhundert datiert. Im alten Stadthaus links neben der Basilika befindet sich in einem ruhigen, schön gelegenen Innenhof das empfehlenswerte Restaurant „Marconi".

Basilika

Mosaikfußboden

Vrsar – etwas nördlich des Limski-Kanals gelegen

Der Limski-Kanal zwischen Poreč und Rovinj

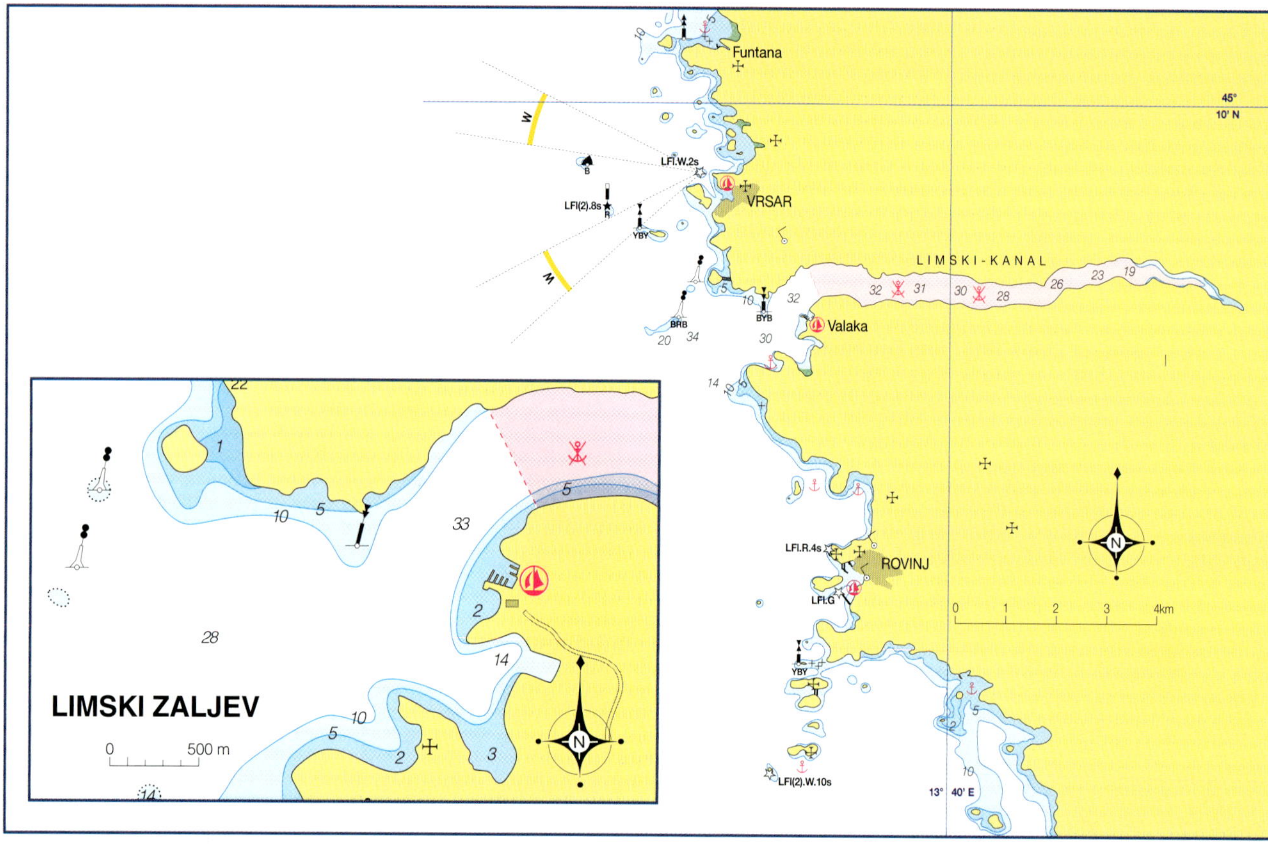

Limski-Kanal

Weitere 10 sm südlich, vorbei am Limski-Kanal – ein tief in die Landschaft eingeschnittener Fjord, der aber wegen seiner Austernbänke nicht befahren werden darf –, gelangen wir nach

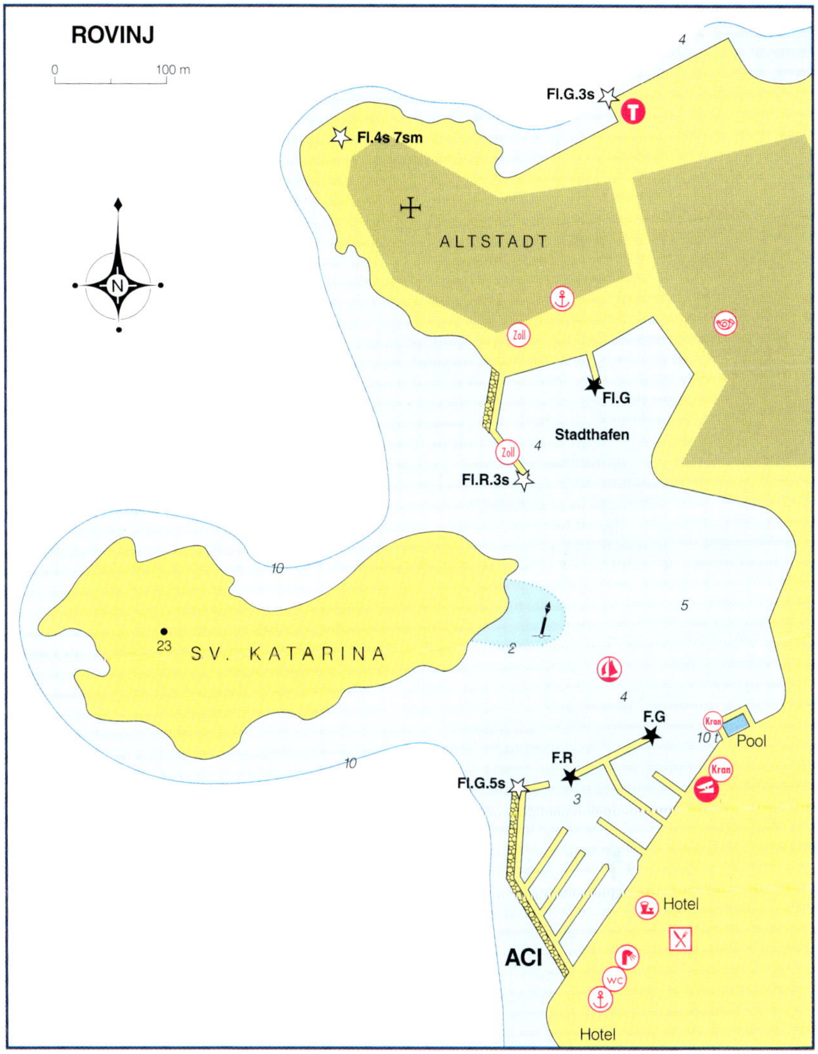

Rovinj (45° 05‘ N 13° 38‘ E),

der Perle der istrischen Küste.

Ansteuerung:

Als deutliche Ansteuerungsmarken dienen der Campanile der Ortskirche und das vorgelagerte Inselchen Sveti Katarina. Die Ostspitze von Sveti Katarina ist unrein, man beachte die dort ausliegende Tonne!

Liegeplätze:

Die Marina befindet sich eine halbe Meile weit südlich des Innenstadtbereichs. Der Stadthafen ist für durchreisende Yachten nicht geeignet, da mit flachgehenden Fischerbooten zumeist randvoll belegt. Die Marina bietet allen erwarteten Komfort, nur eine Tankstelle wird man vergeblich suchen. Neben dieser ACI-Marina gibt es zwar noch den Haupthafen von Rovinj – wie schon erwähnt –, er ist aber für durchreisende Boote ungeeignet, da voll belegt im Außenteil mit Berufsfischern.

Versorgung:

Von der ACI-Marina geht man rund 80 m stadteinwärts und folgt dann einer Straße, die den Berg rechts aufwärts führt, rund 100 m, d. h. die zweite abzweigende Straße, dort wo Zebrastreifen markiert sind, folgt man der Straße wiederum nach rechts abknickend und trifft nach weiteren 100 m auf einen dreieckigen Platz, der in der Mitte begrünt ist. Auf der linken Seite findet sich ein großer, gut sortierter und vor allem preiswerter Supermarkt.

Touristik:

Hoch auf dem Stadthügel thront weithin sichtbar und als Ansteuerungsmarke bestens zu gebrauchen der Campanile von Rovinj. Dicht an dicht schmiegen sich in der Altstadt die Häuser an den Hügel und wirken mit ihren rot gedeckten Ziegeldächern wie aus einer anderen Zeit. Beachtung verdient am Platz Marschall Tito der Uhrturm des Hafens. Vom Uhrturm durch das barocke Tor gehen wir eine gepflasterte schmale Straße immer weiter bergan. Wir halten uns in dem engen, dunklen Straßengewirr immer bergauf. Manchmal werden die Gassen so schmal, dass kaum zwei Menschen nebeneinander passen. Nach ca. 10 Minuten stehen wir vor der Basilika der hl. Euphemia, zu der der Campanile gehört. So grazil der Kirchturm von weitem wirkt, so wuchtig und abweisend ist die Erscheinung des Kirchenschiffs. Dicht an dicht mit Naturstein ge-

Ansteuerung von Rovinj

Sv. Andrija – südlich Rovinj

Altstadt von Rovinj

mauert und zumeist ohne Fenster, wirkt das ganze Schiff eher wie eine Festung denn wie eine Kirche. Von Innen ist die Kirche reinster Barock, wenn auch in einer etwas schlichteren Ausführung. Vom Kirchenvorplatz hat man einen wunderschönen Ausblick über die Bucht und die Marina. Der Altstadt gegenüber am Fuße eines dicht grün bewaldeten Hügels liegt die ACI-Marina. Auffallend sind die hoch aufragenden Zypressen am Fuße des Berges nahe dem Hotelkomplex, der oberhalb der Marina gebaut wurde. Die Atmosphäre von Rovinj ist ganz außergewöhnlich. Es ist der „italienischste" Hafen an der dalmatinischen Küste. Straßencafés und buntes Leben, wohin man sieht, und der Löwe von San Marco auf dem Hafenturm zeugt deutlich davon, wie lange dieser Küstenstrich italienisch war.

ACI-Marina in Rovinj

Auf dem Weg entlang der schwach gegliederten Küste in Richtung Süden treffen wir nach rund 10 Meilen auf den Nationalpark Brijuni. Im Zentrum des Nationalparks liegen die Brijuni-Inseln, bestehend aus Veli Brijuni und Mali Brijuni sowie noch acht kleineren Inselchen und unzähligen Klippen. Das Gebiet rund um die Inseln ist Sperrgebiet, und es ist Seglern verboten, das Areal der Inseln anzusteuern mit einer Ausnahme – es darf im Hafen der Insel Brijuni angelegt werden. Aber die Liegegebühren sind exorbitant hoch – für Yachten bis 15 m in den Hauptsaisonmonaten Juli und August werden umgerechnet rund 110 € für die Übernachtung fällig. Ausserhalb der Saison werden etwa 75 € fällig. Inzwischen darf die komplette Crew immerhin an Bord übernachten.

Das römische Amphitheater

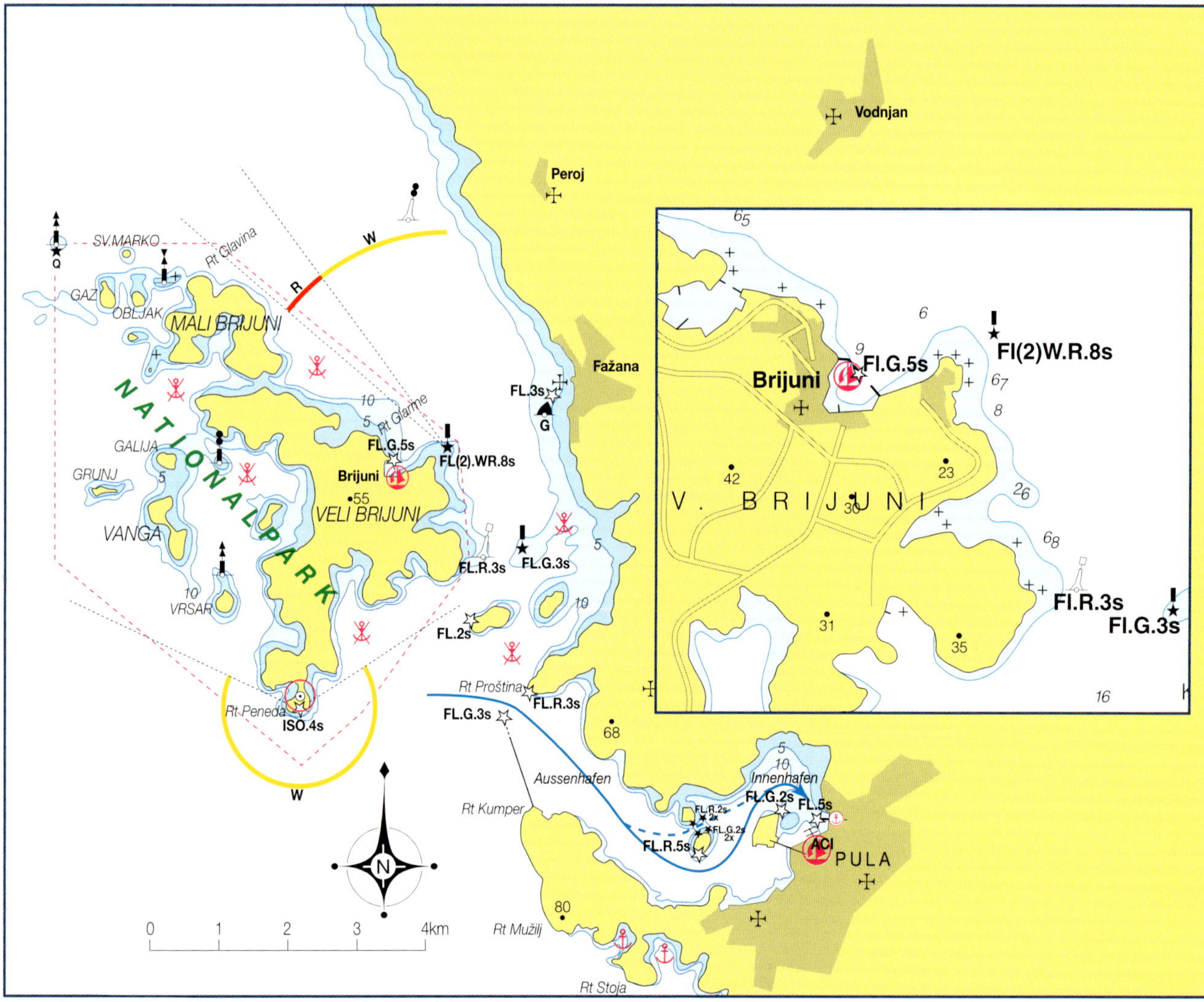
Vodnjan
Peroj
Fažana
SV.MARKO
Q
Rt Glavina
W
R
GAZ
OBLJAK
MALI BRIJUNI
NATIONALPARK
GALIJA
GRUNJ
VANGA
VRSAR
VELI BRIJUNI
Brijuni
55
Rt Glarme
FL.G.5s
FL(2).WR.8s
FL.3s
G
FL.R.3s
FL.G.3s
FL.2s
Rt Peneda
ISO.4s
Rt Proština
FL.R.3s
FL.G.3s
68
Aussenhafen
Innenhafen
Rt Kumper
FL.G.2s
FL.5s
FL.R.5s
ACI
PULA
80
Rt Mužilj
Rt Stoja
0
1
2
3
4km
N
V. BRIJUNI
Fl.G.5s
Fl(2)W.R.8s
Fl.R.3s
Fl.G.3s
42
23
30
31
35

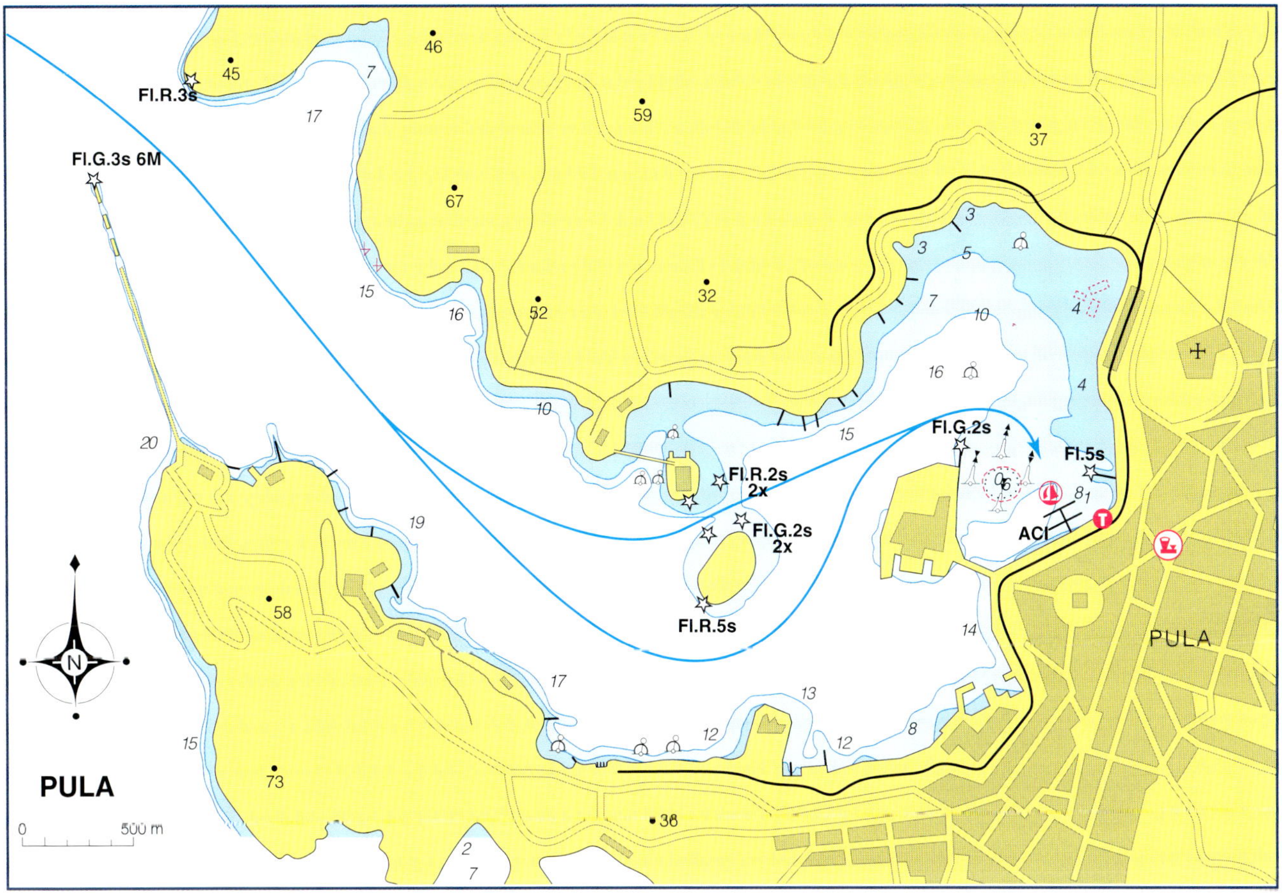

Während der Zeit Titos waren die Inseln übrigens ausschließlich dem Marschall und hochrangigen ausländischen Staatsgästen als Refugium vorbehalten. Das allein macht wohl auch heute noch den Reiz der Inseln aus.

Dicht südlich der Brijuni-Inselgruppe liegt die Einfahrt in den Hafenfjord von

Pula (44° 53‘ N 13° 50‘ E).

Ansteuerung:

Die Einfahrt ist recht gut auszumachen an dem weit in die Bucht hineingebauten Wellenbrecher, der in seinem äußeren Teil stückweise zerstört ist!
Vorbei an den Festungsinselchen Katarina und Andria, die die Zufahrt zu der strategisch wichtigen Bucht sichern, geht es um

ACI-Marina in Pula

Die Bucht von Pula

das Halbinselchen Uljanic herum zur Marina Pula, die an ihrem auffälligen zentralen Rundbau klar auszumachen ist. Schräg linker Hand dahinter wird man auch die faszinierenden Ruinen des römischen Amphitheaters entdecken.

Liegeplätze:

Die Marina bietet 200 Liegeplätze für Yachten bis 25 m Länge an modernen Schwimmstegen und die üblichen Serviceleistungen.

Versorgung:

Eine Tankstelle befindet sich im äußersten Osten des Hafenbeckens an einer kleinen Pier. Vom Hafen aus gesehen schräg hinter dem Amphitheater, kann man auch einige kleine Lebensmittelgeschäfte für die Deckung des Bordbedarfs ausfindig machen.

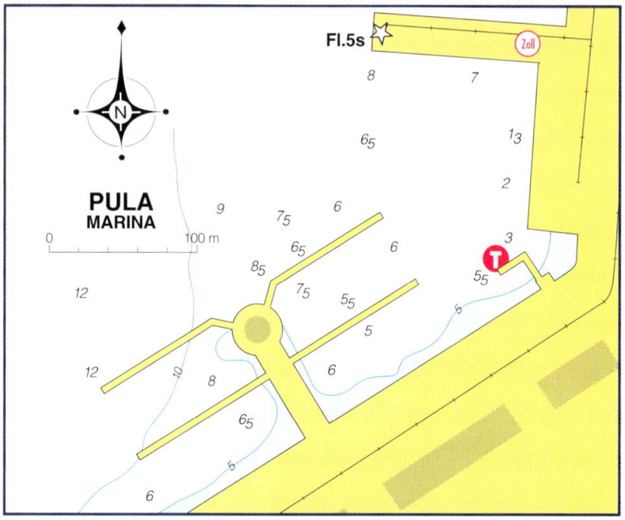

Touristik:

Heute ist Pula mit seinen 65.000 Einwohnern der größte Ort auf der istrischen Halbinsel. Pula ist damit immer noch das eigentliche Zentrum der Halbinsel. Wir dürfen auch nicht vergessen, dass Mitte des 19. Jahrhunderts Pula zum bedeutendsten Kriegshafen der Donaumonarchie wurde und damals einen wichtigen Militärstützpunkt darstellte. Die Sehenswürdigkeiten liegen im Bereich der Altstadt und stammen aus der römischen Blütezeit im 1. nachchristlichen Jahrhundert. Die Hauptattraktion ist zweifellos das Amphitheater, das immerhin das fünftgrößte römische Theater der Welt ist und dem Kolosseum in Rom an Imposanz in nichts nachsteht. Beeindruckend ist vor allem, dass die Fassade, wenn auch ausgehöhlt und fensterlos, so doch recht gut erhalten geblieben ist. Wenn wir die Marina verlassen und uns an der Uferstraße links halten, kommen wir nach 100 m rechter Hand an einen grünen Park, den Marschall-Tito-Park. Durchqueren wir diesen Park, gelangen wir nach 200 bis 300 m an das mächtige römische Amphitheater. Heute wird das Amphitheater, insbesondere natürlich im Sommer, für Musik- und Tanzdarbietungen

Rathausplatz Pula

Rezeption der ACI-Marina

genutzt. Vom Amphitheater aus Richtung Südosten kann man auch einen Rundgang durch die Altstadt machen. Das Stadtbild ist heute geprägt durch eine von Platanen gesäumte Flaniermeile, die direkt in den Stadtkern führt. Dort, insbesondere am Rathausplatz, finden sich Straßencafés vor römischen Tempeln und Säulenfragmenten. Insgesamt sind die antiken Bauwerke schön in die Stadt integriert und alles macht einen äußerst lebendigen und überhaupt nicht musealen Eindruck.

Nur 2 Seemeilen südlich der Einsteuerung nach Pula liegt die Marina

Veruda (44° 50‘ N 13° 50‘ E).

Ansteuerung:

Am Ende eines langen, tief in das Land eingeschnittenen Hafenkanals liegt diese große Marina. Sie ist als Charterausgangsbasis sehr bekannt.

Die Einfahrt zur Marina Veruda ist gar nicht so einfach zu finden, es fehlt an einer klar definierten Landmarke. Am besten geeignet erscheinen noch der Baukomplex dicht nördlich der Hafeneinfahrt und die weiter hinten in der Bucht stehenden mehrgeschossigen Wohnblöcke. Wenn man den langen Hafenschlauch passiert hat, trifft man am Ende, wo es langsam enger und flacher wird, auf die Marina.

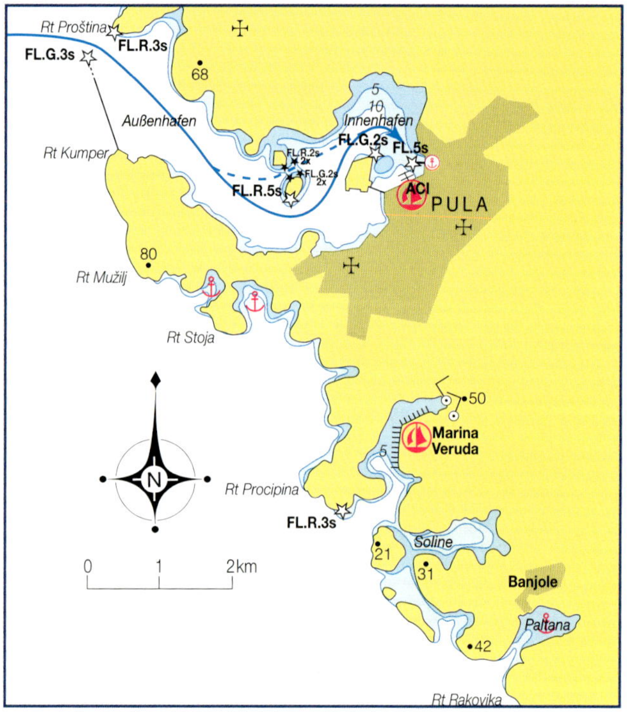

Liegeplätze:

Sie bietet Liegeplätze, die vor allen Winden und vor allem auch Seegang geschützt sind. Lediglich an den ersten Stegen kann sich Schwell aus Süden bzw. starker Wind aus dieser Richtung, der in der Bucht kabbelige See aufwirft, bemerkbar machen. Die Marina bietet 630 Liegeplätze für Schiffe praktisch jeder Größe. Die Wassertiefen an den Liegeplätzen sind allerdings recht unterschiedlich. An den hinteren, geschützteren Liegeplätzen darf man überall mit 3,5 m Wassertiefe rechnen.

Versorgung:

Ein Supermarkt befindet sich genauso auf dem Marinagelände wie einige nette Restaurants. Die Tankstelle liegt außerhalb des

Die Bucht von Marina Veruda

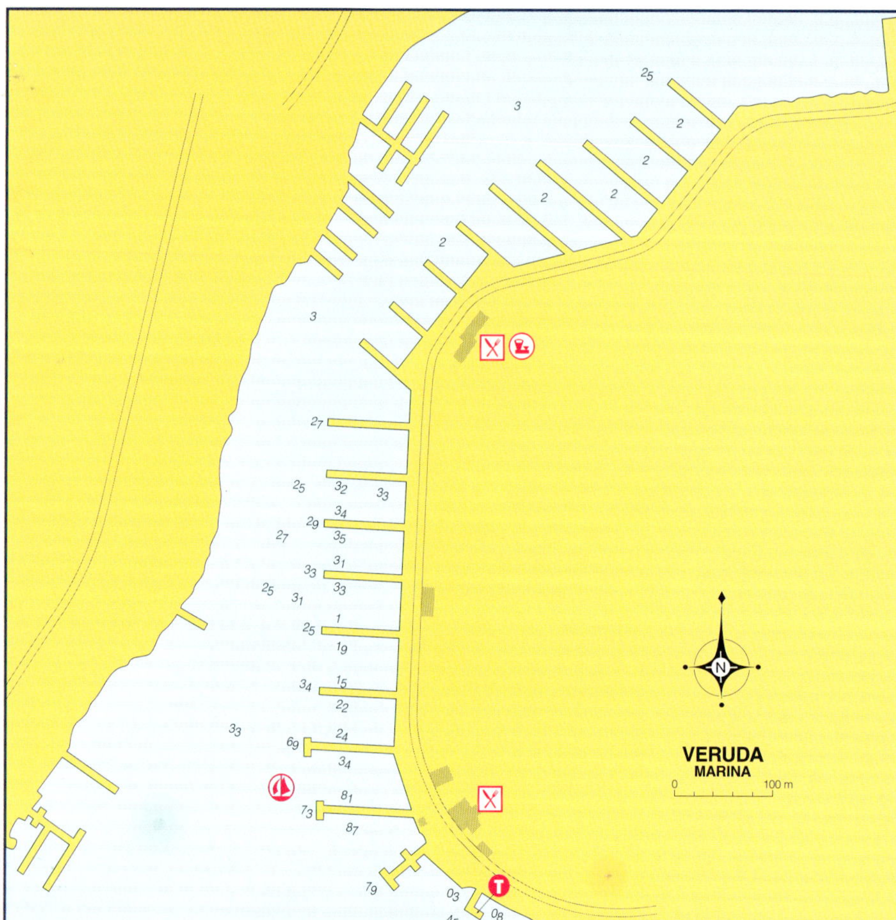

eigentlichen Hafenkomplexes und ist starken Winden aus Süd oder West leider recht ungeschützt ausgesetzt. An der Außenseite der Tankstellenpier darf mit 4 m Wassertiefe gerechnet werden.

Will man seine Fahrt von hier Richtung Kvarner Bucht fortsetzen, rundet man die Südspitze Istriens am besten außerhalb des Leuchtfeuers Porer.

Man darf dieses nicht mit dem Leuchtfeuer von Plic Albanez verwechseln, welches 2 Meilen südsüdost von Porer liegt.

Zwischen dem Leuchtfeuer von Porer und dem Festland kann man zwar hindurchfahren, wenn man auf einige Untiefen achtet, aber die Wassertiefen im Pass nehmen rasch auf knapp 7 m ab. Und einige Klippen reichen bis dicht unter die Wasseroberfläche.

Da der Pass nicht bezeichnet ist, sollte der Ortsunkundige lieber das Leuchtfeuer Porer seewärts passieren.

Bucht südlich Marina Verudas

Leuchtturm Porer

Geld und Marderhäute

Haben Sie sich schon einmal gefragt, wieso die heutige kroatische Währung Kuna heißt? Kuna bedeutet im Kroatischen soviel wie Marder. Kann man mit Mardern Rechnungen bezahlen? In der Tat, man kann - oder besser gesagt, man konnte. Im Mittelalter war der Pelz des weißen Marders eine begehrte Handelsware. Die Inseln Krk und besonders Cres waren bekannt für ihre Mardervorkommen und das Fell des weißen Marders war ein wichtiger und vor allem wertvoller Exportartikel der Inseln. So ist überliefert, daß am Anfang des 11. Jahrhunderts die Städte Cres und Beli auf der langgestreckten Cres-Insel ihren Jahrestribut an Venedig in Marderfellen zu zahlen hatten. Für Beli war eine Steuer von 15 Fellen und für die Stadt Cres, die praktisch für alle übrigen Gemeinden der Insel mitbezahlte, von 40 Fellen pro Jahr festgesetzt. Damals hatten sich Marderfelle tatsächlich als Zahlungsmittel in Kroatien eingebürgert und deshalb heißt die kroatische Währung heute Kuna.

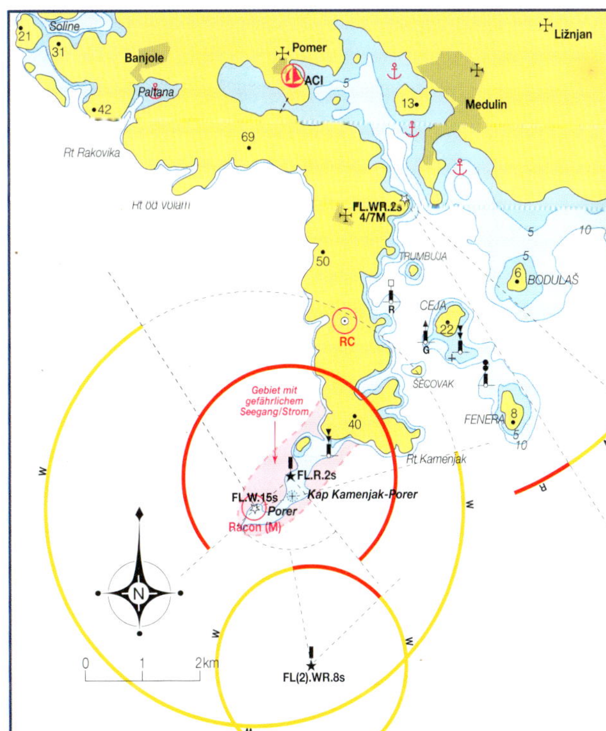

1.2 Die äußeren Inseln – Cres bis Iž

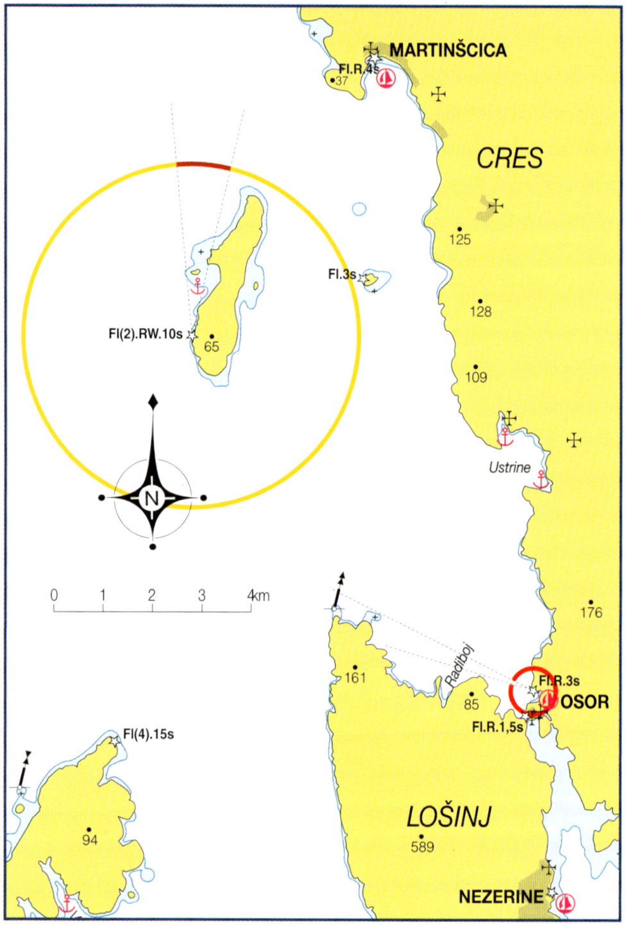

Martinšćica (44° 49‘ N 14° 21‘ E)

Ansteuerung:

Hält man von der Südspitze Istriens Ostkurs, erreicht man nach rund 15 Meilen die lang gestreckte Insel Cres. Sie wirkt schon auf geraume Distanz wie eine hohe Mauer, und die ihr vorgelagerte, rund 2 Meilen lange, unbewohnte Insel Zeca wird man – flach und unscheinbar, wie sie ist – erst recht spät als eigene Insel und nicht als Teil ihrer größeren Schwester Cres ausmachen. Im Schutz der Insel Zeca und im Nordscheitel einer leicht in die Insel Cres eingeschnittenen Bucht liegt Martinšćica. Im Übrigen wird man Martinšćica von West kommend sehr leicht und schon auf geraume Distanz an den hellen Apartmenthäusern, die sich an die Felswand schmiegen, erkennen. Später wird man dann die hellen Klippen mit der Halbinsel Kijac erkennen, die die Bucht von Martinšćica gegen die See abriegelt. Von weitem kann man diese leicht hell aufleuchtenden Kalkfelsen für eine vorgelagerte Insel halten – sie sind es aber nicht.

Liegeplätze:

Der Ort hat einen netten Hafen, der gegen Nordwest bis Ost auch recht geschützt ist. Man kann einlaufend Steuerbord an der Pier mit Buganker und Heckleine festmachen. An der Spitze der Pier darf man mit 3 m Wassertiefe rechnen. Man kann aber auch einlaufend Backbord sich an der dortigen Pier festlegen. An ihrem Ende ist auch mit ca. 3 m Wassertiefe zu rechnen. Etwa 50 m nördlich der Pier vorgelagert finden sich einige Unterwasserhindernisse, die Ostmole ist zum Überliegen

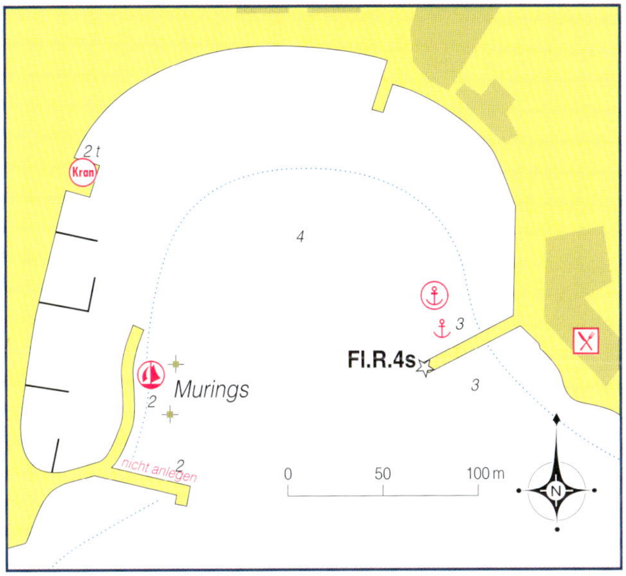

geeigneter. Das Ankern in der Bucht ist möglich, soweit es der Platz zulässt.

Versorgung:

Besondere Sehenswürdigkeiten hat der Ort nicht zu bieten, man kann aber das Notwendigste an Lebensmitteln bekommen. Einige nette Restaurants liegen am Hafen.

Von der Martinšćica-Bucht hält man sich südlich, vorbei an dem Inselchen Visoci Richtung Lošinj. Den hohen Gebirgszug dieser Insel, der im Nordteil 600 m steil aufragt, kann man schon weithin erkennen.
Etwa 5 Meilen südlich von Martinšćica befindet sich die tief eingeschnittene Bucht von **Ustrine (44° 45' N 14° 24' E)**. In ihrem Zentrum bietet sie keine ankergerechten Tiefen, aber man kann in ihrem Nord- oder Südzipfel auf 4 bis 8 m Kiesgrund ordentlich ankern, wobei der Nordzipfel, wenn der Wind einem die Wahl lässt, die günstigere Alternative ist. Man liegt hier vor einer steilen Bergku-

Martinšćica

Bucht von Ustrine

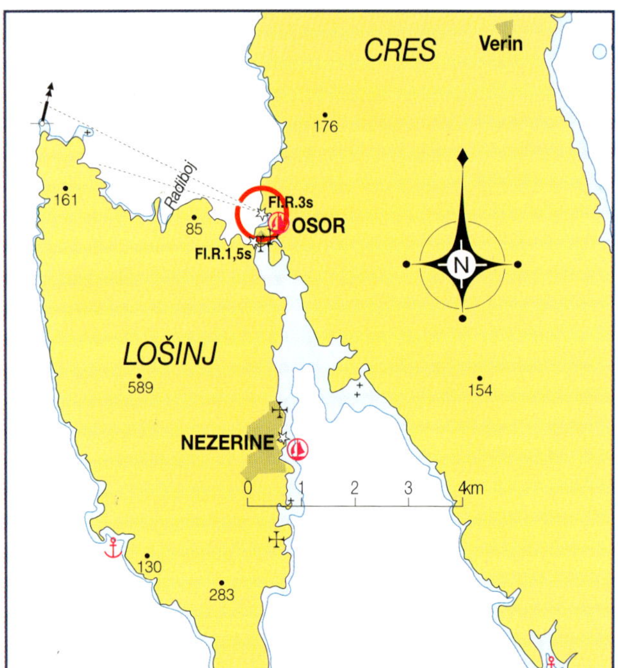

lisse, abgelegen und ohne jede Versorgung, aber landschaftlich reizvoll.

Hält man sich von Ustrine aus 2 Meilen weiter südwärts, trifft man auf

Osor (44° 42‘ N 14° 24‘ E).

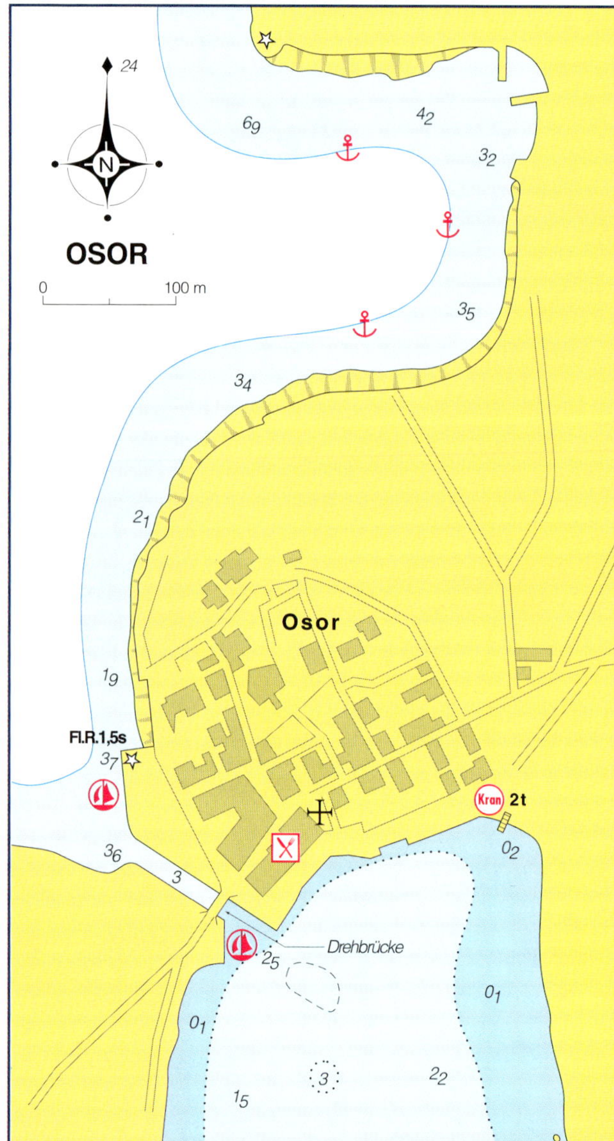

Kanal von Osor

Ansteuerung:

An der schmalsten und niedrigsten Verbindungsstelle zwischen den Inseln Cres und Lošinj liegt der Ort. An dieser Stelle hat man einen künstlichen Durchstich zwischen den beiden Inseln gemacht. Die Brücke über den Kanal wird zweimal am Tag (9 und 17 Uhr) geöffnet. Der Wasserweg kann von Booten bis 3 m Tiefgang befahren werden. Die Durchfahrtshöhe

der Drehbrücke in geschlossenem Zustand beträgt nur knapp 1,5 m.

Liegeplätze:

Festmachen kann man in Osor nur für kurze Zeit an der Pier mit dem roten Leuchtfeuer, wenn man das Boot beobachtet, aber üblicherweise ist diese Pier für den Fährverkehr reserviert. Das auch nur kurzzeitige Festmachen im Kanal ist nicht gestattet, wird aber außerhalb der Brückenöffnungszeiten in der Regel augenzwinkernd geduldet, wenn das Boot bemannt und jederzeit ablegebereit ist.

Die nordöstlich gelegene kleine Bucht, an der sich auch ein Campingplatz befindet, eignet sich nur bedingt zum Ankern. Es ist bis dicht an das Ufer sehr tief (15 bis 20 m). Es gibt nur die Möglichkeit, an einer geeigneten Stelle an der abfallenden Kante den Buganker zu werfen und mit einer Heckleine dicht unter Land festzumachen. Gegen Bora ist der Schutz dicht unter Land aber gut. Die in den Seekarten eingezeichneten Ankersymbole, auch was die Bucht genau auf der gegenüberliegenden Seite angeht, sind allenfalls etwas für Großschiffe. Für Yachten ist der Grund einfach zu tief (stellenweise 20 bis 30 m).

Touristik:

Osor ist die älteste Stadt auf Cres und Lošinj. Man kann sich heute kaum vorstellen, dass zu römischer Zeit Osor eine regelrechte Kapitale, eine Hauptstadt, war. Vermutlich geht der Kanal, den wir heute noch nutzen können, auf die vor den Römern hier siedelnden Liburner zurück, spätestens jedoch, das ist nicht ganz gesichert, haben die Römer den 11 m breiten Kanal schon angelegt. Nach römischen Quellen soll die Stadt damals 20.000 Einwohner gezählt haben – heute leben hier kaum noch 100 Menschen. Teile der klassischen Stadtmauer sind noch fragmentartig erhalten. Nachdem im 15. und 16. Jahrhundert die Inselverwaltung und vor allen Dingen die Bischöfe Osor verließen und die Blütezeit des Ortes Cres auf der gleichnamigen Insel begann, verlor Osor Stück für Stück seiner früheren Bedeutung. Heute ist der Ort mit seinen kopfsteingepflasterten Gassen und seinen vielen blühenden Büschen – vorwiegend Oleander – ein verträumtes Nest an der Nahtstelle zwischen Cres und Lošinj. Lediglich der wuchtige Turm der Marienkathedrale erinnert noch ein bisschen an den Glanz der frühen Tage.

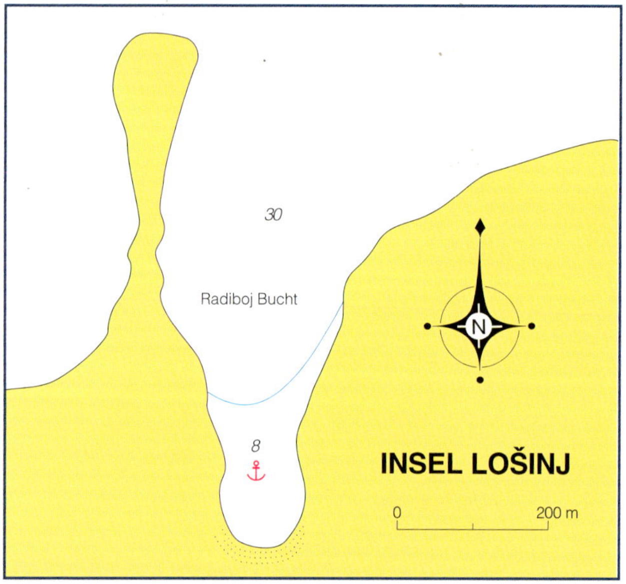

Bei Winden aus dem südlichen Quadranten empfiehlt sich die 1,5 Seemeilen weiter westlich gelegene Bucht von **Radiboj (44° 42‘ N 14° 22,8‘ E)**, wo man auf Sandgrund mit Felsen durchsetzt bei einer Wassertiefe von 4 m ordentlich ankern kann. Es empfiehlt sich, auch eine Heckleine zum Land auszubringen. Gegen Winde aus dem nördlichen Quadranten ist die Bucht aber ungeschützt!

Ungefähr 5 Seemeilen westlich der Nordspitze der Insel Lošinj liegt die Insel

Unije (44° 38‘ N 14° 15‘ E).

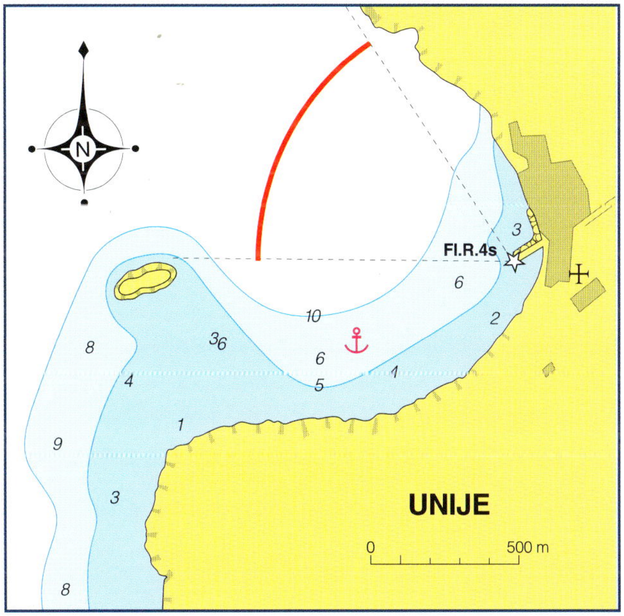

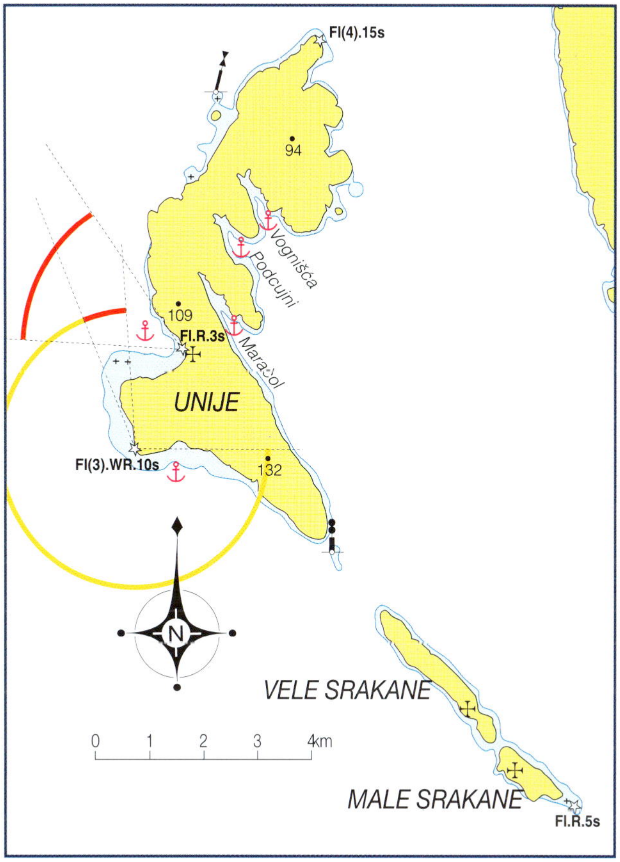

Ansteuerung:

Ihre Nordspitze fällt steil ins Meer ab. Sie wirkt von der Ferne gesehen lang gestreckt und grün von Macchie bewachsen. Auf der Westseite der Insel liegt vor dem gleichnamigen Dorf eine hübsche Ankerbucht. Hat man Unijes Nordspitze weiträumig gerundet – weiträumig deshalb, weil einige Unterwasserfelsen der Küste bis auf 800 m vorgelagert sind –, erreicht man nach 3 Meilen auf Südostkurs die Einsteuerung zu der Bucht. Der Kirchturm und die Kapelle auf dem Hügel nordöstlich des Ortes können als gute Landmarke bezeichnet werden. Die Einfahrt ist nachts befeuert. Auf ihrer Südseite läuft die Bucht

Eine gute Landmarke ist der Kirchturm von Unije

Ankerbucht Maračol an der Ostküste von Unije

recht flach aus, das Ufer ist zum Teil mit Schilf bewachsen und wirkt auf diese Weise untypisch nordeuropäisch. Beim Ein- und Auslaufen empfiehlt es sich übrigens, nördlich der kleinen Felsenklippe Skoljic zu bleiben. Man kann zwar auch zwischen der kleinen Insel und dem Festland hindurchgehen, sollte dieses Risiko nach Möglichkeit aber meiden, da südlich der kleinen Insel einige Riffe unter Wasser vorgelagert sind.

Liegeplätze:

Das Wasser, glasklar zumeist, zeigt anhand seiner türkisfarbenen Verfärbung schon die günstigen Ankermöglichkeiten an, die man dicht unter Land auf der Süd- und Südostseite der Bucht vorfindet. Nicht geeignet ist die Ankerbucht natürlich bei Winden aus Südwest bis Nordwest. Hier muss man mit hoch aufgeworfenem Seegang dank der langen Windwirkstrecke über die Adria rechnen. Die Mole des Ortes sollte für den Fährbetrieb freigehalten werden. Die Wassertiefen an ihrem äußersten Ende liegen bei 4 bis 5 m. Kurzfristiges Überliegen ist möglich.

Versorgung:

Der Ort macht einen ruhigen, zurückgezogenen Eindruck. Aus Sicherheitsgründen empfiehlt es sich (obwohl ein Laden vorhanden ist), nicht auf Verproviantierung angewiesen zu sein.

Etwa 9 Seemeilen südlich der Insel Unije liegt

Hafen Susak

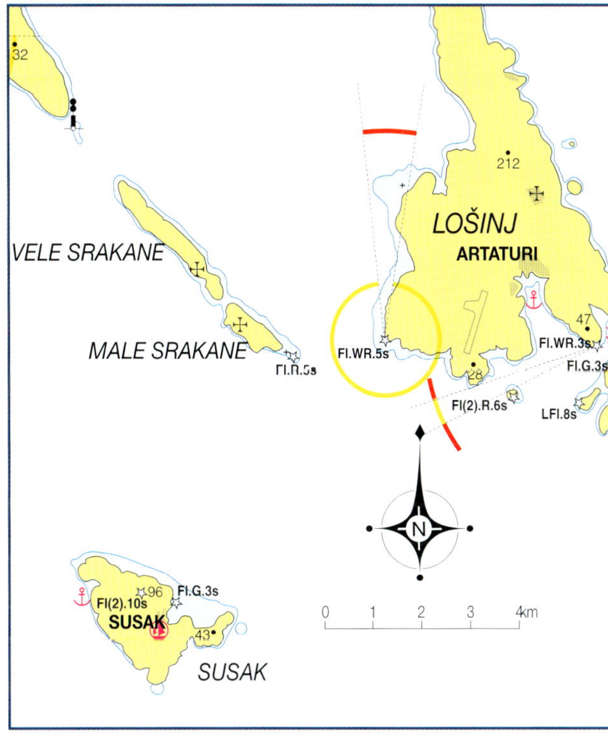

Susak (44° 31‘ N 14° 18‘ E).

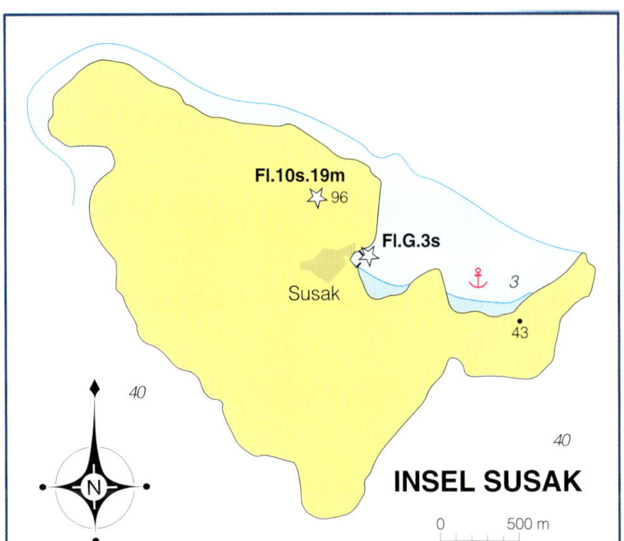

Insel Susak

Ansteuerung:

Häufig wird Susak als atypische „Sandinsel" bezeichnet. Dies mag aber in die Irre führen. Von Ferne sieht sie durchaus aus wie ein komplexer Felsbrocken, der Lošinj weit vorgelagert in der Adria liegt. Wenn wir uns der Insel nähern, täuschen ihre steil abfallenden Ränder eine Höhe vor, die die Insel mit ihren knapp 100 m in Wahrheit gar nicht hat. Sie wirkt recht imposant. Als Ansteuerungsmarke dient der Kirchturm des Ortes von Ferne, und in der Nahansteuerung wird man sehr schnell den helleren Sandstrand ausmachen können.

Liegeplätze:

Der Ankerplatz vor dem gleichnamigen Ort liegt auf der Ostseite der Insel und kann bei stärkeren Winden aus dem östlichen bis nördlichen Quadranten nicht angelaufen werden. Der kleine Hafen unterhalb des Ortes kann nicht guten Gewissens empfohlen werden. Er ist üblicherweise von Ausflugsschiffen von der Insel Lošinj voll belegt. Als Alternative bietet sich der vielleicht 4 Kabellängen östlich gelegene Ankerplatz vor einem auffälligen Badestrand an. Auf türkisfarbenem Wasser liegt man – günstige Windverhältnisse vorausgesetzt – in landschaftlich sehr hübscher Umgebung. Gut geschützt ist die Bucht vor allen Winden aus dem westlichen und südlichen Quadranten.

Versorgung:

Die Versorgungsmöglichkeiten auf Susak sind nicht besonders gut. Es gibt aber einen Supermarkt am Hafen.

Touristik:

Die Insel wird tagsüber stark von Ausflugsbooten von Lošinj besucht. Wenn diese abends zurückfahren, fällt die Insel aber in einen Dornröschenschlaf, man fühlt sich sehr abgelegen. Vom Ankerplatz aus kann man noch sehr schön sehen, wie die Insel einstmals landwirtschaftlich intensiv genutzt gewesen sein muss – viele aufgelassene Terrassen, die von ehemals fruchtbarem Feldbau zeugen, ziehen sich an den Hängen nördlich und südlich hinauf. Man gewinnt den Eindruck, dass jeder Quadratmeter der Insel zumindest früher intensiv landwirtschaftlich genutzt wurde. Heute ist der Tourismus die wichtigste Erwerbsquelle des Eilands.

Geologisch gesehen ist die Insel ein ausgeprägtes Unikum. Sie besteht, im Gegensatz zu den Kalkbergzügen der Umgebung, aus Sand. Man darf sie sich allerdings nicht vorstellen wie die klassischen Ost- und Nordfriesischen Inseln, sondern es handelt sich um verfestigte tertiäre Sande, die eine Konsistenz aufweisen, die etwa Kalksandstein entspricht. Als Baustoff für den Ort jedenfalls waren die in Susak gebrochenen Steine nicht geeignet – jeder auf der Insel verbaute Steinblock ist vom Festland herangeschafft worden.

Hält man sich von Susak 7 Seemeilen auf Ostkurs, läuft man genau in die Einfahrt von

Mali Lošinj (44° 32‘ N 14° 28‘ E).

Ansteuerung:

Von weitem kann die vorgelagerte Insel Zabodaski als Ansteuerungsmarke dienen. Desgleichen die doch auffälligen Berge Tovar und Tovarcic, die unmittelbar hinter der Einfahrt liegen. Da die vorgelagerten Inselchen aber relativ flach wirken, ist ein wenig Geduld angesagt. Hat man das Inselchen Zabodaski nahezu erreicht, fallen auch die befeuerten Türme rechts und links der Einfahrt in den langen fjordartigen Hafenschlauch auf. Die die Einfahrt begrenzenden Leuchtfeuer sind auf Turm-

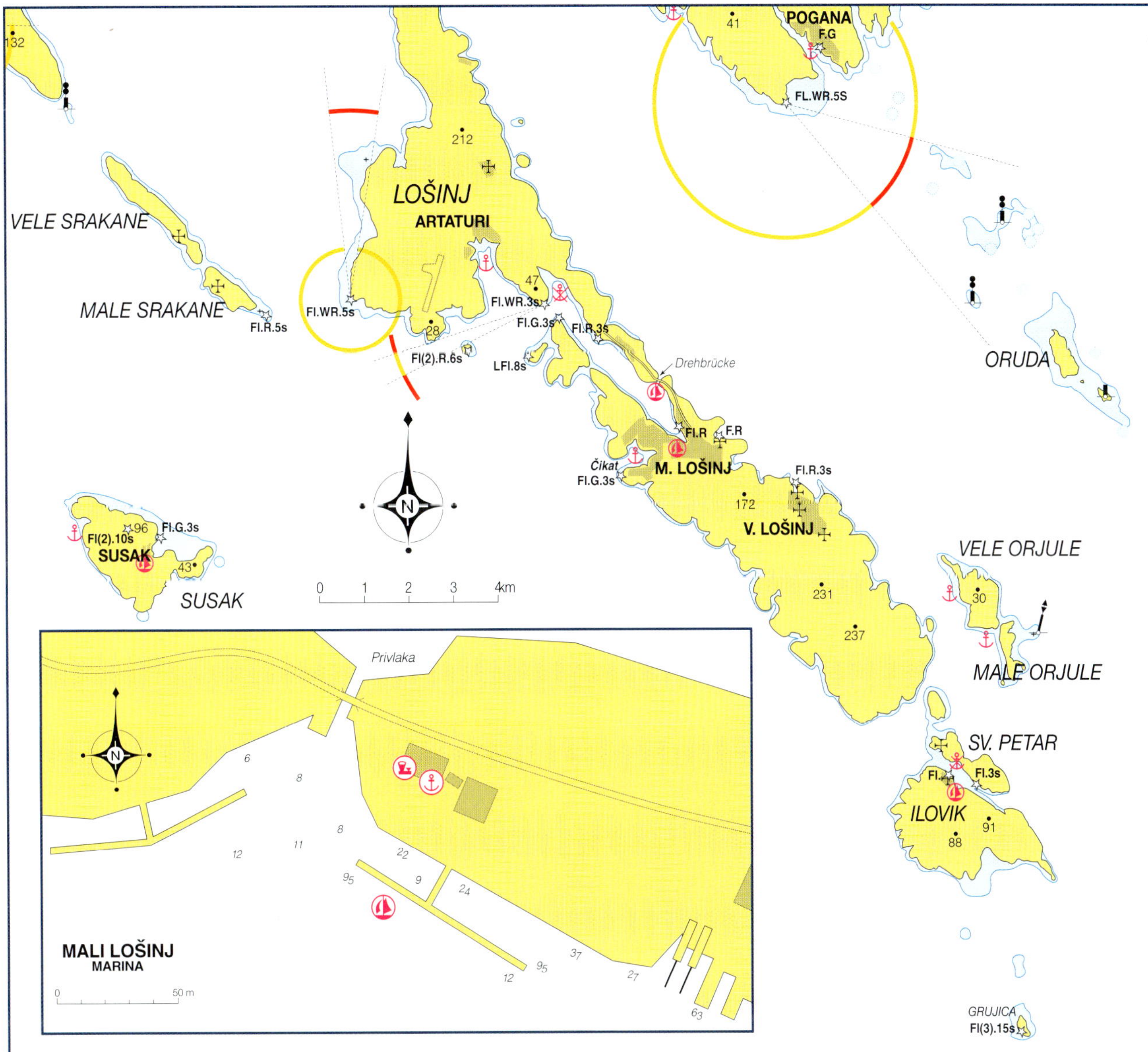

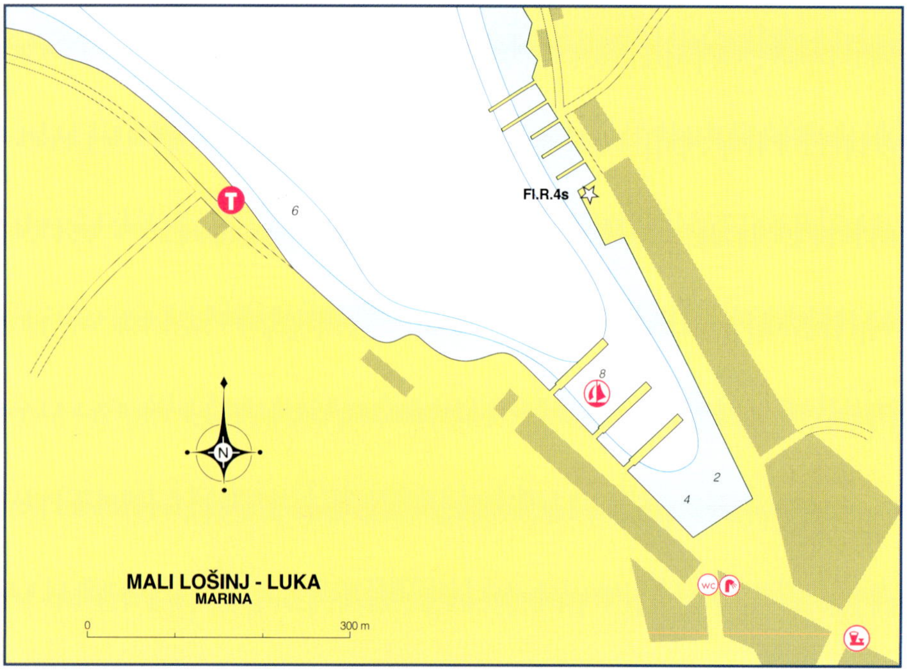

sockeln angebracht, grün für die Steuerbordseite, rot für die Backbordseite. Da die Wassertiefen überall ausreichen und die Ufer relativ rein sind, spielt es keine Rolle, ob man die Einfahrt nördlich der Insel Zabodaski oder südlich derselben wählt. Unmittelbar hinter der Einfahrt knickt man hart nach Steuerbord ab und hält geradlinig durch den von Kiefern und Pinien dicht gesäumten Hafenschlauch mit seinem tiefen dunkelblauen Wasser. Nach etwa 2 Meilen kann man auf der Backbordseite die Marina Mali Lošinj erkennen. Unmittelbar südöstlich angrenzend befinden sich einige industrielle Hafenanlagen, an denen man sich auch recht gut orientieren kann.

Liegeplätze:

Rechts und links eines schmalen Kanals (Wassertiefe des Kanals 3 m), dessen Durchfahrt (Straßenbrücke) einmal um 9 und einmal um 18 Uhr freigegeben wird, liegt die Marina. Sie bietet den üblichen Komfort. Eine knappe Meile tiefer hinein in den Fjord, mitten in den Ort Mali Lošinj hinein, treffen wir auf den alten Hafen, in dem jetzt auch drei bewirtschaftete Schwimmstege ausgelegt sind, die etwa 2,5 m Wassertiefe aufweisen. Der Vorteil dieser Anlage liegt natürlich in ihrer Stadtnähe, sie ist ja mitten in die Stadt hineingebaut. Hieraus mag aber auch der Nachteil resultieren, dass es manchmal bis spät abends relativ laut zugeht.

An der Nordostseite des Hafenbeckens muss die Kaimauer für die gewerbliche Schifffahrt freigehalten werden. Zumeist liegen hier Ausflugsschiffe, die tagsüber Badegäste in die nahe gelegenen Buchten oder zu den Inseln Unije und Susak bringen.

Versorgung:

An der Kaje kann man nur kurzzeitig überliegen, wenn die Ausflugsschiffe ausgelaufen sind und man sich in dem nahe gelegenen Supermarkt vielleicht verproviantieren möchte. Der ACI-Marina gegenüber, etwa 2 Kabellängen nordwestlich der Schwimmstege im alten Hafen, befindet sich die Tankstelle. Sie hat eine eigene Pier mit etwa 3 m Wassertiefe.

Besonders interessant sind die am Ende des alten Hafens festgemachten kleinen Motorbarkassen, die als schwimmender Gemüsemarkt dienen – eine Einrichtung, wie man sie in Europa höchst selten finden wird.

Wenn man am Ende des Hafenschlauchs 50 m landeinwärts die Straße den Berg hinauf verfolgt, befindet sich auf der rechten Seite eine Markthalle und unmittelbar dahinter zwei große Lebensmittelgeschäfte.

Touristik:

Heute nur noch schwer nachvollziehbar war Mali Lošinj lange Zeit das Tor zur Welt für die Handelsverbindungen der Donau-Monarchie. Die Stadt verdankt ihre Blüte daher auch zunächst der Schifffahrt. Der Fremdenverkehr kam erst später als wichtige Lebensgrundlage hinzu. Um 1850 war Mali Lošinj wegen der dort ansässigen Schiffswerften und der auf ihnen gebauten Segelschiffe berühmt. Es ist unvergessen, dass Kapitän Antun Busanic aus Mali Lošinj mit der „Joachimb" als Erster unter österreichischer Flagge im Jahre 1843 das Kap der Guten Hoffnung umsegelt hat. Schon ein gutes halbes Jahrhundert zuvor hatte der Ort eine nautische Schule, die Mitte des 19. Jahrhunderts verstaatlicht wurde – als Seemannsschule existiert sie noch heute. Die Wohlfahrt des Ortes verdankte er insbesondere dem Hartweizentransport aus Häfen des Schwarzen Meeres nach Mittel- und Westeuropa. Die Frachtsegler-Flotte von Mali Lošinj bestand damals aus 130 Überseeschiffen mit einer Gesamttonnage von mehr als 60.000 BRT. Als dann das Dampfschiff begann den Segler zu verdrängen, drohte der Insel Lošinj ein wirtschaftlicher Niedergang. Er konnte durch die Entdeckung des Tourismus verhindert werden. Viele der besonders hübschen Villen des Ortes stammen noch aus jenen Tagen.

Liegeplätze an der Drehbrücke

Vom Ende des Hafens, 50 m über den Platz hinüber linker Hand in die Gasse, sehen wir eine kleine Kapelle (Innenausstattung Barock und sehr auffälliger orthodoxer Stil – z. B. die ewigen Lichter neben dem Altar und die von der Ikonenmalerei geprägte Kreuzwegdarstellung). Von hier aus kann man immer aufwärts den engen Altstadtgässchen folgen, bis man auf eine breitere Straße gelangt, die, ebenfalls mit Stein gepflastert, rechts zum Kirchplatz führt. (Innenausstattung der dreischiffigen Kirche Barock.) Von der Kirche aus hat man leider keinen Ausblick auf den Hafen. Folgt man dem gepflasterten Treppenweg, der außerhalb der Kirchenumfriedung verläuft, gelangt man nach wenigen Meter an die Überreste einer alten venezianischen Festung. Diese ist heute aber dank der Graf-

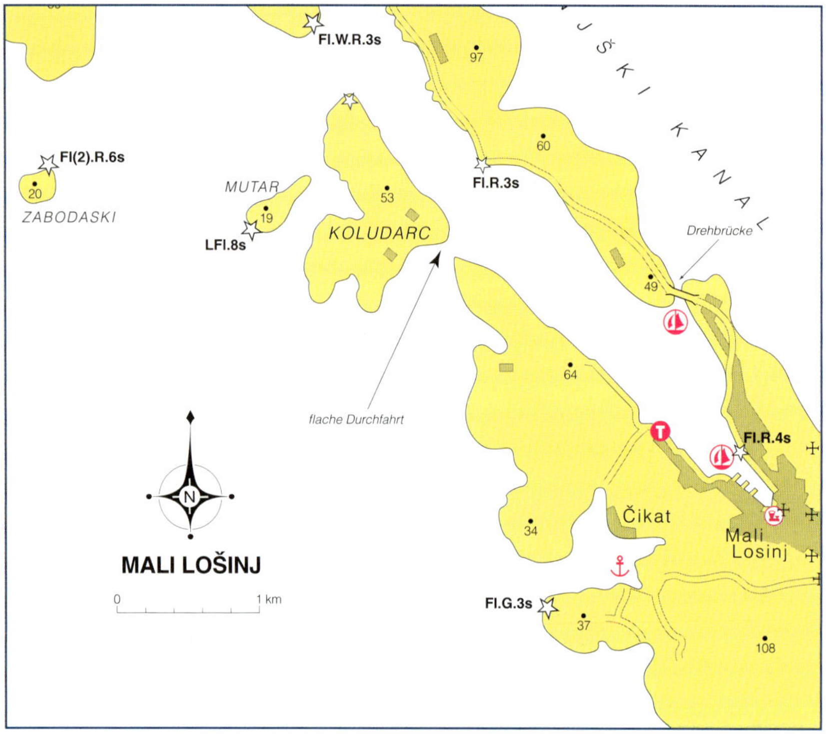

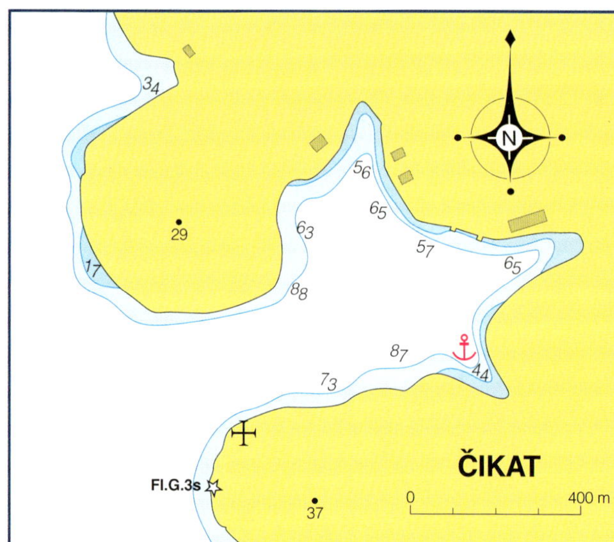

fitimalereien eher als Jugendtreff der angrenzenden Neubausiedlung zu verstehen. Restauriert ist hier nichts. Leider hat man von hier oben auch keinen Ausblick auf den Hafen. Die engen, zumeist mit Stein gepflasterten Altstadtgässchen mit ihren angrenzenden Gartenanlagen, wo Bougainvillea, Oleander usw. ihre Blütenpracht verbreiten, lohnen indes den Besuch. Die von hohen Mauern umfriedeten Gässchen spenden auch bei sommerlicher Gluthitze Kühle und Frische.

Vom alten Stadthafen kann man an der Südwestseite der Bucht der Straße folgend einen schönen Abstecher nach Čikat machen (20 Min. zu Fuß). Man folgt der Küstenstraße auch dann, sobald diese sich nach 100 m nach links den Berg hinauf schlängelt. Auf der jenseitigen Bergseite kann man über Trampelpfade zur Bucht von Čikat die wenigen Schritte hinabsteigen. Auf dem Weg über den Hügel von Mali Lošinj nach Čikat wandert man durch Zypressenwald. Die Bucht liegt äußerst malerisch tief in die Insel eingeschnitten. Zu Füßen von vier kleineren Hotels, die am Ende des 19. Jahrhunderts entstanden sind und dem klassischen Stil der Gründerzeit entsprechen. Hier wurde übrigens die erste meteorologische Station der Insel aufgestellt. Ein Denkmal im Scheitelpunkt der Bucht und daneben die immer noch benutzte Wetterstation weisen darauf hin. Das Denkmal stellt den Gründer dieser Station dar.

Als Ankerplatz kommt der nordwestliche Teil der Bucht in Frage, der kleinere Zipfel vor den Gründerzeithotels ist dazu zu eng.

Rund um die Bucht von Čikat kann man auf einem eben angelegten Spazierweg eine nette kleine Wanderung unternehmen. Man hat immer wieder Ausblick auf die Bucht und die gegenüberliegende Insel Susak. Hier beginnt man zu verstehen, warum dieser idyllisch gelegene Ort zur Jahrhundertwende zum bekannten Badeort aufstieg.

Das türkisfarbene Wasser der Bucht, in der sowohl Aleppokiefern als auch echte Pinien wachsen, gibt dem Ganzen ein fast schon klischeehaft anmutendes Mittelmeerambiente. Am Ende des Weges, neben einer Kapelle aus dem Jahre 1858, befindet sich ein Strandlokal, in dem man Rast machen kann, mit einem schönen Ausblick auf die vorgelagerten Inseln.

Der Insel Lošinj südlich vorgelagert finden sich zwei nette Inselchen, nämlich **Ilovik**, auch die Blumeninsel genannt, und ihr gegenüber das kleinere Inselchen **Sveti Petar**.

Zunächst halten wir uns aber wieder aus dem Hafenschlauch von Mali Lošinj hinaus, wie wir gekommen sind. Die verlockende Abkürzung durch den Prolaz Most lassen wir sicherheitshalber im wahrsten Sinne des Wortes links liegen. Zwar darf man in dem Wasserweg mit 1,5 bis 2 m Wassertiefe rechnen, aber diese Angaben sind unsicher und die Passage kann nur von flachgehenden Motorbooten sicher bewältigt werden - auch wenn sie konkret verlockt und uns einen Umweg von 2 Seemeilen erspart hätte.

Der Ankerplatz vor

Sveti Petar (44° 28‘ N 14° 33‘ E)

ist ein gegen nahezu alle Winde gut geschützter Ort, um sicher zu liegen.

Ansteuerung:

Als Orientierung können die Reste der Benediktiner-Abtei Sanktus Petrus, besser noch der Festungsturm zum Schutze vor den Uskoken auf der Insel Sveti Petar dienen.

Ein flacher Kanal trennt die beiden Inseln. Er ist an seinem zumeist türkis leuchtenden Wasser, was den nahen Untergrund anzeigt, gut zu erkennen. In der Mitte darf man mit etwa 6 m Wassertiefe rechnen. Die Tiefen nehmen zu den Rändern aber rasch auf rund 1,5 m in Ufernähe ab.

Liegeplätze:

Auf der Ostseite des Kanals, also unmittelbar entlang der Insel Sveti Petar, sind Festmachebojen ausgelegt. Die Liegeplätze sind um so geschützter, je weiter man sich in Richtung des Festungsturms legt. In der Regel ist der Liegeplatz sehr geschützt, lediglich bei hochgehender See – zumeist also bei Yugolage – kann Schwell in die Bucht stehen. Vor heftigen Winden aus dem östlichen Quadranten liegt man indes gut. Den Verkehr zur Insel Ilovik kann man bestens mit dem Dingi erledigen.

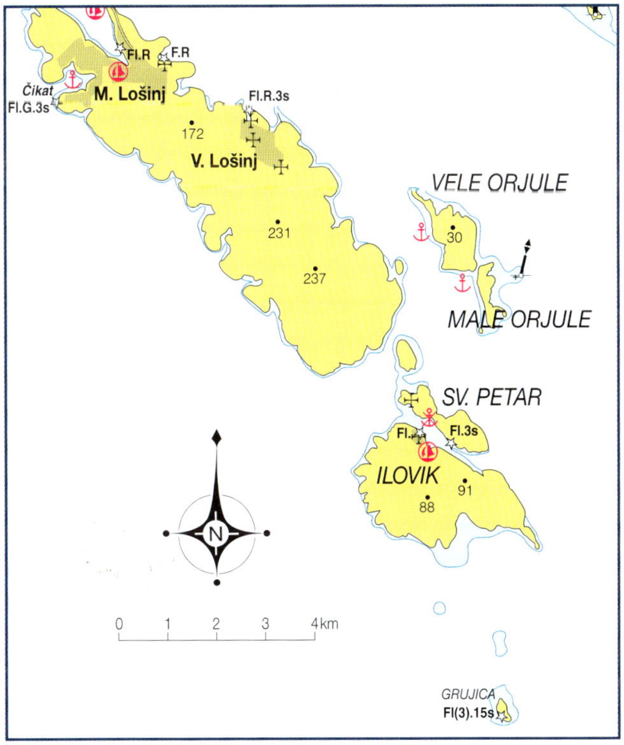

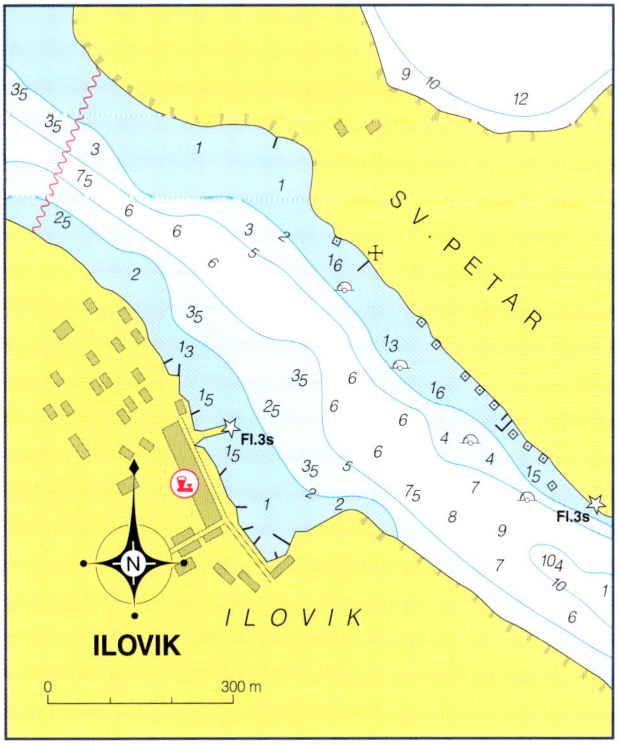

Ilovik und Sveti Petar, im Hintergrund Lošinj

Touristik:

Sveti Petar ist mit Macchie dicht bewachsen, und es duftet mediterran würzig. Am besten landet man dort an, wo der alte Festungsturm gegen die Uskoken zu sehen ist, er steht unmittelbar am Wasser. Von hier aus führt ein Pfad auf halber Höhe den Berg hinauf. Von hier oben hat man einen wunderhüb-

Sveti Petar

Sveti Petar

Sveti Petar

schen Ausblick auf die gegenüberliegende Insel Ilovic und den Kanal zwischen den Inseln. Man kann auch am Wasser entlang einen Trampelpfad gehen. Er empfiehlt sich jedoch nicht. Zum einen ist er sehr eng bewachsen und zum anderen – leider – mit Müll übersät.

Ilovik (44° 28' N 14° 33' E)

Ansteuerung:

Man kann gegenüber im kleinen Hafen oder in der Nähe des Fähranlegers festmachen.

Liegeplätze:

Der kleine Hafen an der Südgrenze des Ortes ist übrigens nicht geeignet – mit weniger als 1 m ist er zu flach. An der Südseite der Fährmole kann man mit eigenem Buganker und Heckleine festmachen. Die Wassertiefen betragen am Ende des Molenkopfs etwa 4 m und weiter einwärts 2 m bis 2,5 m. Die Nordseite der Mole muss unbedingt für den Fährverkehr freigehalten werden. Das gilt im übrigen auch für das flache Fahrwasser zwischen den Inseln. Ankern vor eigenem Geschirr ist hier nicht angeraten. Die Fähre kann in dem flachen Wasser des Kanals nur sehr schwer manövrieren.

Versorgung:

Die Versorgungslage sieht nicht besonders gut aus. Es gibt ein kleines Lebensmittelgeschäft, in dem man den notwendigen Bedarf decken kann. Wasser gibt es am Ortsbrunnen vor dem Kirchplatz (hygienisch aber fragwürdig).

Ilovik

Touristik:

Der Ort Ilovik mit seinem kleinen Kirchturm ist äußerst beschaulich – Autoverkehr gibt es nicht. Die einzigen Fortbewegungsmittel motorisierter Art sind kleine Traktoren – und von

Ilovik

Weg jedoch über relativ offenes Wasser. Es kann also durchaus geschehen, dass man den Kanal zwischen Ilovic und Sveti Petar bei kräftigem Ostwind wellenfrei verlässt und unmittelbar in der Südostausfahrt plötzlich eine recht hohe, vor allem aber steile Welle steht. Die Windwirkstrecke zwischen den Insel Pag und Ilovik ist so weit, daß sich bei Windstärken um 6 eine recht beachtenswerte See aufbauen kann. In einem solchen Fall ist es nicht ratsam, die Südostausfahrt des Kanals zu wählen, weil man vor Ilovics Südspitze, nicht zuletzt dank des dann steilen Seegangs, der die Fahrt enorm bremst und große Abdrift produziert, in unangenehme

Ilovik

diesen gibt es auch nur sehr wenige. Ilovik ist ein bei Yachttouristen sehr beliebter Ort. Nicht umsonst wird die Insel „die Blumenreiche" genannt. Die wenigen Häuser, die sich am Ufer entlang ziehen und rechts und links der Betonsträßchen sich den leichten Hügel hinaufziehen, zeichnen sich durch üppigen Pflanzenwuchs in den Vorgärten aus. Der Ort strahlt eine mediterrane Leichtigkeit aus, die man sonst in den Gewässern der nördlichen Adria eher selten findet. Aber nicht nur bei Yachttouristen erfreut sich Ilovic großer Beliebtheit, sondern tagsüber wird die Insel auch gut frequentiert von Ausflugsschiffen. Sind die Fähren am Abend zurück nach Mali Lošinj gefahren, kehrt jedoch Ruhe ein.

Will man von Ilovic weiter nach Süden, kann es bei heftigen Ostwinden unangenehm werden. Bislang befanden wir uns im Leeschutz der lang gezogenen Inselreihe von Cres und Lošinj. Von Ilovic weiter südlich in den Archipel von Zadar führt uns der

Stadtbrunnen Ilovik

Legerwallsituationen geraten kann. Vernünftiger ist es in einem solchen Fall, den Kanal nach Norden zu verlassen und die Insel Ilovic westlich zu runden. Der Seegang im Kvarnericka Vrata ist dann zwar immer noch hoch und steil, sobald man aus Ilovics Abdeckung herauskommt, man läuft aber einen guten Kurs zur Welle und hat lediglich eine Strecke von rund 6 Seemeilen zu überwinden, bevor man in die Abdeckung von Premuda gelangt.

Premuda (44° 20‘ N 14° 38‘ E)

Ansteuerung:

Hat man die Nordspitze Premudas erreicht, sind es noch 1,5 Meilen in südöstlicher Richtung, bis die kleine Bucht von Krijal auf Premuda erreicht ist. Bei der Ansteuerung kann als Landmarke der rote Turm auf dem Kopf der Nordmole des Fähranlegers dienen sowie eine Kapelle, die unmittelbar hinter dem kleinen Hafen liegt. Die dem Hafen vorgelagerten Klippen und Inseln haben äußerst unreinen Grund. Man sollte sich nicht verführen lassen, durch die Klippenreihe hindurchzufahren. Die Ansteuerung Krijals kann nur von Nordwesten oder weit südöstlich küstennah erfolgen.

Die Klippenreihe westsüdwestlich Krijal

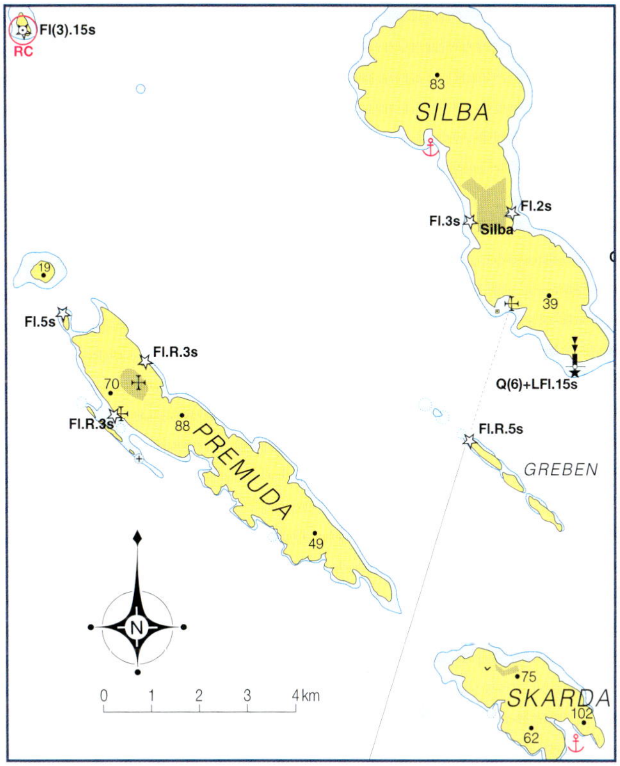

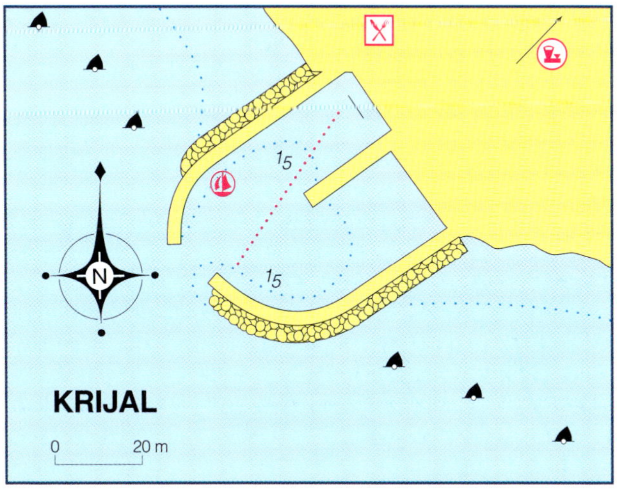

Liegeplätze:

Es ist nicht unbedingt angeraten, den kleinen Hafen zu benutzen. Besser liegt man an den im Sommer ausgelegten Bojen, die nördlich und südlich des Hafenbeckens verankert sind. Leider ist das Bojenfeld aber recht schlecht geschützt, sodass bei stürmischen Winden, egal aus welcher Richtung, harter Seegang steht.

Versorgung:

Der Ort Premuda liegt in rund 60 m Höhe mitten auf der Insel. Es empfiehlt sich, an der Insel nur verproviantiert festzumachen.

Touristik:

Premuda ist diejenige Insel des Zadar-Archipels, die am weitesten nordwestlich gelegen ist. Es ist ein weltvergessenes, karges Eiland, auf dem der Begriff Tourismus noch als Fremdwort gehandelt wird. Interessant ist aber, dass die Gewässer um die Inseln Cres, Lošinj und Premuda zum Schutzgebiet für Delphine erklärt wurden. Es war übrigens das erste derartige Schutzgebiet im gesamten Mittelmeerraum. Das Leben der Meeressäuger wird seit mehr als 10 Jahren akribisch erforscht, und bis heute sind rund 150 Delphine markiert und registriert worden. In den Gewässern um Premuda hat man relativ gute Chancen, die Tiere auch zu Gesicht zu bekommen.

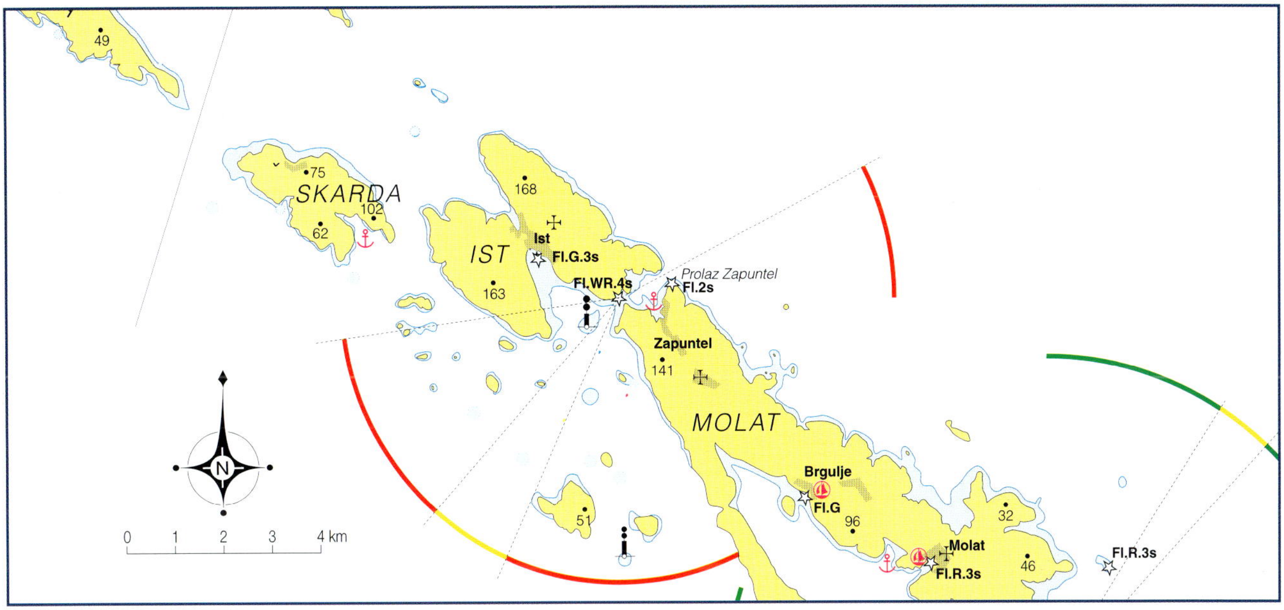

Von Premuda rund 10 Meilen südlich sehen wir die grün bewachsene Insel Ist.

Ist (44° 16‘ N 14° 46‘ E)

Ansteuerung:

Auf der Karte wirkt sie durch ihre nördlich und südlich einschnürenden Buchten wie die ausgebreiteten Flügel eines Schmetterlings. Die nördliche Bucht ist für Yachten nicht geeignet, wir wählen die Südbucht für die Ansteuerung. Eine ganze Reihe kleiner vorgelagerter Inseln macht aufmerksame Navigation erforderlich. Die Wassertiefen zwischen ihnen liegen aber alle im grünen Bereich. Die in der Endansteuerung der Bucht liegende blinde Klippe ist befeuert und dürfte bei ordentlichem Gebrauch des Echolots auch kein ernsthaftes Risiko darstellen. Als Ansteuerungshilfe dient die Kapelle, die weiß getüncht auf dem Berge Straza in 178 m Höhe über der Bucht und dem Ort thront. Ist man in die Bucht eingelaufen, wird man das im Sommer ausliegende Feld roter Festmachebojen und den Anleger gut erkennen.

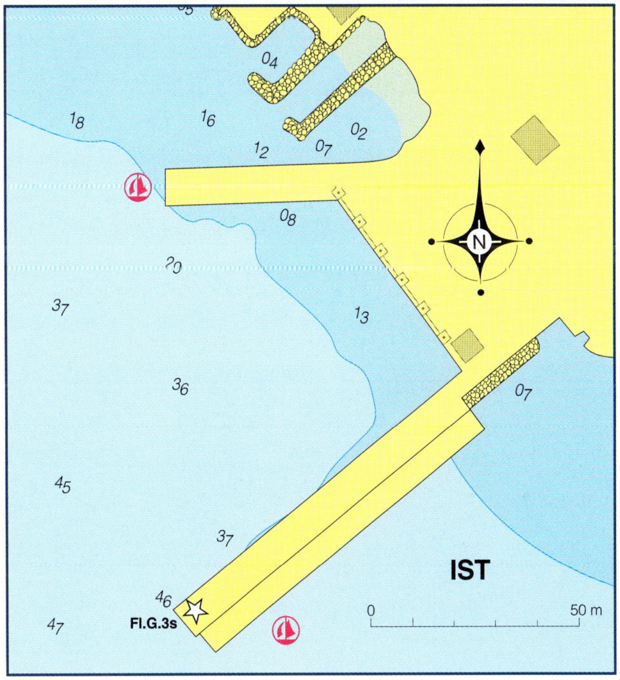

Liegeplätze:

An der Innenseite der Außenmole muss Platz gelassen werden für Fährboote. Man kann entweder an der Innenseite des nördlichen Anlegers bei 1,5 bis 2 m Wassertiefe festmachen – Vorsicht, ganz im Innern wird es schnell flacher – oder man benutzt den an der Außenseite des Südanlegers angebrachten Holzsteg mit Muringleinen. Nur bei kräftigen Winden aus Nord

bis Ost wird es schwer werden, hier festzumachen, da Fallböen vom Berg Straza an diesem Liegeplatz quer einkommen. Derartige Probleme hat man natürlich nicht, wenn man eine der ausliegenden Festmachebojen (vom 01.07. bis zum 01.09., sonst frei ankern auf gut haltendem Sandgrund) benutzt. Auch wenn bei einer Yugolage starker Schwell in die Bucht hineinsteht, ist der Holzvorbau als Anlegestelle indiskutabel, aber auch das Bojenfeld wird dann von schwerem Seegang gebeutelt.

Versorgung:

Hinter der Kirche befindet sich ein Laden, ein Kiosk unten am Hafen. Allerdings sind Lebensmittel nur in begrenztem Umfang zu erhalten. Einige nette Restaurants laden aber zum Verweilen ein.

Touristik:

Der kleine Ort hat einen besonderen Charme. Er schmiegt sich in die Talsohle zwischen dem östlichen und dem westlichen Teil der Insel und liegt von der nördlichen wie von der südlichen Bucht fast gleich weit entfernt. Die wenigen Bewohner des Or-

Berg Straza

tes leben wenn nicht vom Fremdenverkehr, dann von ein wenig Schafzucht, ein wenig Landwirtschaft, vor allem aber auch vom Fischfang.
Tagesausflügler aus Zadar und Yachties bilden das Hauptkontingent der Besucher. Wirklich lohnend ist der Aufstieg auf den Berg Straza.

Hinter der Kirche hindurch, an dem Laden vorbei, schlängelt sich der Pfad bergan. Durch hübsche Gärten geht es weiter. Hinter einem Basketballspielfeld geht es dann rechts hinauf Richtung Kapelle. Hier geht es an einer kleinen Wechselstu be/Post vorbei, genau auf die Kapelle zu. Wir gehen weiter, bis der Weg nur noch nach links und nach rechts möglich ist. Dort halten wir uns an der T-förmigen Einmündung rechts. Wir folgen dem Weg durch Weingärten. Nach gut 100 m kommen wir an eine Kreuzung und sehen dort gegenüber einen blauen Pfeil, der den Weg zu der Kapelle weist.
Der Spaziergang hin und zurück erfordert ungefähr 1 Stunde. Der Weg schlängelt sich durch niedrige Macchie, gesäumt von Natursteinmauern. Nach ca. 4 Minuten geht der Weg links ab, den blauen Pfeilen folgend, wieder in Richtung auf die Kapelle zu mit einer kräftigen Steigung bergan.
Von der Anhöhe, die mit 178 m die höchste des Zadar-Archipels ist, haben wir bei klarer Sicht einen wunderschönen Ausblick von den Kornaten im Süden bis nach Mali Lošinj im Norden, im Osten wird der Blick durch das Velebit-Gebirge begrenzt.

Zurück führt der Weg geradewegs hinunter auf den Hafen zu, zwar weniger lauschig, dafür aber direkter und kommt unmittelbar gegenüber dem Kiosk heraus.

Nur wenige Meter sind es an der engsten Stelle (siehe Karte Seite 67) hinüber zur Insel Molat.

Molat (44° 13' N 14° 51' E)

An der Nordseite von Molat befindet sich im engen Kanal zwischen der Insel und Ist, dem Prolaz Zapuntel, die kleine Bucht Mljake, in der einige Festmachebojen ausliegen.
Das Gleiche gilt für die genau gegenüberliegende Bucht auf der Insel Ist, in der sich auch im Sommer einige Festmachebojen befinden. Die Ankerplätze hier sind idyllisch abgelegen und vor Winden aus fast jeder Richtung geschützt.

Man bemerke aber, dass bei starker Bora der Prolaz Zapuntel wegen heftigen Seegangs nicht passiert werden kann.

Läuft man aus der Bucht von Ist entlang der Küstenlinie Molats, hat man Gelegenheit, nach 6 Meilen das Südkap Molats zu runden und in die breite Bucht von Brgulje einzulaufen.

Ansteuerung:

Im Nordscheitel der Bucht, zwischen der flachen, grünbewachsenen Insel Brguljski und dem Festland, befindet sich

eine sehr schöne Ankermöglichkeit. Man kann den Anleger, auf der Höhe der Insel Brguljski gelegen, auf geraume Distanz ausmachen. Einige kleine weiße Häuser sind ebenfalls markant.

Brguljak

Liegeplätze:

Es ist eine der wenigen Stellen, bei der, auch ohne dass Ankerbojen ausgelegt wären, ein hervorragender Sandgrund freies Ankern sicher möglich macht.

Der Anleger des Hauptortes der Insel Molat, etwa 2 Meilen südöstlich von Brgulje, dort wo auch der Fähranleger ist, empfiehlt sich hingegen nicht.

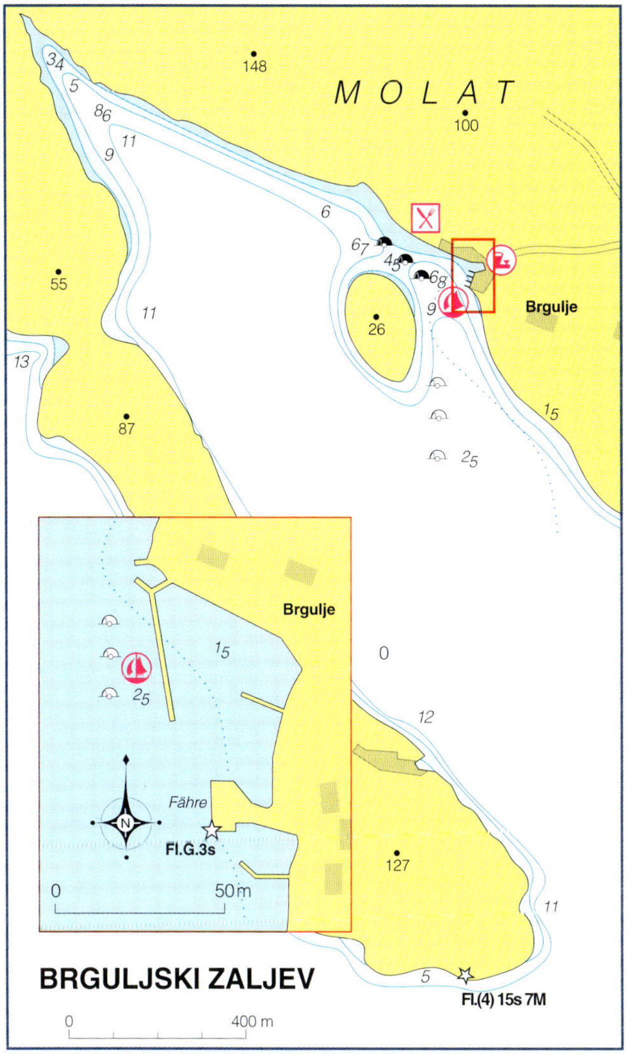

Anleger von Brguljak

Hier, wie überall, muss man mit nennenswerten Liegegebühren auch an den Bojen rechnen – aber Molat entschädigt durch die Schönheit der Landschaft und die Ruhe und Weite des Ankerplatzes. Die ca. 40 ausliegenden Ankerbojen bieten Liegeplätze, die vor praktisch allen Winden geschützt sind.

Im äußersten Westteil am Ende der Asphaltstraße befindet sich ein kleiner Yachthafen. An der Außenseite der Nordmole, die Südmole ist unbedingt für den Fährverkehr freizuhalten, kann man längsseits oder vor eigenem Buganker bei 1,5 bis 2 m Wassertiefe festmachen.

Versorgung:

Auf dem Betonsteg gibt es auch Wasser- und Stromanschluss. Am Ufer finden sich einige Restaurants und ein winziger Lebensmittelladen. Er bietet Nahrungsmittel in äußerst begrenzter Auswahl.

Touristik:

Wandert man die Asphaltstraße 2 km auf den Bergkamm von Molat hinauf zum kleinen Ort Brgulje in der Inselmitte, taucht man in eine unbekannte Welt. Von hier oben hat man einen

sehr schönen Ausblick über die Bucht und im Süden auf den Archipel von Zadar. Am Wegesrand finden sich der Stechginster, Myrthe, eine Reihe von Ölbäumen, Mastixsträucher und weitere mediterrane Flora. Man spürt aber auch allenthalben, dass die Insel ihrer Lebensgrundlage beraubt ist. Überall sieht man aufgelassene Landwirtschaft, und der Ort, der ehedem mit seiner Kirche Lebenszentrum war, wirkt verwaist. Außer einigen alten Menschen, schwarz gekleidet, findet man nur zeitweilig einige Städter, die ihre Ferienhäuser nutzen. Hier, wie auf vielen anderen Inseln des Zadar-Archipels, wird man auch nicht von Autoverkehr belästigt, lediglich die abenteuerlichen Gefährte des Bäckers und des Ladenbesitzers, die jedem deutschen TÜV-Prüfer die Nackenhaare zu Berge stehen ließen, rumpeln ab und an über die Strecke.

Nur ein Katzensprung ist es von Molat hinüber zur Insel Dugi Otok. An der Nordwestseite der Insel öffnet sich die weiträumige Bucht von Soliščica/Veli Rat/Pantera.

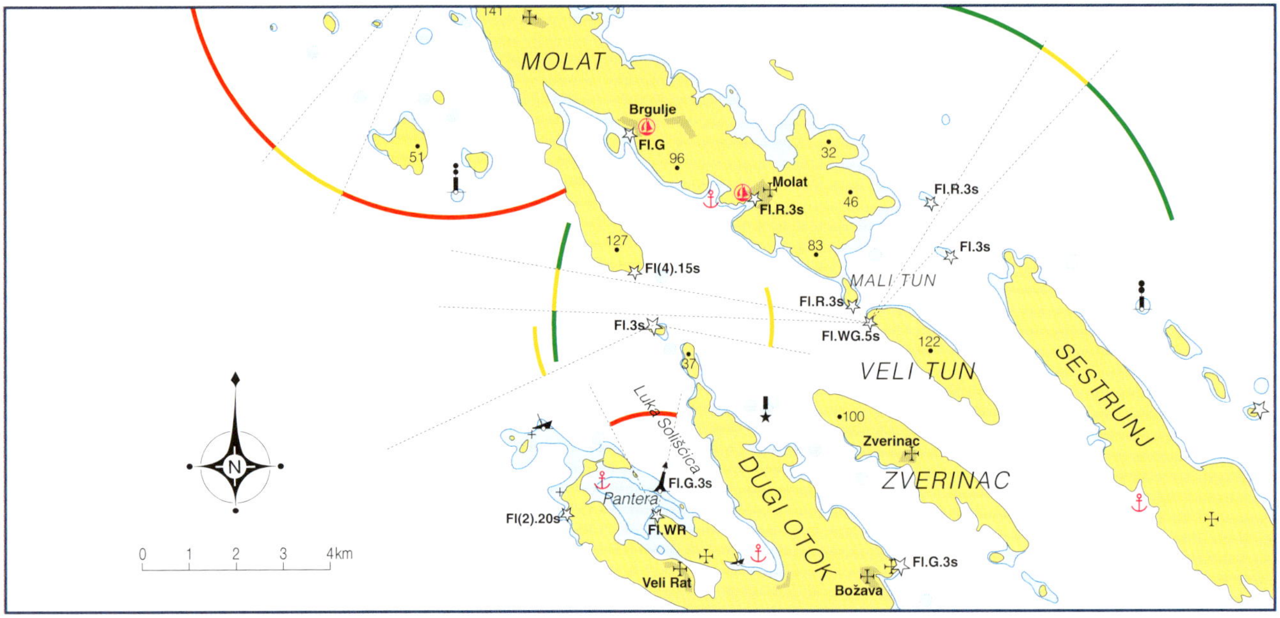

Prolaz Zapuntel – Ankerbucht und Durchfahrt zwischen den Inseln Ist und Molat

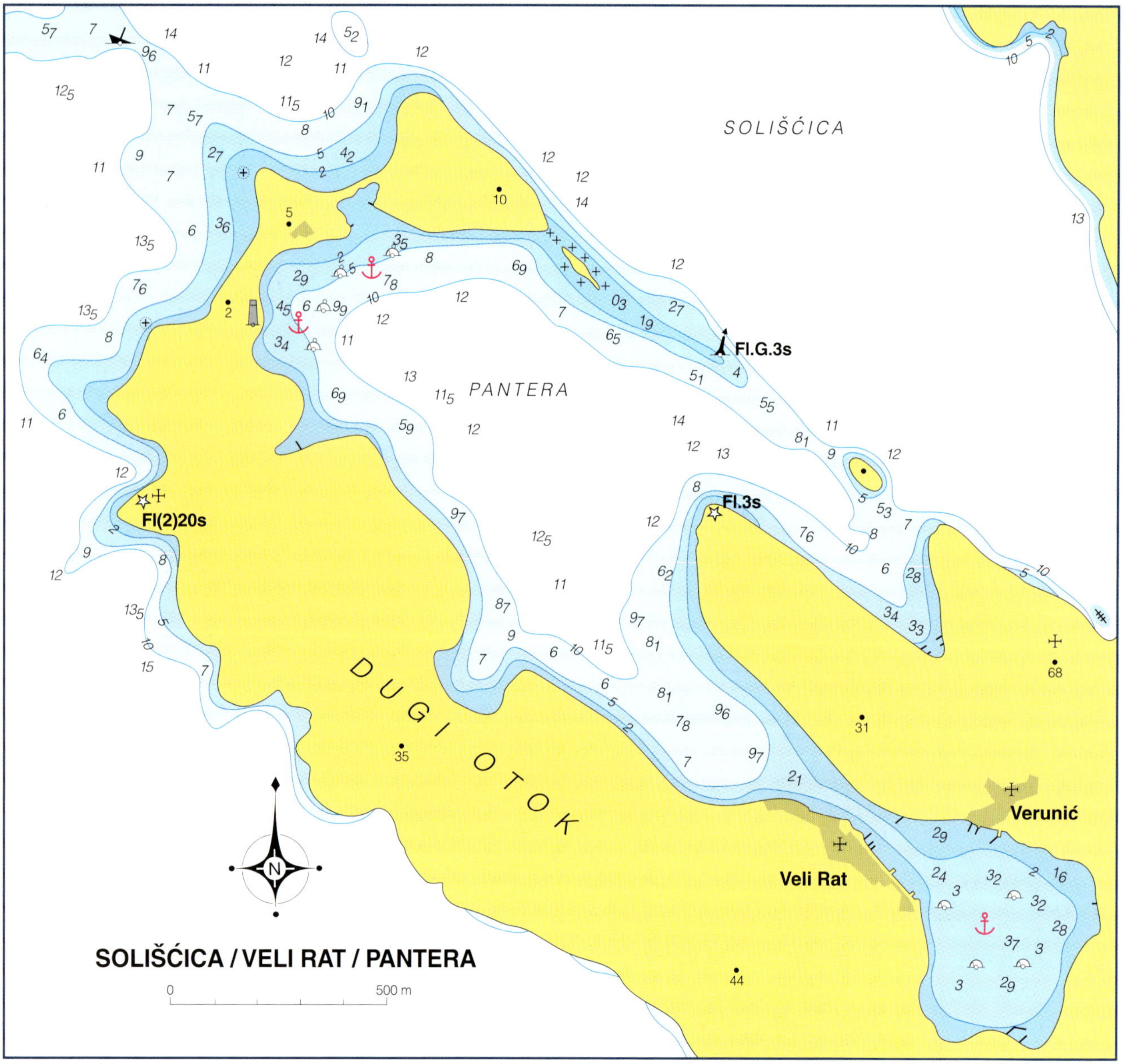

Soliščica/Veli Rat/Pantera (44° 09‘ N 14° 52‘ E)

Ansteuerung:

Als Ansteuerungsmarken kann schon von weither zum einen der Leuchtturm von Veli Rat dienen, der auf der nordwestlichsten Klippe Dugi Otoks steht und das Fahrwasser für die Großschifffahrt nach Zadar sichert. Als besonders skurrile Ansteuerungshilfe mag auch das vor dem Kap Suha im Norden zerschellte italienische Küstenmotorschiff dienen, das hier vor fast 15 Jahren strandete. Es wird wohl noch lange als Ansteuerungshilfe erkennbar bleiben. Die kleine Ankerbucht von Veli

Ankerbucht von Pantera´

Rat bzw. ihre größere nördliche Schwester Pantera sind unser Ziel. Man sieht die Bucht von Pantera in einem schön geschwungenen Rund, im Norden sehr flach auslaufend, im Hintergrund aber schon in einige Hügel übergehend. Doch Vorsicht, die Weite der Wasserfläche täuscht auch eine große Tiefe vor, die man in diesen Gewässern ja ohnehin immer bis dicht ans Ufer erwartet. Das aber ist ein unter Umständen gefährlicher Irrtum. Die Nordspitze Dugi Otoks zieht sich an dieser Stelle mit einer untiefen Sandbank (Wassertiefen um einen halben Meter) sehr weit nach Südosten herum. Die Grenze der Passierbarkeit wird durch eine grüne und eine rote Tonne, die die Einfahrt markieren, deutlich. Man soll sich auch auf keinen Fall dazu verleiten lassen, hier „abzukürzen", auch wenn die grüne Tonne ziemlich weit hinaus ins Wasser gelegt wurde. Beim Näherkommen wird man den Grund schnell erkennen, denn die Wassertiefen nehmen rapide ab, selbst wenn man sich an die Betonnung hält, hat man, wenn man ins Wasser sieht, den subjektiven Eindruck – in Wirklichkeit ist der Grund aber noch 5 m entfernt –, dass es schnell zu flach für ein Kielboot wird. An dieser Stelle ist das mitlaufende Echolot ein Muß.

Liegeplätze:

Inmitten der Bucht wird man Wassertiefen um 12 m antreffen, zu den Rändern wird es aber spürbar seichter, insbesondere im Nordzipfel der Bucht. Der geschützteste Teil der weiträumigen Bucht ist allerdings im Süden, noch vorbei an dem kleinen Ort Veli Rat, zu finden. Die Wassertiefe nimmt hier auf rund 2,5 m ab, und die Einfahrt ist auch hier betonnt, und man soll

Gesunkenes italienisches Kümo westnordwestlich der Ankerbucht von Pantera

dieser Betonnung auf jeden Fall folgen. In der kleinen Bucht sind Festmachebojen ausgebracht. Die Liegeplätze in dieser Bucht sind vor allen Winden gut geschützt, lediglich bei Winden aus Nordwest kann eine kleine kurze Welle – aber nicht ernsthaft störend – stehen.

Versorgung:

Die Versorgung im Ort ist sehr schlecht, lediglich Lebensmittel sind in einem kleinen Laden in begrenzter Menge erhältlich.

Touristik:

Von Veli Rat kann man einen netten Spaziergang zu dem schon eingangs erwähnten Leuchtturm machen. Man braucht sich dazu lediglich vom Anleger, wo man das Dingi festmachen kann, nach Nordwesten über den Schotterweg aus dem Ort zu bewegen und dem kleinen Teersträßchen zu folgen. Eine Strecke dauert etwa 45 Minuten. Das Sträßchen führt nördlich des Ortes oberhalb der Pantera-Bucht vorbei. Von hier aus hat man auch den schönsten Blick auf die Ankerbucht. Später haben wir immer den Leuchtturm vor Augen. Er ist übrigens 1849 gebaut und ist damit angeblich der älteste Leuchtturm Kroatiens. Es wird erzählt, dass er seine gelbliche Farbe 100.000 Eidottern zu verdanken habe, die beim Bau verarbeitet wurden – eine wohl fragwürdige Erklärung, die der Autor doch eher in den Bereich der Fabel verweisen möchte. Trotz der geteerten Straße wird man beschauliche Ruhe finden und muss keinen Autoverkehr fürchten. Der Tourismus beschränkt sich im Norden Dugi Otoks mehr auf den Bereich direkt rund um Bozava und gelangt nicht in den äußersten Nordzipfel der Insel. Von weitem betrachtet wirkt die Insel wie eine Seeschlange, deren

Leuchtturm und Bucht von Veli Rat

Rücken sich immer wieder aus den Fluten erhebt. Übersetzt heißt Dugi Otok denn auch soviel wie die lange Insel, und sie ist mit 52 km Länge der unangefochtene Spitzenreiter in der Längenausdehnung bei den norddalmatischen Inseln. Auch hier, wie überall auf den Inseln, ist die Landwirtschaft im Rückgang begriffen und wird als Wirtschaftsfaktor weitgehend vom Tourismus – auch wenn er einem nicht überall direkt ins Auge fällt – abgelöst.

Veli Rat

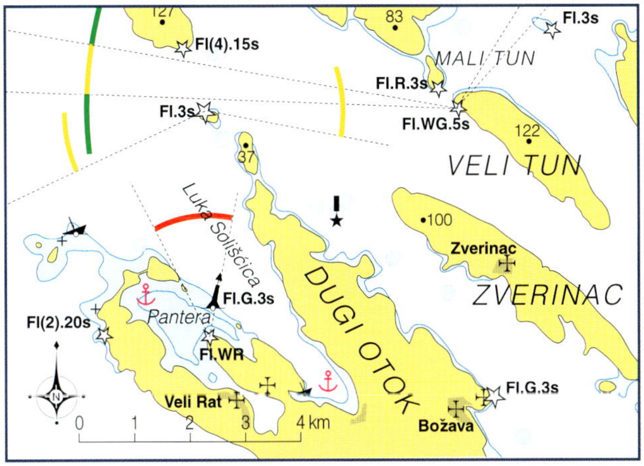

Haben wir die Nordspitze Dugi Otoks zwischen den vorgelagerten Inselchen Brscak und Golac gerundet, treffen wir nach 4 Meilen entlang der hübsch grünen Küste Dugi Otoks auf den Hafen Božava.

Božava (44° 08‘ N 14° 55‘ E)

Ansteuerung:

Wenn wir den Kanal zwischen der vorgelagerten lang gestreckten Insel Zverinacs und Dugi Otoks passieren, ist sorgfältige Navigation wichtig. Es liegen einige Untiefen inmitten des Kanals. Božava selbst ist ein kleiner Ferienort ohne klare Ansteuerungshilfe, außer vielleicht seinem Kirchturm. Man erkennt die weißen Häuser des Ortes aber schon auf geraume Distanz. Näher herangekommen, erkennt man schnell die kurze Hafenmole.

Liegeplätze:

Der Hafen ist klein, aber recht geschützt. Nur gegen Jugolagen aus südost bietet er kaum Abschirmung. Einlaufender Seegang macht es dann sehr ungemütlich. Yachten liegen an der Innenseite der Außenmole. Muringleinen sind vorhanden, ansonsten wäre die Wassertiefe von rund 10 m inmitten des Hafens für kleine Boote auch kaum noch ankergerecht.

Versorgung:

Ein kleiner Supermarkt in der Nähe des Anlegers bietet den notwendigen Bedarf. In der Nähe des Anlegers finden sich auch einige Restaurants.

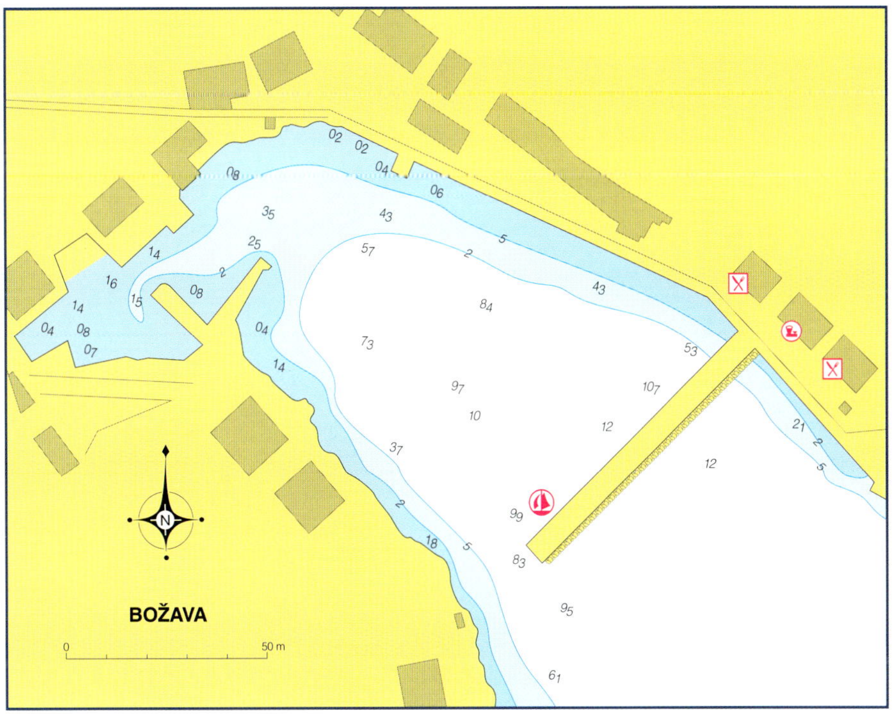

Touristik:

Falls man es so nennen mag, ist Božava das touristische Zentrum der Insel Dugi Otok, wobei der Begriff Zentrum falsch verstanden werden könnte. Der Ort ist schon sehr alt und wurde 1327 als Bosana zuerst schriftlich erwähnt, soll aber noch deutlich älteren Datums sein.

Die schmalen Gassen des Ortes laden heute, dank der üppig grünen Umgebung, zu ruhigen Spaziergängen ein.

Autoverkehr ist in den schmalen Gassen nicht zu erwarten. Touristisches Zentrum ist der Ort sicherlich wegen seines Hotelkomplexes und der als gut gepriesenen Bade- und Wassersportmöglichkeiten. Ein paar nette Restaurants laden zum Verweilen ein.

Ostküste von Dugi Otok

6 Meilen weiter südlich bietet sich der durchreisenden Yacht die Bucht von Lučina (Brbinj) als hübsche Liegemöglichkeit an.

Lučina (44° 05‘ N 15° 00‘ E)

Ansteuerung:

Von Norden kommend kann man durch den Pass zwischen dem vorgelagerten Inselchen Utra und Dugi Otok hindurchlaufen.

Liegeplätze:

Man kann an einer der in der Bucht ausliegenden Festmachebojen anlegen. Der kleine Fähranleger im Ostteil der Bucht muss freigehalten werden. Man liegt inmitten reinster Natur recht abgeschieden. Dank der Schutzfunktion der Insel Utra liegt man auch bei ungünstigen Windverhältnissen, d. h. aus dem nördlichen Quadranten, relativ ruhig. Die Innenseite des Fähranlegers könnte zwar prinzipiell von Booten benutzt werden, bietet aber außer für flachgehende Motorboote zu wenig Wassertiefe. Man benutzt die ausliegenden Ankerbojen oder

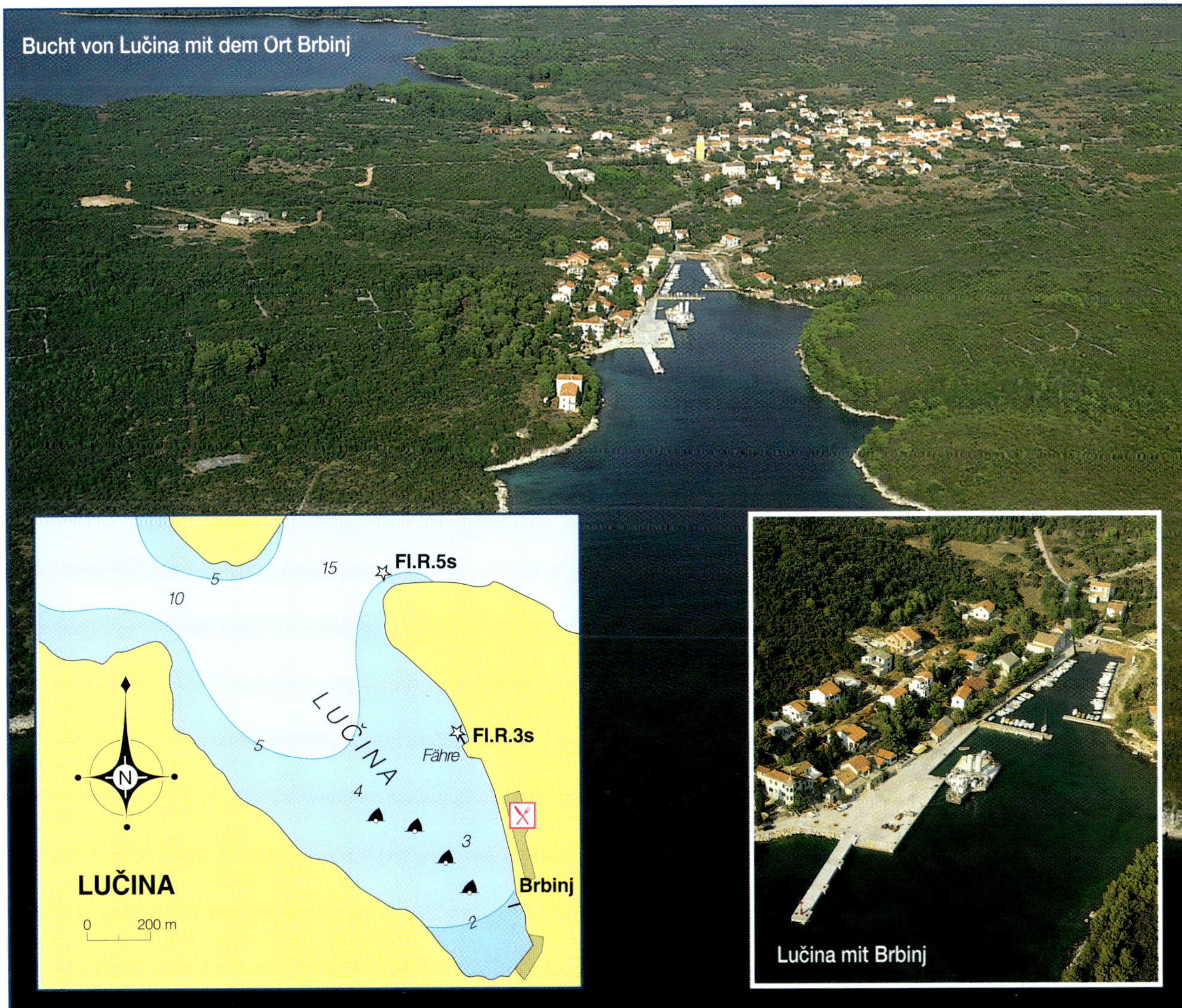

Bucht von Lučina mit dem Ort Brbinj

Lučina mit Brbinj

U-Boot-Bunker

ankert im Scheitelpunkt der Bucht auf 3 bis 5 m gut haltendem Sandgrund.

Versorgung:

Versorgungsmöglichkeiten – mit Ausnahme des Restaurants nahe am Fähranleger – gibt es in der Bucht nicht. Notwendigen Bedarf könnte man zwar in der Ortschaft Brbinj südöstlich der Bucht decken, bis dorthin ist es aber noch ein recht beschwerlicher Weg.

Hat man die Bucht Lučina Richtung Osten verlassen, ist es nur ein Katzensprung hinüber zur lang gestreckten grünbewaldeten Insel Iž. An ihrer Ostseite, im Ort

Veli Iž (44° 03‘ N 15° 07‘ E)

hat das Unternehmen, das auch die Marina in Zadar betreibt, eine neue Marina errichtet.

Ansteuerung:

Man findet sie nach Rundung der Nordspitze der Insel in etwa 3 Seemeilen Entfernung. In der Nahansteuerung kann man sich gut an dem kleinen, rot gedeckten Kirchturm orientieren. Unmittelbar an der Nordseite der Hafeneinfahrt befindet sich eine etwas versteckte Hotelanlage. Die Südseite der Einfahrt

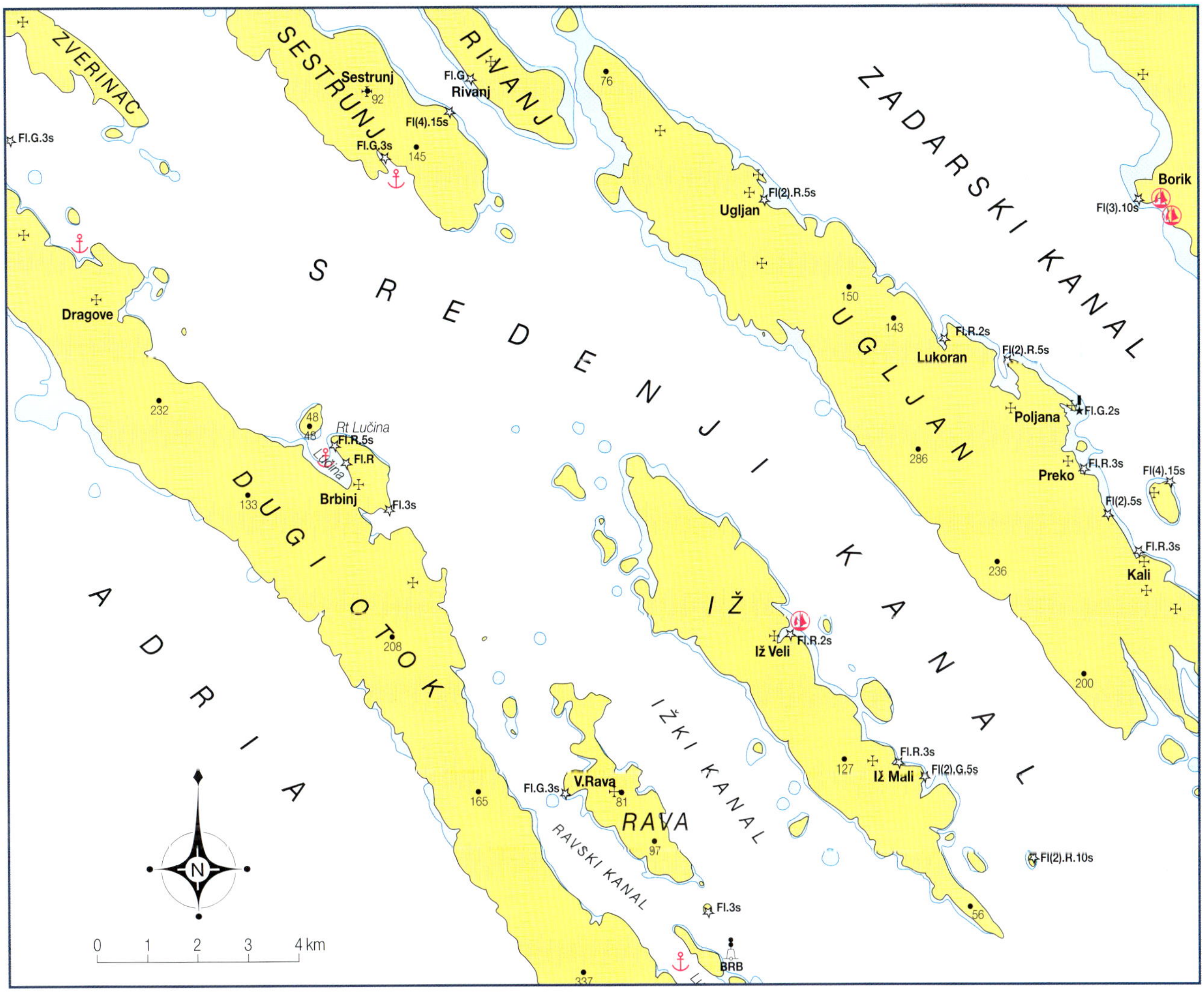

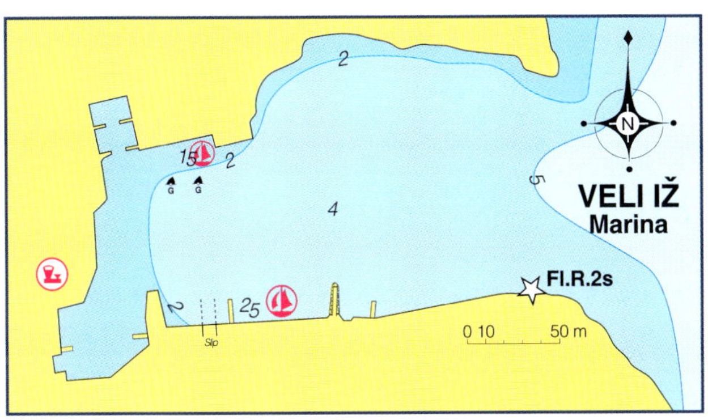

ist befeuert. Die dem Hotelkomplex vorgelagerte seichte Badebucht sollte man meiden und die Einfahrt eher mittig nehmen. Hier müsste die Wassertiefe überall etwa 5 m oder mehr betragen. Das der Hafeneinfahrt vorgelagerte kleine Inselchen Rutnjak kann auch als Ansteuerungshilfe dienen.

Liegeplätze:

Einlaufend auf der Backbordseite sieht man an der Betonpier etwa 50 Liegeplätze, modern ausgestattet mit Muringleinen, Strom und Wasser. Die Wassertiefen in der Bucht nehmen rasch ab. An der Kaimauer darf man mit 2,5 bis 3 m Wasser-

tiefe rechnen. Darüber hinaus kann man den üblichen Marinakomfort erwarten. Allerdings muss man bei starken nordöstlichen Winden mit unruhigem Seegang in der Bucht rechnen. Der dann von Steuerbord voraus einfallende Wind (Boot mit Heck zur Pier) macht das Liegen am Kai nicht besonders gemütlich.

Versorgung:

Wasser und Strom liegen am Kai, Lebensmittel bekommt man in der kleinen Ortschaft.

Touristik:

Von der verträumt abgeschiedenen Atmosphäre des netten Ortes wird man sich aber sicher gefangen nehmen lassen. Bekannt ist die Insel und insbesondere der Ort Veli Iž für die Töpferei. An der dalmatinischen Küste war die Insel Iž die einzige, auf der dieses Gewerbe ausgeübt wurde. Die Töpferware, braun und ohne Glasur, roh gebrannt, wurde weit an der Küste entlang gehandelt. Gebrannt wurde die rohe Töpferware auf einem offenen Holzfeuer. Das Töpferhandwerk ist allerdings auf der Insel im Aussterben begriffen. Auch in Veli Iž, genau wie auf den anderen Inseln, hat starke Landflucht eingesetzt. Man kann es daran bemerken, daß man viele, besonders an der Peripherie des Ortes leer stehende Häuser sieht.

Will man von der Insel Iž nach Zadar, gibt es nicht nur die Möglichkeit, die Insel Ugljan nördlich durch den Pass zwischen ihr und Rivanj zu umrunden, sondern die nächstliegende Möglichkeit ist es, zwischen den Inseln Ugljan und Pašman – südlich anschließend – hindurchzulaufen. Läuft man von Veli Iž südöstlichen Kurs, wird man nach 4 Meilen auf der Backbordseite die großen Werftanlagen von Ugljan entdecken und 2 Meilen weiter in den Pass zwischen Ugljan und der Insel Pašman einlaufen.

Gerade südlich von Iž darf man sich nicht von künstlichen Inseln irritieren lassen, die keiner Seekarte zu entnehmen sind. Es wird hier fleißig nach Öl und Gas gebohrt, deshalb die eine oder andere Bohrplattform.

Schon auf geraume Distanz kann man die auf dünnen Pfeilern ruhende Straßenbrücke, die die beiden Inseln Ugljan und Pašman verbindet, erkennen. Der mittlere Bogen, durch den man hindurchläuft, hat eine lichte Höhe von 16,5 m – die je nach Wasserstand

leicht schwankende aktuelle Höhe wird unmittelbar am Brückenpfeiler angezeigt.

Für Boote, deren Masten höher sind, gibt es nur die Möglichkeit, die Insel Ugljan nördlich zu umrunden.

Der Kanal hat eine Wassertiefe von 4 m. Berufsschiffe haben im Kanal – der mit 14 m sehr schmal wirkt – genauso Vorfahrt wie Schiffe, die aus nördlicher Richtung, d. h. aus Zadar oder Sukošan kommen. Im Normalfall wird man im Kanal kaum Strömung feststellen können, in Extremfällen kann sie aber bis zu 4 Knoten erreichen.

Theoretisch ist jedes Wasserfahrzeug verpflichtet, vor dem Einlaufen in die Passage einen langen Ton als Schallsignal zu geben, aber ist man mit dem Boot allein auf weiter Flur, wirkt es doch etwas merkwürdig, da alles weithin überblickt werden kann und damit unvorhergesehener Schiffsverkehr nicht vorkommen kann. Die Zufahrt zur Brücke ist im Übrigen betonnt. Hat man die Engstelle unter der Brücke passiert, weitet sich die Wasserfläche, und man kann die gegenüberliegende Ausfahrt in den Zadarski-Kanal schon ausmachen.

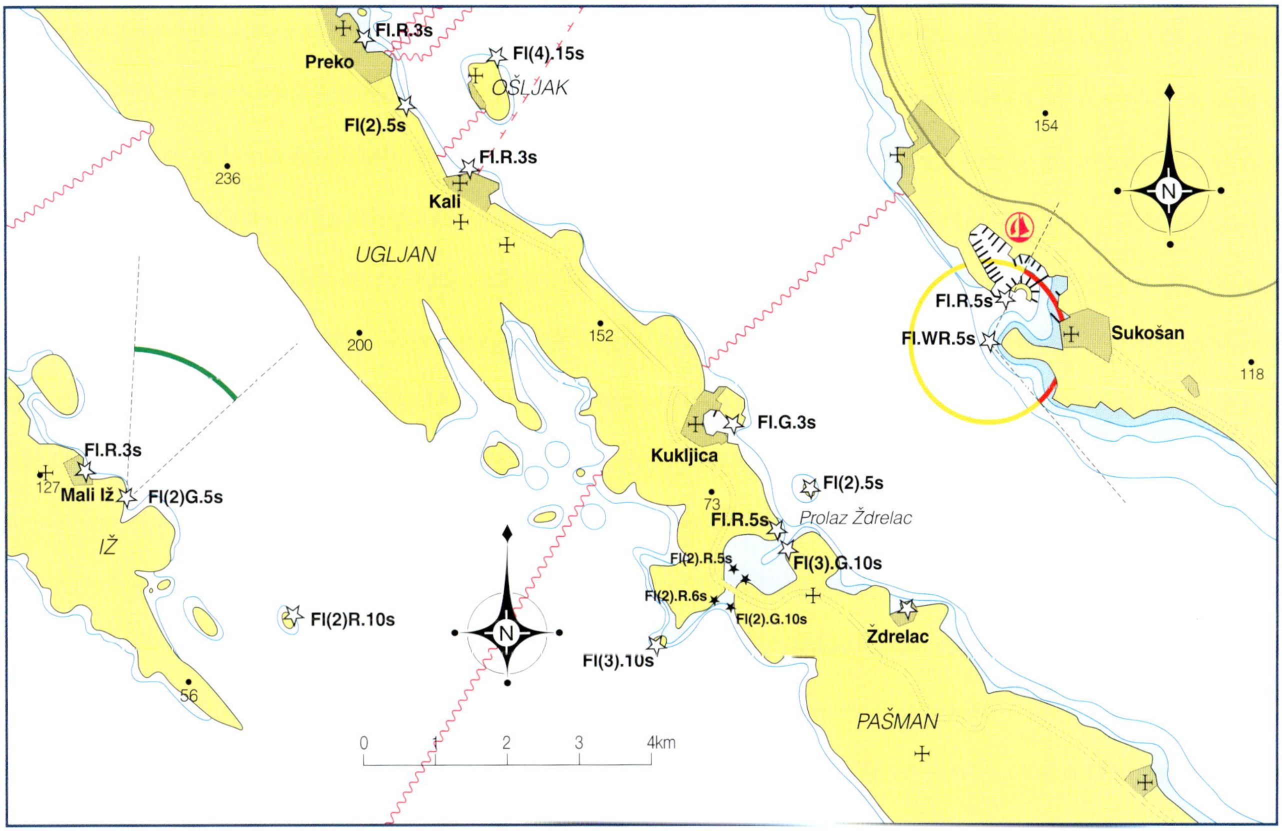

Durchfahrt zwischen Pašman und Ugljan

1.3 Zadar und Sukošan

Backbord voraus sieht man eine kleine Kapelle, an der man sich recht gut orientieren kann. Unmittelbar gegenüber der Passage – zum Greifen nahe – befindet sich die Supermarina von Sukošan

Sukošan (44° 03‘ N 15° 18‘ E).

Ansteuerung:

Als Ausgangsbasis von Chartertörns ist sie bekannt. Als Ansteuerungshilfe mag das auffällige Hafengebäude neben der Tankstelle einlaufend an Backbord sein. Die Einfahrt ist außerdem befeuert. Die Befeuerung sitzt auf augenfällig klotzigen Betonsockeln.

Liegeplätze:

Ein besonderes Ambiente kann die Marina nicht bieten. Es ist ein Bootsparkplatz mit viel Raum und noch im Ausbau begriffen. Der Hafen ist vor allen Winden bestens geschützt, und man darf an allen Liegeplätzen mit mindestens 2,5 m, meist aber mehr, Wassertiefe rechnen. Er bietet 600 Yachten Raum, und selbst Riesenschiffe mit bis zu 6 m Tiefgang können den

Hafen stellenweise nutzen. Die Umgebung birgt allerdings wenig Reizvolles und Spektakuläres. Flach zieht sich das Hinterland bis zum Fuß des Gebirges.

Versorgung:

Alle Versorgungseinrichtungen inklusive Supermarkt und Geschäfte für Schiffsbedarf befinden sich in der Marina.

Touristik:

Der kleine Ort Sukošan im Süden der Bucht ist etwa eine knappe halbe Stunde Fußmarsch entfernt. Zu bieten hat er indes nichts Besonderes.

6 Seemeilen nordwestlich der Bucht von Sukošan liegt die Einfahrt zur wohl interessantesten Stadt im Südteil der Nordadria – Zadar.

Zadar (44° 07‘ N 15° 14‘ E)

Ansteuerung:

Hat man die Wasserfront der Altstadt mit ihren auffälligen Kirchtürmen passiert, gibt es prinzipiell drei Liegemöglichkeiten.

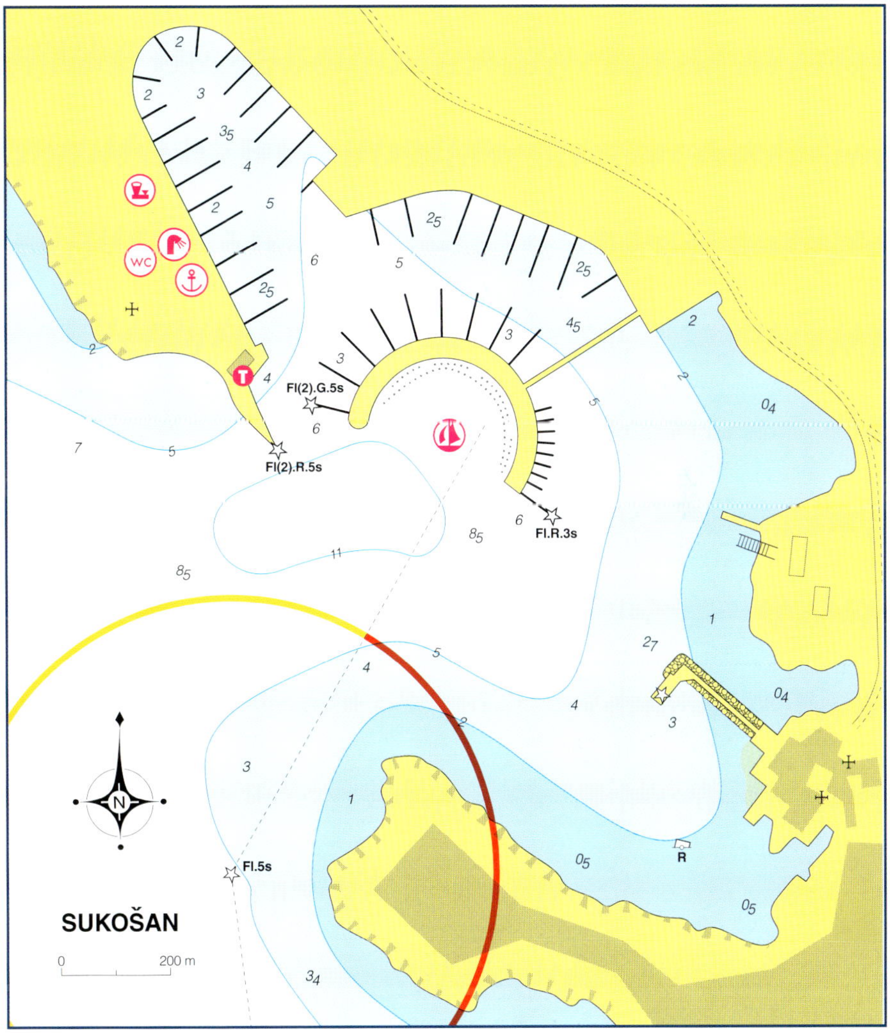

Zadar – Übersicht der Marinas

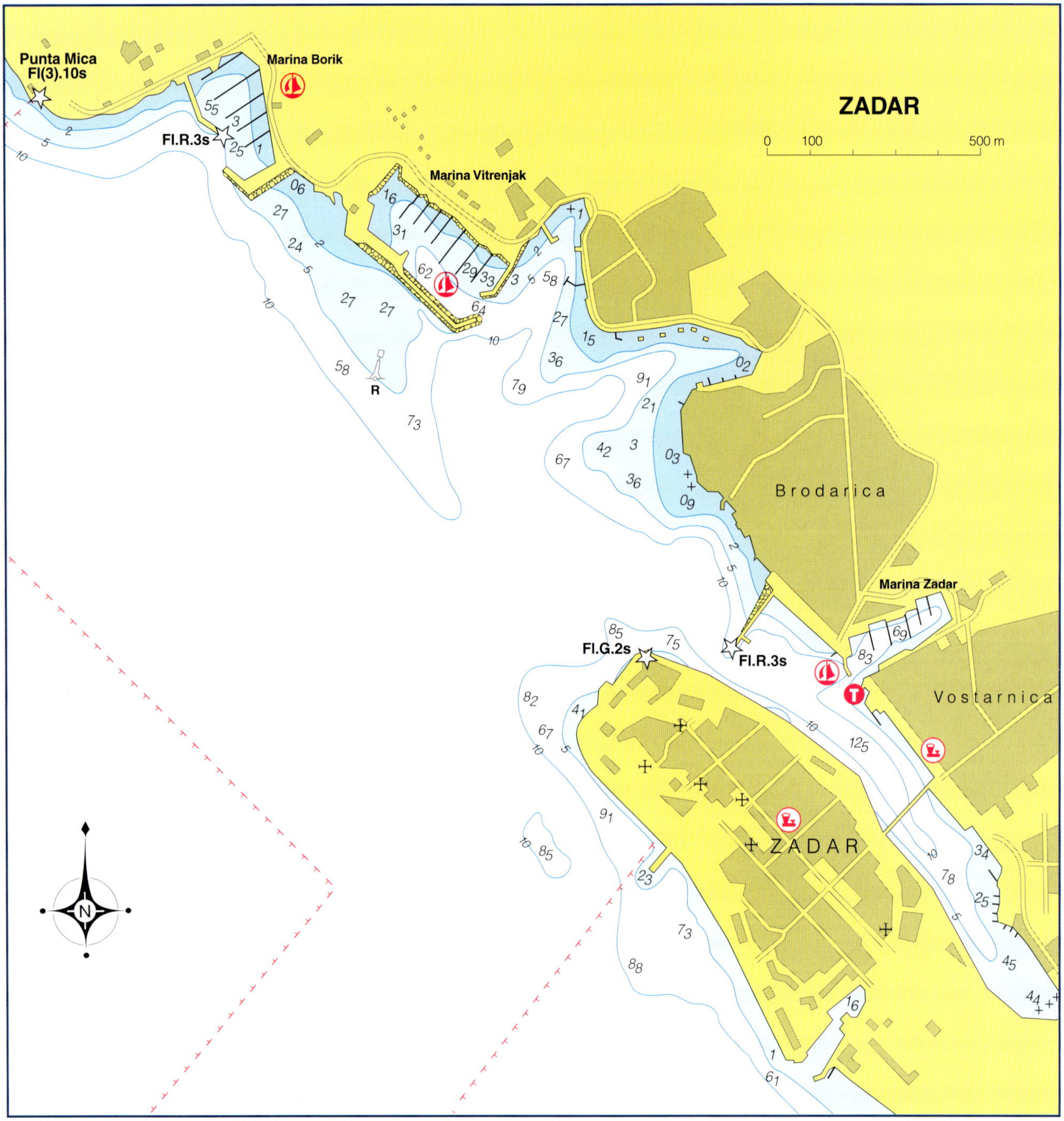

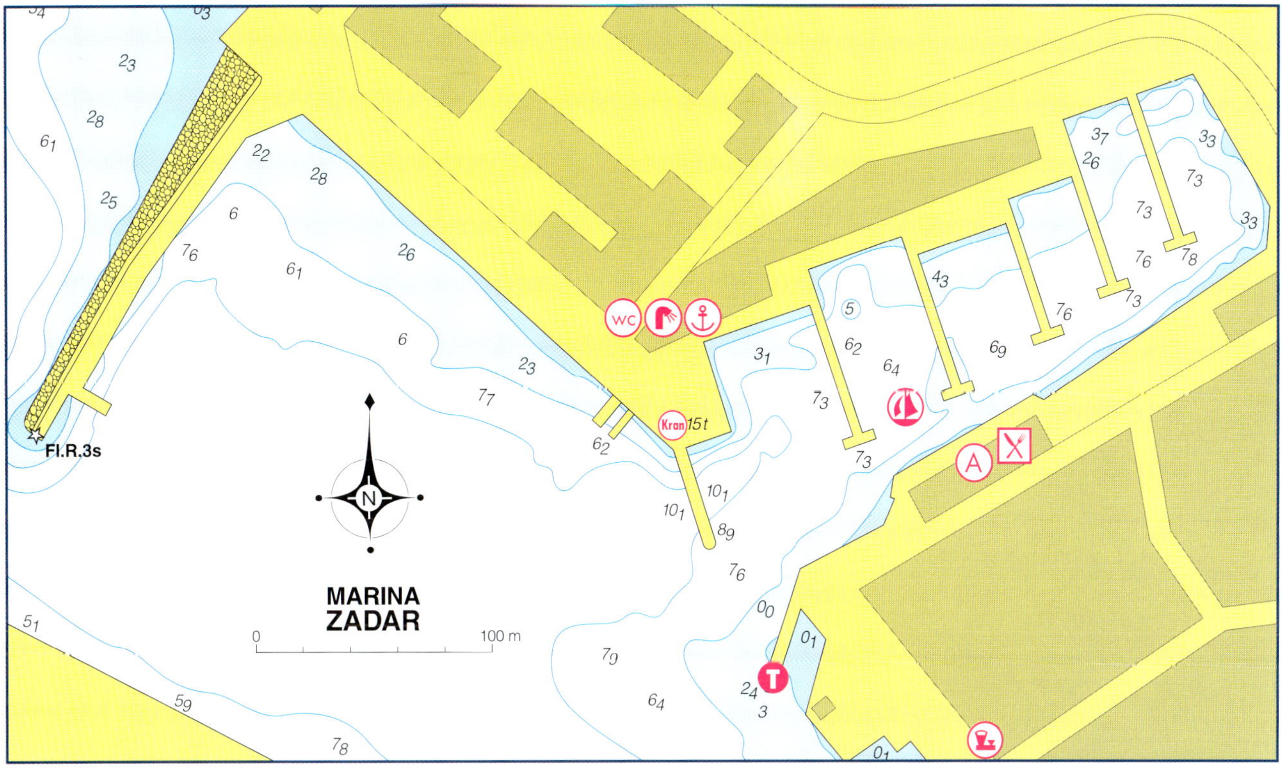

Liegeplätze:

Ganz im Norden der Einbuchtung zur Einfahrt nach Zadar liegt die Marina Borik. Sie gehört zu einer Feriensiedlung weit außerhalb der Stadt und bietet an 300 Liegeplätzen den üblichen Komfort einer Marina. Man merkt ihr insgesamt aber an, dass sie eigentlich als Bootshafen für die Feriensiedlung konzipiert wurde.

Die zweite Liegemöglichkeit ist die Marina Vitrenjak. Sie bietet 500 Liegeplätze mit dem üblichen Marinakomfort. Die Wassertiefen in beiden Marinas darf man mit mindestens 2 bis 3 m annehmen. Beide Häfen sind über eine Buslinie mit Zadar verbunden, haben aber den Nachteil, mindestens 4 km Weg bis in die Altstadt zu erfordern.

Die dritte, und für ein durchreisendes Boot wohl empfehlenswerteste Möglichkeit zum Überliegen ist die Marina Zadar.

Marina Zadar (44° 07' N 15° 14' E)

Ansteuerung:

Hat man die Spitze der Halbinsel, auf der die Altstadt Zadars errichtet ist, gerundet, kann man die schmale Einfahrt zwischen dem Wellenbrecher und der Altstadtpier passieren. Die Einfahrt ist gut befeuert und bei jeder Wetterlage passierbar. Man muss aber auf den regen ein- und auslaufenden Fährbetrieb achten, da die Einfahrt recht schmal ausgefallen ist. Dicht dahinter Backbord sieht man die Marina Zadar liegen.

Liegeplätze:

Am besten macht man einlaufend Backbord in der Nähe des Marina-Büros fest und lässt sich einen Liegeplatz zuweisen. Beim Einlaufen in den Altstadthafen muss man besonders auf

den lebhaften Fährverkehr Acht geben. In der Regel wird auch kabbeliges Wasser die Geschäftigkeit im Hafen anzeigen.

Die Marina Zadar ist modern und komfortabel eingerichtet und eignet sich bestens als Versorgungsstation und als Ausgangspunkt für einen Stadtbummel. Die Wassertiefen – dies sei nur am Rande erwähnt – sind überall mit mindestens 2,5 m tief genug, an den vorderen Stegen nahe der Einfahrt steigt die Wassertiefe auf etwa 4 bis 5 m.

Versorgung:

Eine Tankstelle befindet sich nicht in der Marina, sondern befindet sich im Altstadthafen auslaufend Backbord mit mehreren Anlegemöglichkeiten. Die Versorgungsmöglichkeiten sind ausgezeichnet. Lebensmittelgeschäfte befinden sich an der Straße auf der Südostseite der Marina und weiter auf dem Wege zur Altstadt kurz vor der Fußgängerbrücke von der Neustadt in die Altstadt.

Touristik:

Ein Besuch der Altstadt mit ihrer lebendigen Quirligkeit und ihren antiken Baudenkmälern zählt wohl zu den Höhepunkten eines Kroatienbesuchs. Die Altstadt liegt lang gestreckt auf einer Landzunge. Obgleich sie nicht nur im Zweiten Weltkrieg, sondern auch in dem zwischen 1991 und 1993 tobenden Krieg schwer beschädigt wurde, zählt sie nach wie vor zu den architektonisch wertvollsten Orten der Gegend. Darüber hinaus besticht sie durch die weltoffene Lebendigkeit ihrer Bewohner.

Altstadt von Zadar

Am alten Fischerhafen Fosa

Römischer Kopf

Es ist ein alter Platz, denn Zadar wurde das erste Mal von den Griechen schon im 4. Jahrhundert v. Chr. erwähnt. Später als Hauptstadt des byzantinischen Dalmatiens (um 600 n. Chr.) wurde es immer häufiger in Kämpfe mit dem aufstrebenden Venedig verwickelt. Es folgten die venezianische Herrschaft (ab etwa 1400) und eine lange schwere Belagerung durch die Türken (16. Jh.), die den Ort aber nie einnehmen konnten. Lange war Zadar auch italienisch – noch in unserem Jahrhundert. Genau wie zur Zeit der italienischen Besatzung wurde es in den beginnenden 90er Jahren wieder von seinem Hinterland abgeschnitten, nachdem die Serben bis nahe an Zadar heranrückten und die Stadt unter Beschuss nahmen. Die Wunden jener Zeit sind nur oberflächlich vernarbt, und man tut sicher gut daran, das Wort Krieg nicht einmal in den Mund zu nehmen.

Den Stadtrundgang durch die autofreie Altstadt beginnt man am besten an der Fußgängerbrücke, die sich über den schma-

Landtor

Gospa od Zdravlja

len Arm des Altstadthafens spannt. Unmittelbar hinter dem Stadttor auf der rechten Seite, treffen wir auf den Markt. Es gibt hier frisches Gemüse, frisches Obst in Hülle und Fülle, Fisch und Fleisch, daneben finden sich aber auch Dinge des täglichen Bedarfs, wie z. B. Kleidung. Hält man sich in der Gasse, die von der Fußgängerbrücke stadteinwärts führt, trifft man nach 300 m auf einen großen freien Rathausplatz. Er ist ein beliebter Treffpunkt bei Zadars Jugend. Die Treppen der umliegenden schmuckvollen Häuser sind ständig belagert. Überquert man den Platz und biegt links ab, kommt man nach etwa 200 m auf einen nach rechts sich öffnendes freies Karree. Linker Hand kann man eine antike Säule, die im Mittelalter als Schandpfahl gedient haben soll, bewundern, und rechts auf dem Platz sieht man fünf Brunnen (deswegen auch „Platz der fünf Brunnen“ genannt). Es sind dies die oberirdischen Verbindungen zu einer gigantischen Zisterne, die die Stadt früher von der Wasserversorgung des Festlandes autonom machte, mit ein Grund dafür, dass Zadar jeder Belagerung standhalten konnte.

Übrigens kann man gegenüber dem Platz der fünf Brunnen die beste Pizza Zadars bekommen.

Überquert man den Platz der fünf Brunnen und hält sich an einer schmalen Gasse dahinter links, kommt man durch das so genannte Landtor von 1543. Es ist das ehemalige Stadttor, durch das Zadar vom Festland über eine Zugbrücke zu errei-

Forum

Seetor

chen war. Wo wir heute noch den kleinen antiken Hafen zur Rechten sehen (Fosa), befand sich früher auch zur Linken noch ein Wassergraben, der die Altstadt vollständig umgab. Vor dem Landtor gab es eine Zugbrücke. Im Zuge der Bauarbeiten zu der gegenüberliegenden Befestigungsanlage wurde der Altstadtgraben allerdings zugeschüttet. Der Graben war mit eine der wichtigsten Verteidigungsanlagen, die es Zadar erlaubte, dem türkischen Ansturm so lange erfolgreich zu trotzen. Wenn man vom Landtor aus die Straße, die die Altstadt in Nordwest-Südost-Richtung durchquert, entlang geht, kommt man nach einem knappen Kilometer auf einen sich weit öffnenden Platz. Er ist das sakrale Zentrum des Ortes und die archäologischen Ausgrabungen zeigen, dass er schon zur Zeit der Römer das Forum, also der zentrale Platz war, auf dem sich das öffentliche Leben abspielte. Heute kündet noch eine Reihe von Grabmälern und marmornen Säulenfragmenten von der Bedeutung der ehemaligen römischen Kapitale. Weiträumige Ausgrabungsarbeiten dauern noch an. Wenn wir an der Kirche Sveti Stosija mit ihrem auffälligen Glockenturm Richtung Norden vorbeigehen und links in die Haupteinkaufsstraße abbiegen, gelangen wir nach weiteren 200 m auf der rechten Seite an den „Platz der drei Brunnen". Er ist das Gegenstück zum „Platz der fünf Brunnen" auf der gegenüberliegenden Stadtseite. Auch hier handelt es sich um drei Zugänge zu einer großen Zisterne.

Will man nicht in einem der hübschen Straßencafés verweilen, kann man von hier durch die Nordwest-Südost-Achse letztlich zurück zum Rathausplatz und dann links ab zum Eingang in die Altstadt und zur Fußgängerbrücke zurückkehren.

1.4 Die inneren Inseln – Zadar bis Cres und Ostküste Istriens

Verlässt man Zadar mit Nordkurs, kann man zumeist schon fern im Dunst die Inseln

Silba und Olib (44° 22‘ N 14° 45‘ E)

ausmachen. Von Zadar sind sie rund 27 Meilen entfernt.

Ansteuerung:

Die Fahrt geht dicht entlang der Inseln Ugljan, Rivanj und Sestranj. Sie bestechen durch grüne Macchie und kräftige Bewaldung. Welch ein Unterschied ist es, wenn man den Blick jedoch nach Osten lenkt. Die lang gestreckte Insel Pag und dahinter die Festlandsküste mit dem Velebit-Gebirge wirken dagegen wie eine öde Mondlandschaft. Spärlicher Bewuchs wechselt mit nacktem Fels, und das Velebit-Gebirge sieht aus, als wäre es aus Marmor. Hier hat die Naturgewalt der Bora, die zumeist im Winter die Gegend überfegt, ganze Arbeit geleistet – aber es ist nicht allein der Wind, sondern es ist die jahrhundertelange Überweidung, die die Voraussetzungen hierfür geschaffen hat. Ist der Boden erst weggefegt, wächst so schnell nichts nach.

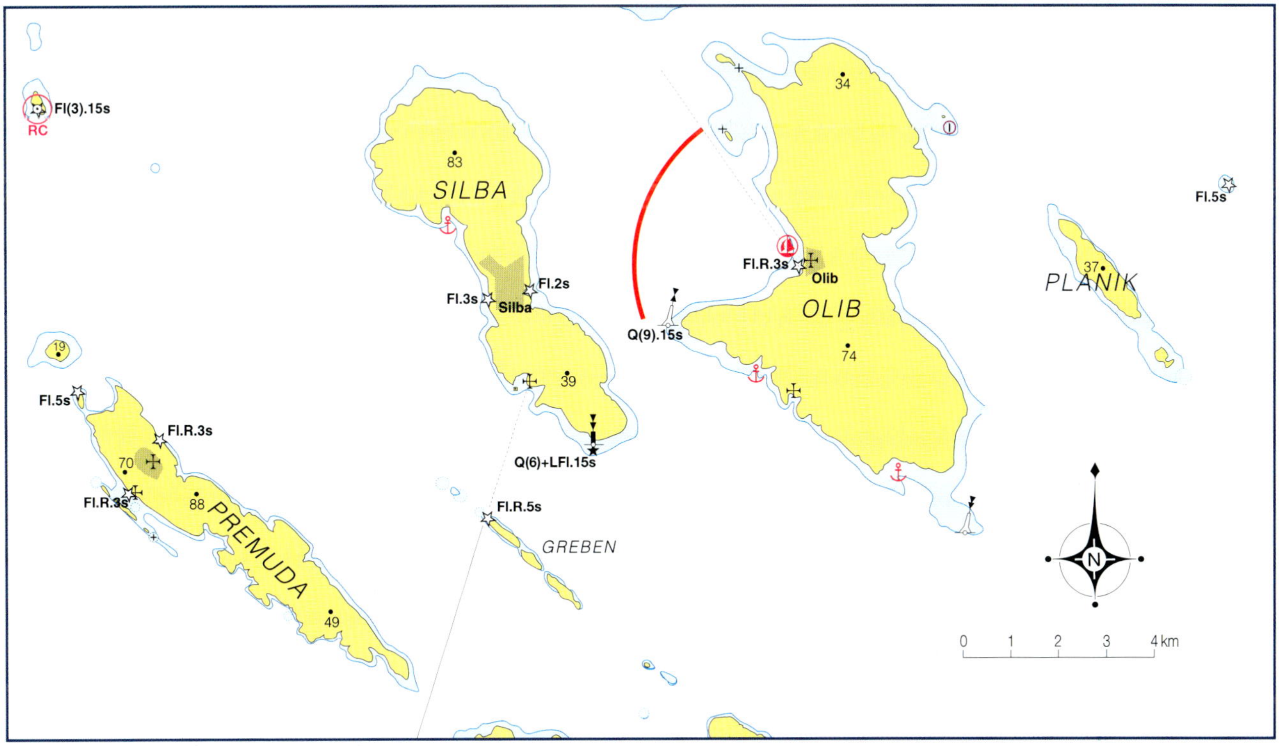

Näher herangerückt schälen sich die Konturen von Silba und Olib deutlicher heraus. Silba wirkt auf die Distanz gesehen eher wie zwei Inseln, da sie in der Mitte eingeschnürt ist und im Süden wie im Osten auf ca. 80 m ansteigt. Olib hingegen macht auf die Distanz gesehen den Eindruck eines flachen – man möge dem Autor den Begriff nachsehen, aber die Assoziation ist einfach zu nahe liegend – Kuhfladens.
Das Virsko More, das man zwischen Zadar und Olib überquert, kann bei kräftigen Ostwinden eine beachtlich hohe Welle produzieren. Die Karte suggeriert hier kurze Windwirkstrecken, die niedrigen Seegang versprechen, was nach der Erfahrung des Autors für diesen Teil der Adria jedoch nicht zutrifft.

In der Naheinsteuerung in den Olib-Kanal, zwischen Silba und der Insel Olib, kann man Backbord voraus den Ort Silba, der ungefähr auf der Hälfte der Länge der gesamten Insel liegt, gut an seinen zwei Kirchtürmen ausmachen. Steuerbord erhebt sich Olib augenfällig flach und besonders stark von grüner Macchie überzogen. Olib macht den Eindruck, als läge es noch in einem touristischen Winterschlaf. Dieser Eindruck ist wohl auch richtig. Die Insel ist autofrei und scheint auch, wenn man näher herangekommen ist aus nichts anderem als grüner Macchie zu bestehen.

Der Ort **Olib (44° 22‘ N 14° 47‘ E)** liegt auf der Westseite, ungefähr auf der Hälfte der Länge der gesamten Insel. Man läuft in eine weit geschwungene, schöne Bucht hinein, in der die Wassertiefen langsam zum Ufer hin abnehmen.

Liegeplätze:

Dicht vor dem kleinen Inselanleger befindet sich eine große Menge von Ankerbojen, die sich dem durchreisenden Schiff anbieten. Ungefähr mittig einsteuernd hat man auch keine Untiefen zu befürchten – diese liegen eher dem nördlichen Teil Olibs vorgelagert. Der äußere Bereich der Hafenmole ist für den Fährverkehr freizuhalten. An der Innenseite der Mole sind aber einige Plätze auf knapp 2 m Wassertiefe vorhanden. Die weit geschwungene Bucht bietet ordentlichen Schutz gegenüber allen Windrichtungen bis auf West bis Nordwest. Dann muss man mit heftigem Seegang in der Bucht rechnen.

Versorgung:

Kleine Geschäfte für Lebensmittel befinden sich am Hafen und am Kirchplatz, weitere Versorgungsmöglichkeiten gibt es nicht. Es gibt aber einige kleine Restaurants.

Touristik:

Die Insel wird nur an wenigen Stellen landwirtschaftlich, das heißt durch Wein- und Olivenplantagen genutzt. Heute erstaunt, dass Olib früher eine für kroatische Verhältnisse äußerst belebte Insel war.

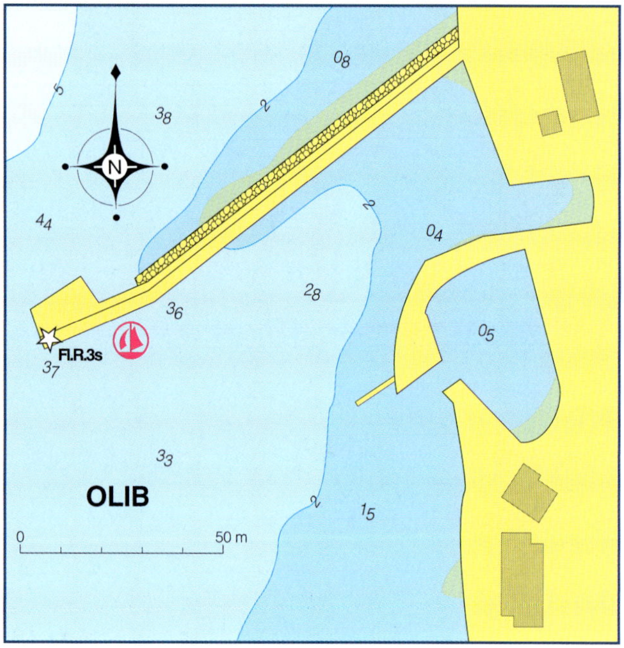

Vor 500 Jahren wurde die Insel von Flüchtlingen aus dem Raum um Split besiedelt. Sie waren damals auf der Flucht vor den türkischen Besatzern. Nicht zuletzt die Reblausplage, die Europa Anfang des Jahrhunderts heimsuchte, vernichtete die Existenzgrundlage der meisten Menschen auch auf dieser Insel restlos. Es begann eine große Emigrationswelle in die USA und nach Australien. Seither sank die Einwohnerzahl Stück für Stück. Viele „Oliber“ bzw. deren Nachkommen leben heute in den USA, und nicht zuletzt das ist ein Grund dafür, warum die Insel dem Tourismus wenig aufgeschlossen gegenübersteht.

Die Auslandsoliber sorgen für nennenswerte Transferleistungen auf die Insel und träumen vielfach davon, ihren Lebensabend wieder in der Heimat ihrer Väter zu verbringen. Sie wollen ihre Insel für sich behalten, wobei touristische Erschließung eher stört. Das ist übrigens mit ein Grund dafür, warum es in Olib weder einen Yachthafen gibt noch vermutlich in absehbarer Zukunft einen geben wird.

Die Mole von Olib

Olib

Nur ein Katzensprung von 4 Seemeilen hinüber ist es nach

Silba (44° 22‘ N 14° 43‘ E).

Ansteuerung:

Von Olib ist der Ort mit seinem kleinen Hafen leicht zu erkennen an seinen zwei Kirchtürmen, die als gute Ansteuerungsmarken dienen können. Bei der Naheinsteuerung wird man sehr schnell den Wellenbrecher des kleinen Hafens ausmachen. Die Einfahrt zum Ortshafen ist befeuert.

Liegeplätze:

Südlich des Hafens gibt es eine Ankermöglichkeit vor einem kleinen Badestrand. Empfehlenswert ist sie jedoch nicht, da sie über den ganzen Bereich von Nordost bis Südost völlig offen ist – eine in dieser Gegend nicht gerade empfehlenswerte Eigenheit. Aber für das Tagesankern und Baden ist die Stelle bei ordentlich haltendem, sanddurchsetztem Felsgrund durchaus geeignet. An der Innenseite der Außenmole finden sich gute Liegeplätze, Muringleinen sind vorhanden. Die Wassertiefen liegen zwischen 2 und 3 m, werden zur Mole hin jedoch recht schnell flacher. Für tiefergehende Boote sind die gegenüber an der Betonkaje vorhandenen Liegeplätze besser geeignet. Insbesondere zum inneren Teil des Hafens hin wird es sehr schnell zu flach, außer für Motorboote und Mehrrümpfer.

Der Westhafen der Insel sei nur der Vollständigkeit halber erwähnt. Dort legen die Fährschiffe an, für Yachten ist er ungeeignet.

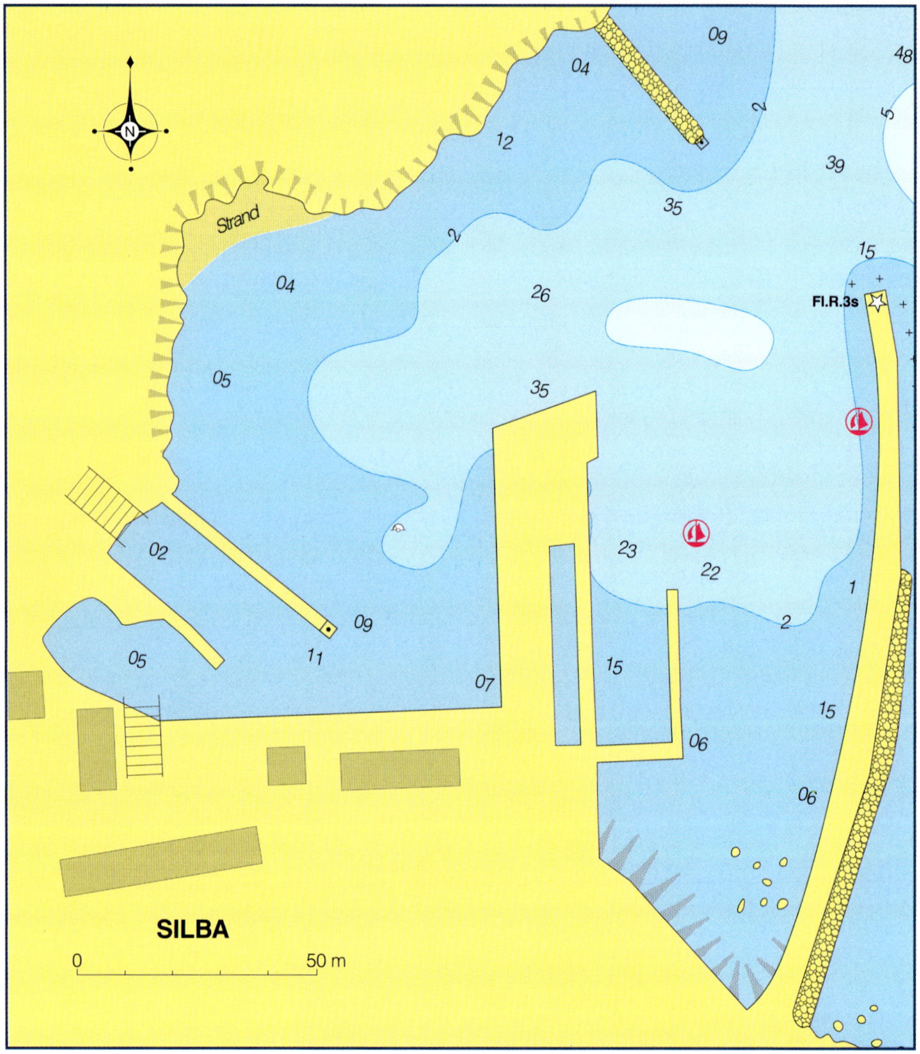

Versorgung:

Geht man vom Hafen die betonierte Straße der autofreien Insel geradlinig hinauf, wird man am oberen Ende einen Glockenturm finden und wenige Meter dahinter auf der rechten Seite ein ordentlich geführtes Lebensmittelgeschäft, in dem man den notwendigen Bedarf ergänzen kann. Restaurants gibt es im Übrigen einige.

Touristik:

Wie anders wirkt doch Silba verglichen mit dem weltabgeschiedenen oder besser weltabgewandten Olib. Die Bewohner der Insel haben sich schon sehr früh mit dem Tourismus angefreundet und haben es doch zugleich geschafft, ein grünes Inselidyll zu erhalten. Macchiegesäumte Wege und blütenreiche Gärten, die mit Oleanderbüschen aufwarten, erfreuen das Auge genauso wie exotische Gewächse in Gärten. Vielleicht liegt es daran, dass die Bewohner der Insel nie wirklich von der Landwirtschaft, sondern immer von der Seefahrt lebten. Immerhin gab es bis 1914 hier noch 190 seegehende Segler.

Silba – Osthafen

Heute ist ganz gewiss der Tourismus die Haupteinnahmequelle der Insel.

Man kann vom Yachthafen im Osten quer über die ganze Insel in vielleicht 20 Minuten bis zum Westhafen gehen. Hafen ist hier vielleicht nicht ganz der richtige Ausdruck, es ist ein relativ kurzer Fähranleger, und für Sportboote ist der „Westhafen“ nicht geeignet.

Ist man auf dem Scheitelpunkt des Weges angelangt, kann man über die schmale Asphaltstraße, die quasi auf dem Bergrücken entlangführt, nach rechts gehen und wird nach knapp 100 m vor einem eigenartigen sechseckigen Turm mit außenliegender steinerner Wendeltreppe stehen. Genannt wird er im Ort „der Liebesturm“. Ein Kapitän von der Insel ließ Ende des 18. Jahrhunderts den Turm für seine große Liebe errichten. Seine Angebetete konnte, wenn er auf See war, immerzu Ausschau nach ihm halten.

Geht man die Straße weiter Richtung Ortsausgang, kommt man schon nach kurzer Zeit zu einer kleinen, heute verfallenen Kapelle, von der man links abbiegend einen Stichweg über die

Liebesturm

Kirche

Insel wählen kann. Hier ist man sehr schnell aus dem Ort heraus und befindet sich inmitten reinster Natur.

Die Insel ist zwar autofrei, nicht jedoch frei von motorisierten Kraftfahrzeugen. Es sind die kleinen zweirädrigen Minitraktoren, die mit einem kleinen flachen Anhänger versehen das Gepäck der Touristen laut knatternd vom und zum Fähranleger bringen.

Vom weltabgewandten Olib und vom lieblichen Silba hin zum geschichtsträchtigen Rab ist es ein Weg von rund 25 Meilen. Den Olib-Kanal mit nördlichem Kurs verlassen, lässt man die der Insel Olib nordwestlich vorgelagerte unbewohnte Klippe von Morovnik Steuerbord liegen und setzt Kurs auf die Nordspitze der Insel Pag ab. Hierbei darf man die 2 Meilen Nord-

Zentrum von Silba

Silba – Westanleger

nordwest Morovniks vorgelagerte Untiefe von Plic Morovnik (4,5 m) nicht übersehen. Sie liegt genau im Wege!

Pag kann man als öden, dünnen Strich unterhalb des mächtigen Velebit-Gebirges im Osten ausmachen. Zwischen der der nördlichen Spitze Pags vorgelagerten Insel Dolfin und Pags Nordspitze muss man auf Untiefen achten, ansonsten ist es in dem weiten Seegebiet rein. Von Pags nördlichster Klippe hinüber nach Rab ist es nur ein Katzensprung.

Rab (44° 45' N 14° 46' E)

Ansteuerung:

Bei klarer Sicht wird man schon von der Nordspitze Pags aus die aus hellgrauem Stein erbaute Altstadt mit ihren markanten vier Glockentürmen erkennen können. Nachts ist die Einfahrt gut befeuert. Näher herangekommen kann man sehen, wie die Altstadt auf einem steilen Felsrücken, der sich als Landzunge ins Meer hinausschiebt, erbaut wurde.

Hat man die Südspitze der Altstadt gerundet, befindet man sich schon im Hafengebiet. Die kleine, südlich vorgelagerte Insel Tunera ist mit dem Festland durch einen Damm verbunden. Bei der Einsteuerung muß man recht vorsichtig sein, da mit vielen kleinen Motorbooten von den umliegenden Camping-

Pag – von der Bora verwüstet

Pag

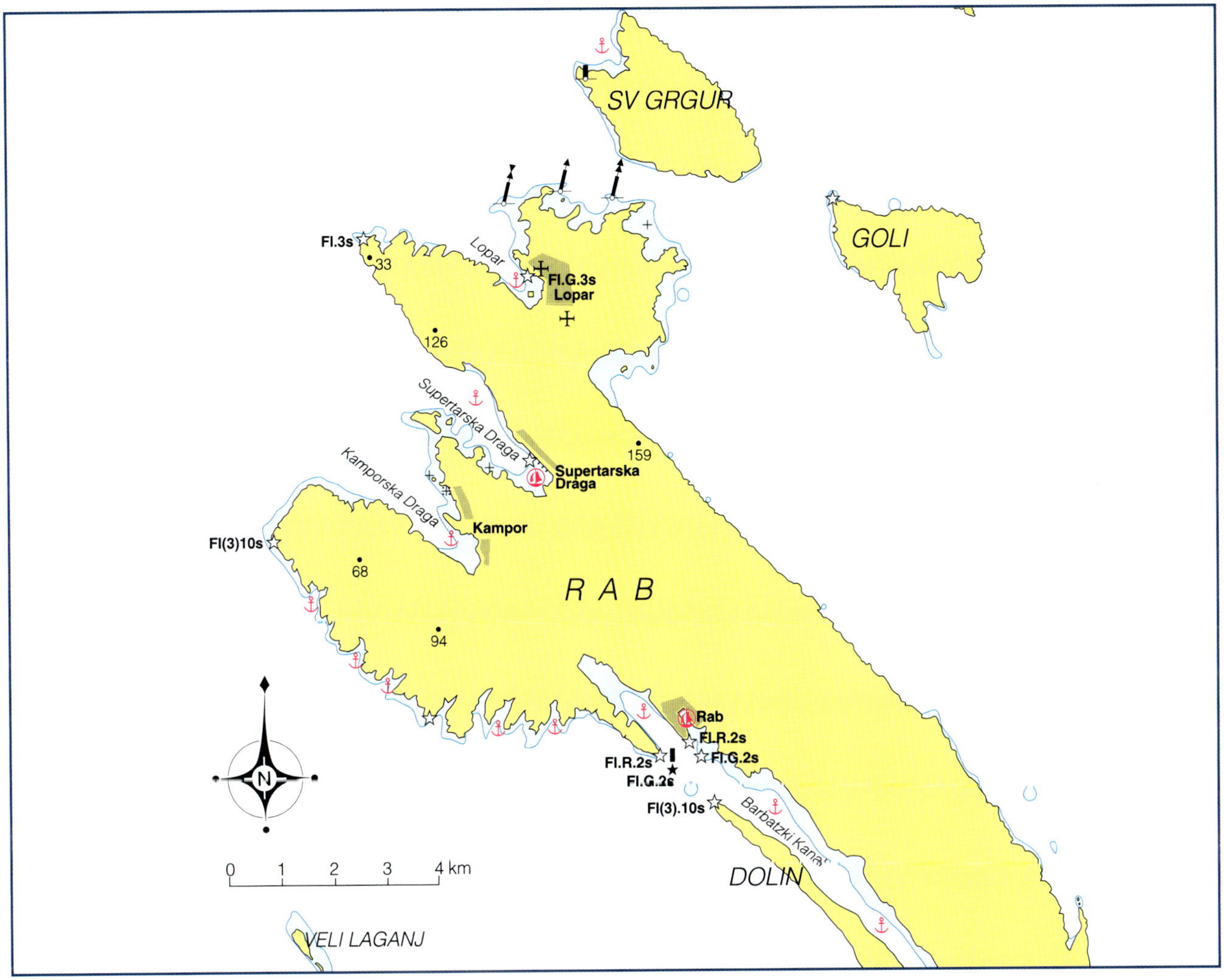

plätzen gerechnet werden muss. Sie zeichnen sich leider häufig durch unvorhersehbare Manöver aus. Hinzu kommt insbesondere am Morgen ein reger ein- und auslaufender Verkehr von Fährbooten und Ausflugsschiffen.

Liegeplätze:

Einlaufend Steuerbord befindet sich die moderne Marina. An dem Altstadtkai auf der Backbordseite kann man nur zum kurzfristigen Überliegen festmachen. Zum einen bringt der viele Bootsverkehr zu viel Schwell zum ruhigen Liegen, und zum anderen sind die meisten Plätze entweder von einheimischen Booten oder von Fährbooten belegt.

Vorzugsweise macht man an einem der vier Stege vor der Tankstelle fest oder lässt sich einen Liegeplatz zuweisen. Bei starken Südwinden ist die Marina Rab nicht sicher. Es können Wasserstandsänderungen bis zu 1 m und kräftiger Sog sowie Wellenschlag entstehen. Daher ist die Marina üblicherweise nur in der Saison von Anfang April bis Ende September geöffnet. Der Service ist doch recht freundlich.

Versorgung:

Von den Gastplätzen ist es allerdings ein etwas weiter Weg zum Büro der ACI-Marina, hinter dem sich auch Duschen und Sanitäranlagen befinden.

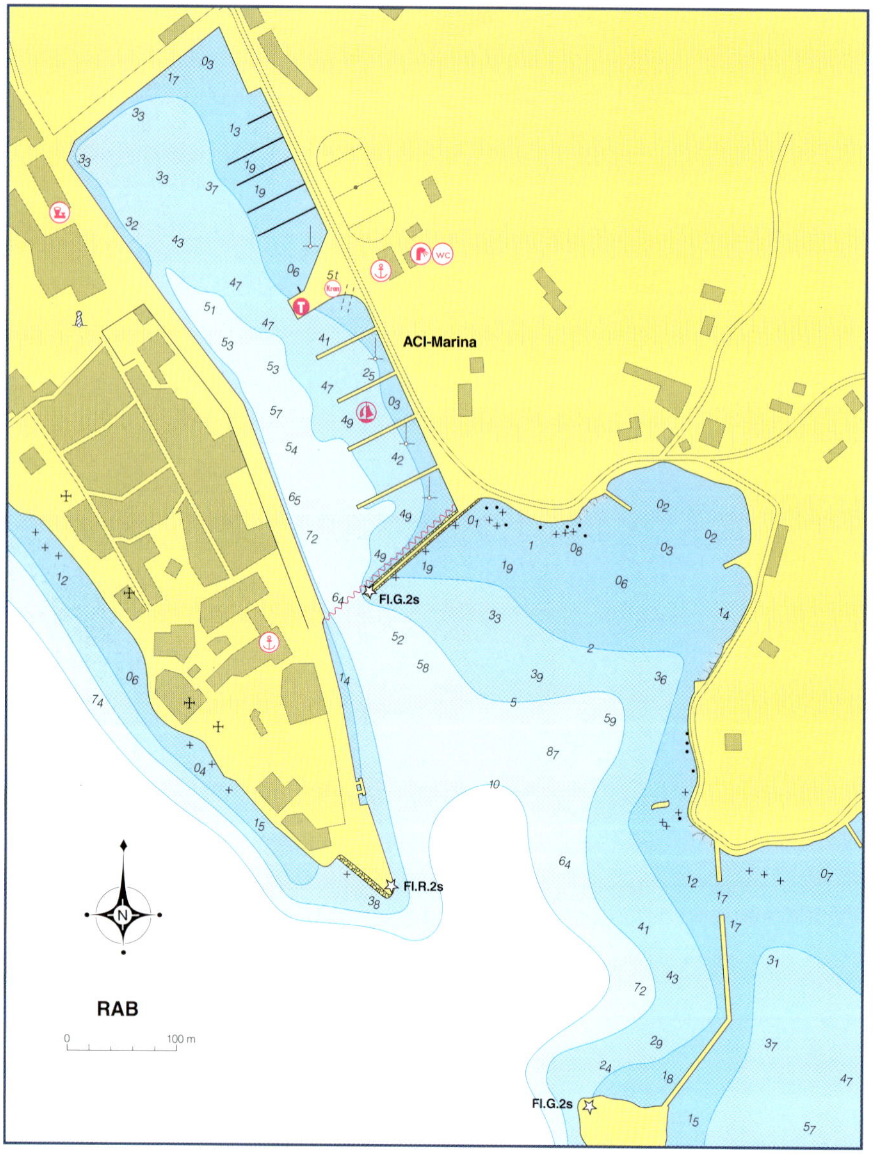

Rab voraus

Die Versorgungsmöglichkeiten in Rab sind sehr gut. Man findet ordentliche Supermärkte am Ende des Hafenbeckens geradeaus gehend in der „Einkaufsmeile" oder aber um das Hafenbecken Richtung Altstadt herumgehend in dessen äußerstem Nordwestwinkel (deutlich billiger, aber weniger Auswahl). Wer glaubt, bei den vielen fliegenden Händlerinnen, die Käse, Obst und Gemüse anbieten, preisgünstiger einkaufen zu können, irrt in der Regel allerdings gewaltig. Da können die ortsansässigen Supermärkte preislich allemal gut mithalten.

Touristik:

Neben Rovinj und Zadar ist Rab das dritte kulturhistorische Kleinod in Nordkroatien. Schon in römischer Zeit um Christi Geburt war die Stadt als Stützpunkt römischer Macht und Handelszentrum an der dalmatinischen Küste bedeutend. Die uns heute beeindruckenden Baureste, insbesondere natürlich die vier berühmten Glockentürme, stammen jedoch erst aus dem 12. bis 15. Jahrhundert. Noch heute kann man an vielen Details reich verzierter ehemaliger Patrizierhäuser in der Altstadt den vergangenen Glanz und die ehemalige Bedeutung des Ortes gut erkennen. Wenn wir um das Hafenbecken herumgegangen sind, passieren wir zunächst einen Supermarkt und wenige Meter später ein auffälliges Bankgebäude (Geldautomat!). Dahinter öffnet sich zur Rechten der nette Platz Svetog Kristofora. Von ihm aus kann man einen Rundgang machen.

Die keilförmig ins Meer hinausgetriebene Altstadt kann man durch die untere Straße (Srednja Ulica) auf ihrer gesamten Länge durchmessen. Man wird kleine Galerien und Andenkenge-

Rab - Altstadt

schäfte finden. Allerdings muss man hier in den unteren Straßen auch mit regem touristischem Andrang in der Hochsaison rechnen. Ganz am Ende führt uns die dunkle Gasse in leicht geschwungener Rechtsbiegung zur Kathedrale Sveti Maria Velika. Es ist die Kirche, die wir von der Einfahrt her schon kennen, weil sie mit ihrer trutzigen Wehrmauer und ohne Glockenturm eher aussieht wie eine Festungsanlage, denn eine Kirche. Vom Eingangsportal der Basilika können wir uns über die obere Straße (Ivana Rabljanina), später übergehend in die Gornja Ulica, zu dem etwa 80 m entfernt stehenden mächtigen, romanischen Glockenturm aufmachen. Auch er ist uns mit seiner kühnen Architektur noch bestens von der Ansteuerung her bekannt. Man kann ihn zwischen 10.00 und 13.00 Uhr und 19.30 und 22.00 Uhr in der Saison besteigen. Auf dem Glockenturm fällt eine achtseitige Pyramide auf. Sonst haben wir gesehen, daß Glockentürme, noch dazu ältere, zumeist ein vierseitiges Spitzdach haben. Diese Pyramide wurde

Über den Dächern von Rab

Rab von Sveti Eufemia aus gesehen

im 15. Jahrhundert errichtet, nachdem das ursprünglich vierseitige Dach vom Blitz zerstört wurde.

Wenn wir die obere Straße weiterbummeln, kommen wir an vielen weiteren Relikten alter Tage vorbei, zerstörte Kirchenschiffe, von denen nur noch Säulenfragmente erhalten sind, und weitere drei Glockentürme folgen. Ganz am Ende des Weges kommen wir an die Ruinen der Burg Sveti Kristofora. Oben an der Treppengasse befindet sich rechts ein Tor, das üblicherweise geöffnet ist. Tritt man hindurch, kann man von hier auf die Ruinenmauern der Burg klettern. Man hat dann genau die Stelle erreicht, von der aus das klassische Postkartenmotiv Rabs geschossen wird – vier Glockentürme in Linie, dahinter sattes Meerblau und kräftiges Grün aus den Parkanlagen der Oberstadt.

Wenn wir von hier oben über die Altstadt hinwegschauen, können wir auch die westlich angrenzende Bucht Sveti Eufemia erkennen. Unterhalb der Altstadt geht entlang dieser Bucht ein Betonweg, der als „Badestrand" gern genutzt wird. Man erreicht ihn von der Burgruine einige Meter weitergehend und dann links die Treppengasse hinunter.

Die Bucht von Sveti Eufemia ist international als ornithologisch bedeutendes Gebiet in Europa anerkannt. Es sollen hier die Nistplätze von Gänsegeiern geschützt werden. In ganz Kroatien soll die Population dieser Tiere noch etwa 100 bis 120 Brutpaare betragen. Die Vögel bauen ihre Horste gerne an steile Felsen direkt über dem Meer. Mit einer Flügelspannweite von fast 3 m gehören sie zu den imposanten Erscheinungen. Normalerweise wird es einem nur schwer gelingen, diese Tiere in freier Wildbahn zu beobachten.

Wenn man sich besonders hierfür interessiert, kann man unter der Telefonnummer 051/840525 versuchen, an einer organisierten Tour teilzunehmen.

Ruinen von St. Johannes

Nördlich der Burgruine schließt sich der Park Komrcar an. Er spendet im heißen Sommer kühlen Schatten und ist bekannt für seine schöne, abwechslungsreiche Anlage und damit ideal geeignet für einen erholsamen Spaziergang. Selbst dann, wenn die Stadt in der Hochsaison touristisch überlaufen ist, wird man hier Ruhe und Besinnung finden.

Von der Burgruine kann man die Treppen direkt zum Platz Sveti Kristofora hinuntergehen und sich in einem der hübschen, kleinen Cafés eine Rast gönnen.

Auf Rab gibt es eine zweite Marina, quasi gegenüber auf der Nordseite der Insel gelegen. Man läuft auf grob nordwestlichem Kurs rund um den zerklüfteten, vorgeschobenen Westteil der Insel Rab herum. Hat man Donjapunta im äußersten Westteil Rabs gerundet, geht man auf Nordostkurs und trifft nach 2 Meilen auf die tiefe Einbuchtung von

Supetarska Draga (44° 48‘ N 14° 42‘ E)

mit der gleichnamigen Marina in ihrem Scheitelpunkt.

Ansteuerung:

Die Ansteuerung bereitet keine Probleme, da die Bucht relativ weiträumig in ihrem Anfang ist und erst zum Ende hin flach und enger ausläuft. Man befindet sich die ganze Zeit gegenüber Nordost in der Abdeckung eines über 100 m hohen Bergzuges, dicht grünbewachsen. Bei der Ansteuerung halte man sich auch gut von der Südwestseite frei, hier reichen Klippen

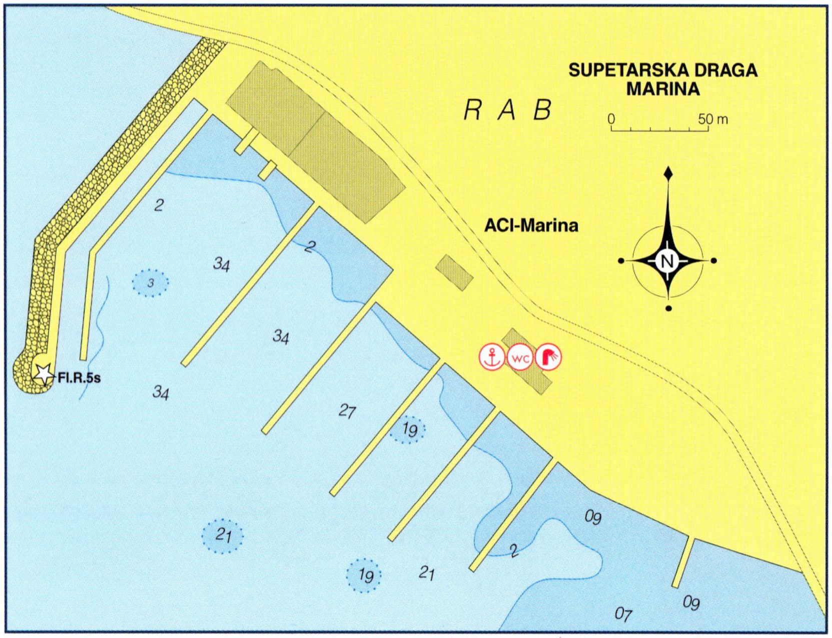

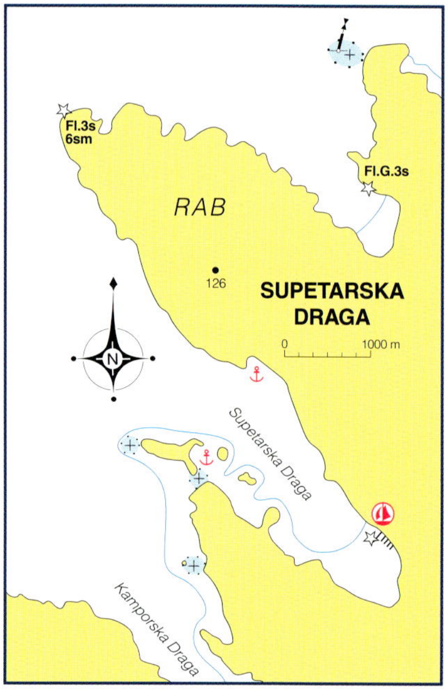

relativ weit vor die Küste hinaus. Die Nordostseite der Bucht ist hingegen bis dicht ans Ufer rein. In der Naheinsteuerung wird man den langen Wellenbrecher, der die Marina gegen Nordwest schützt, schnell erkennen. Man kann sich einen Liegeplatz zuweisen lassen.

Liegeplätze:

Die Marina von Supetarska Draga liegt abgelegen, landschaftlich schön in recht grüner Macchie und darf - dies sei nicht abwertend gemeint – als Bootsparkplatz betrachtet werden. Zwar wehen sowohl Bora als auch Yugo hier recht kräftig, aber beide Winde werfen keinen hohen Seegang auf. Lediglich gegen Nordwest ist die Bucht recht ungeschützt. Größere Boote liegen an den ersten, kleinere an den hinteren Stegen.

Versorgung:

Einige Restaurants befinden sich in der Nähe der Marina, die auch über einen Laden verfügt. Eine Tankstelle wird man indes vergeblich suchen!

Touristik:

So technisch perfekt die Liegemöglichkeiten auch sein mögen, und so nett und landschaftlich reizvoll die Umgebung aussieht, so wenig gibt es hier in der Umgebung allerdings zu besuchen. Daher darf man Supetarska Draga wohl eher als Durchgangsstation ansehen oder als geschützte Anlaufstation, wenn die Bora, die zwischen den Inseln Rab und Krk häufig und stark weht, eine Weiterfahrt nicht zulässt.

Hat man von Supetarska Draga das Kap Sorinj, die nordwestlichste Spitze Rabs, erreicht, ist es ein 10-Seemeilen-Sprung hinüber zur Insel Krk, wo sich die Lagune von Punat anbietet.

Supetarska Draga

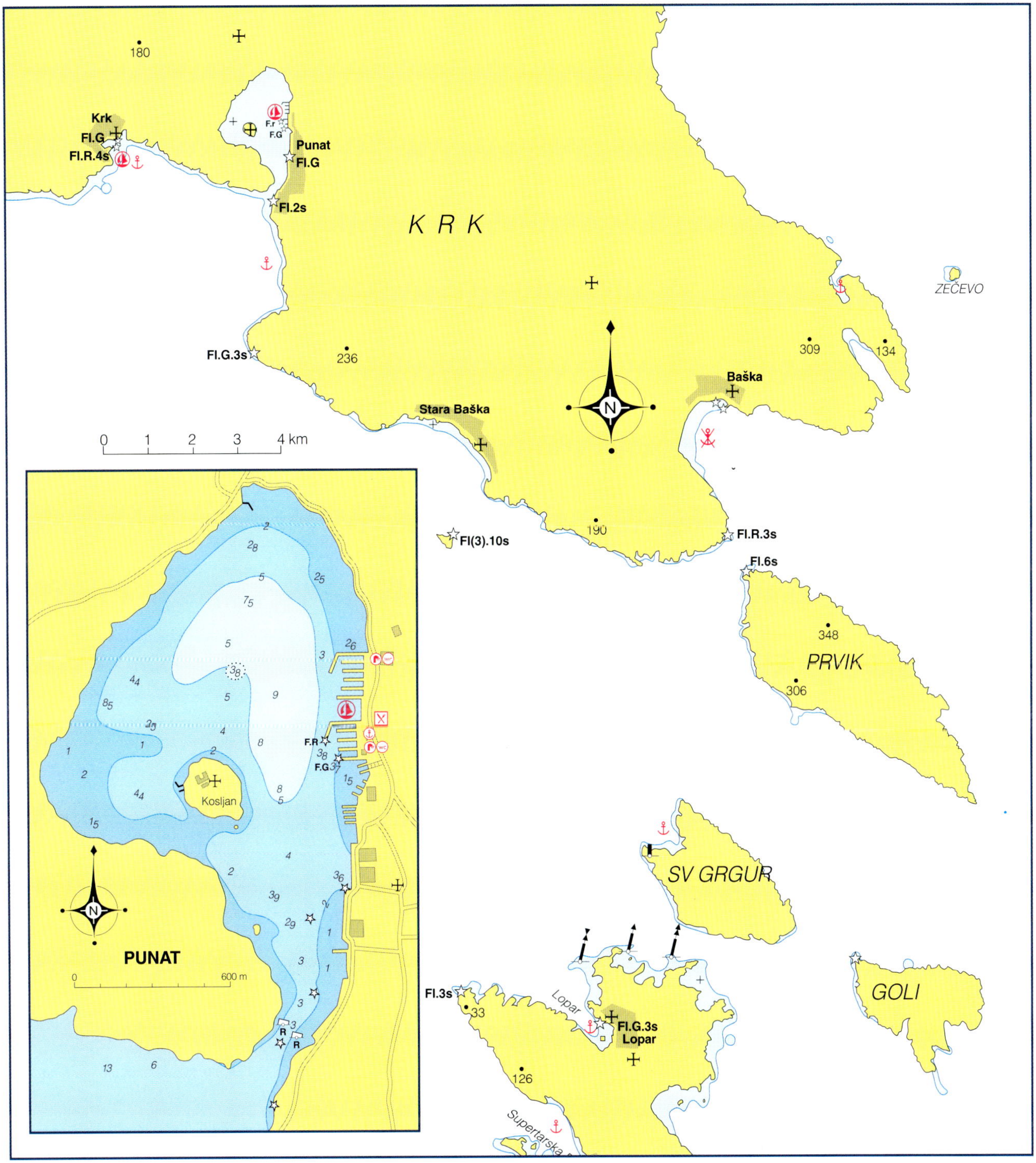
180
Krk
Fl.G
Fl.R.4s
F.r
F.G
Punat
Fl.G
Fl.2s
K R K
ZEČEVO
Fl.G.3s
236
309
134
Baška
Stara Baška
N
0 1 2 3 4 km
190
Fl(3).10s
Fl.R.3s
Fl.6s
348
PRVIK
306
SV GRGUR
GOLI
Fl.3s
33
Lopar
Fl.G.3s
Lopar
126
Supertarska
F.R
F.G
Kosljan
R
R
PUNAT
0
600 m

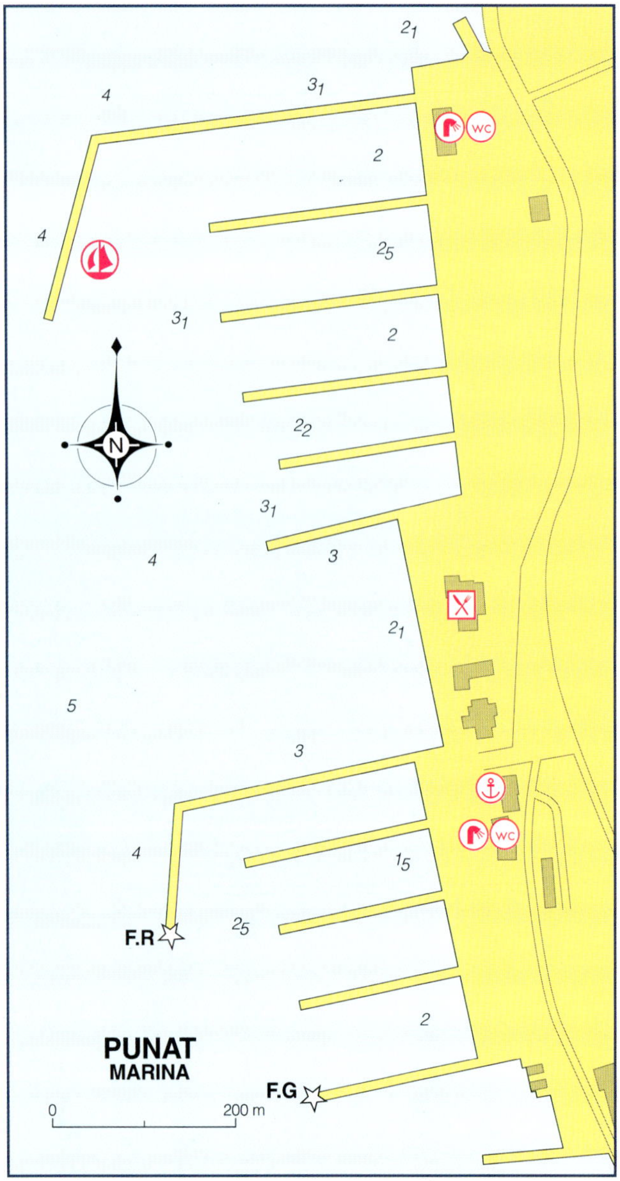

Punat – Ansteuerung

Punat (45° 01‘ N 14° 38‘ E)

Ansteuerung:

Krk wirkt von weitem unwirtlich und leer gefegt wie ein ausgeräumter Steinbruch. Lediglich weiter im Norden zeigen sich grüne Waldstreifen auf der Insel. Der Bereich zwischen Krk und Rab ist geradezu berüchtigt für die Häufigkeit der hier wehenden Bora. Unmittelbar am Festland liegt der kleine Ort Senj. Es ist derjenige Ort an der Adriaküste, in dem am häufigsten die Bora weht. An rund 200 Tagen im Jahr darf man dort mit ihr rechnen (stärker als Windstärke 6). Daher hat die Bora-Pforte von Senj einen üblen Ruf und die Auswirkungen kann man bis in das Seegebiet zwischen Rab und Krk erleben.

Marina Punat

Etwa 2 Meilen östlich des Hafens der Stadt Krk auf der gleichnamigen Insel befindet sich die sehr gut geschützte Lagune von Punat. Die Einsteuerung ist befeuert und betonnt, und man tut sehr gut daran, sich an den Tonnenstrich zu halten. Schiffe mit einem größeren Tiefgang als 2 m können die Lagune nicht anlaufen.

Punat ist ein beliebter Badeort, und man muss bei der Einsteuerung unbedingt auf Schwimmer achten, die häufig das schmale Fahrwasser auch zum Baden benutzen. Die Ausweichmöglichkeiten innerhalb des Zufahrtskanals, dessen nutzbare Breite nicht mehr als vielleicht 20 m beträgt, sind insbesondere für tiefgehende Boote gering.

Punat – Einfahrt

Liegeplätze:

Innerhalb der Lagune, auf deren Ostseite, befindet sich die recht große und moderne Marina. Sie ist übrigens ein sehr gu-

Košljun

Uskoken – Piraten der Adria

An vielen Stellen treffen wir in Nordkroatien auf Befestigungen, wehrhafte Kirchen usw. Häufig handelt es sich um Anlagen zum Schutz gegen die Uskoken. Wer waren nun diese berüchtigten Piraten der Nordadria? Vornehmlich waren es Flüchtlinge aus den ländlichen Gebieten Bosniens und Dalmatiens, die Ende des 15. und Anfang des 16. Jahrhunderts unter türkische Herrschaft fielen. Daher heißt das Wort Uskoken übersetzt auch so viel wie Flüchtlinge. Der größte Teil der Uskoken wurde in Senj von den Habsburgern angesiedelt. Die Festung Senj sollte als Trutzburg gegenüber dem weiteren türkischen Vordringen dienen, aber auch eine Abgrenzung zum Herrschaftsanspruch Venedigs in der Adria darstellen. Hier an der Nahtstelle der Interessen von drei damaligen Großmächten entwickelten die Uskoken aber ein reges Eigenleben. Obgleich ihre Zahl immer gering war, man schätzt etwa 800 bis 900

ter Ort, um sein Schiff auch für längere Zeit alleine liegen zu lassen. Die Marina ist technisch auf hohem Stand.
Die Liegeplätze für durchreisende Boote befinden sich am Ende der Marina Punat und sind mit „Transit“ gekennzeichnet.

Die Umgebung – nettes grünes Hügelland – bietet zwar nichts Abenteuerliches, macht aber einen ganz netten Eindruck. Man kann auch vor der Marina am Hafenkai von Punat kurzzeitig überliegen (Wassertiefe rund 2,5 m), üblicherweise dürfte aber hier kein Platz frei sein.

Versorgung:

Die Versorgungsmöglichkeiten in Punat, insbesondere Lebensmittel, sind nicht schlecht.
Man muss den Bedarf aber recht weit (rund 25 Minuten) schleppen. In der Marina befindet sich zwar prinzipiell ein Supermarkt, er scheint aber nur während der engsten Hochsaison geöffnet zu haben.
Trotz der beachtlichen Zahl von Liegeplätzen (rund 800), gibt es in der Marina aber keine Tankstelle. Eine Tankstelle befindet sich im nahegelegenen Hafen der Stadt Krk, in dem man aber außer mit vielleicht ganz kleinen und flachgehenden Motorbooten kaum einen Liegeplatz bekommen wird.

Touristik:

Eine Besonderheit bildet die Klosterinsel Košljun inmitten der seichten Bucht. Auf der Westseite der kleinen Insel befindet sich ein Anleger – für Yachten dürfte er aber schon deshalb zu klein sein, weil der äußere Teil für das im Pendelverkehr fahrende Fährboot von Punat freigehalten werden muss. Es empfiehlt sich, will man die Insel besuchen, mit dem Dingi hinüberzufahren. Die Durchfahrt zwischen dem Festland und der Insel Košljun ist im Südwesten der Insel sehr flach und unrein – eine Durchfahrt an dieser Stelle verbietet sich für tiefgehende Kielboote. Das kleine, mit Steineichen überwachsene Inselchen war schon zur Zeit der Römer besiedelt. Die jetzt immer noch zu erkennende Klosteranlage wurde im 13. Jahrhundert gegründet. Man kann ein paar archäologische Artefakte in dem kleinen Klostermuseum besichtigen.

Mann, hat sich ihr Ruf als kühne Piraten bis heute erhalten. Erstaunlich schnell entwickelten sich die Uskoken als ursprünglich eingefleischte Binnenländer zu exzellenten Seeleuten, die mit ihren langen, flachgehenden Booten, besetzt mit 20 bis 40 Ruderern, enorm beweglich und schnell zwischen den Inseln der nördlichen Adria manövrieren konnten. Ihre Raubzüge richteten sich vor allen Dingen gegen reich beladene venezianische Schiffe, aber sie verschmähten auch keine sonstige Beute, derer sie habhaft werden konnten. Dank ihrer Schnelligkeit und Wendigkeit konnten sie überall unverhofft auftauchen und ebenso rasch wieder verschwinden. Den Venezianern gelang es außerdem nicht, den Gegner im Seegebiet vor Senj zu stellen, geschweige denn zu schlagen. Hier kam den Piraten in der berüchtigten Bora-Pforte von Senj, an der an über 200 Tagen des Jahres die Bora mit mehr als 6 Windstärken bläst, die Naturgewalt zu Hilfe. Damals verbreiteten die Venezianer sogar die verrücktesten Legenden. So behaupteten sie zum Beispiel, dass die Frauen der Uskoken durch Hexerei ihren Männern die Bora zu Hilfe schickten, um deren Verfolgung durch venezianische Schiffe unmöglich zu machen. Die Hexerei ist sicherlich in den Bereich der Fabel zu verweisen, aber ganz sicher waren die Uskoken in der berüchtigsten Boraecke der gesamten Nordadria schnell zu exzellenten Seeleuten herangewachsen. Erst als Habsburger und Venezianer ihren jahrzehntelangen Konflikt im Madrider Frieden von 1617 beilegten, wurde den Adriapiraten endgültig das Handwerk gelegt.
Die Habsburger verpflichteten sich gegenüber Venedig, die Uskoken ins Innere Kroatiens umzusiedeln.
In Senj zog eine Garnison regulärer kaiserlicher Truppen ein. Damit war der Piratenspuk zwar vorbei, aber der Ruch der Seeräuber hat bis heute nichts von seiner Faszination eingebüßt.

Zwei Meilen westlich der Einsteuerung nach Punat liegt der Haupthafen der Insel in Krk.

Krk (45° 02‘ N 14° 35‘ E)

Ansteuerung:
Der Ort ist leicht zu erkennen an dem alles überragenden Zwiebelturm des Domes.

Liegeplätze:
Hat man ein flachgehendes Motorboot, kann man mit etwas Glück eine freie Boje im nordöstlichen Teil des Hafens bekommen. Für tiefgehende Kielboote verbietet sich jedoch eine Anlegemöglichkeit.

Versorgung:
In der äußersten Westecke des Hafens befindet sich die Tankstelle (rund 3 m Wassertiefe).

Auf dem weiteren Weg nach Norden passiert man den engen Kanal (Srednja Vrata) zwischen Cres und Krk. Auf der Steuerbordseite sieht man den nördlicheren und grüneren Teil der In-

Krk – Stadt

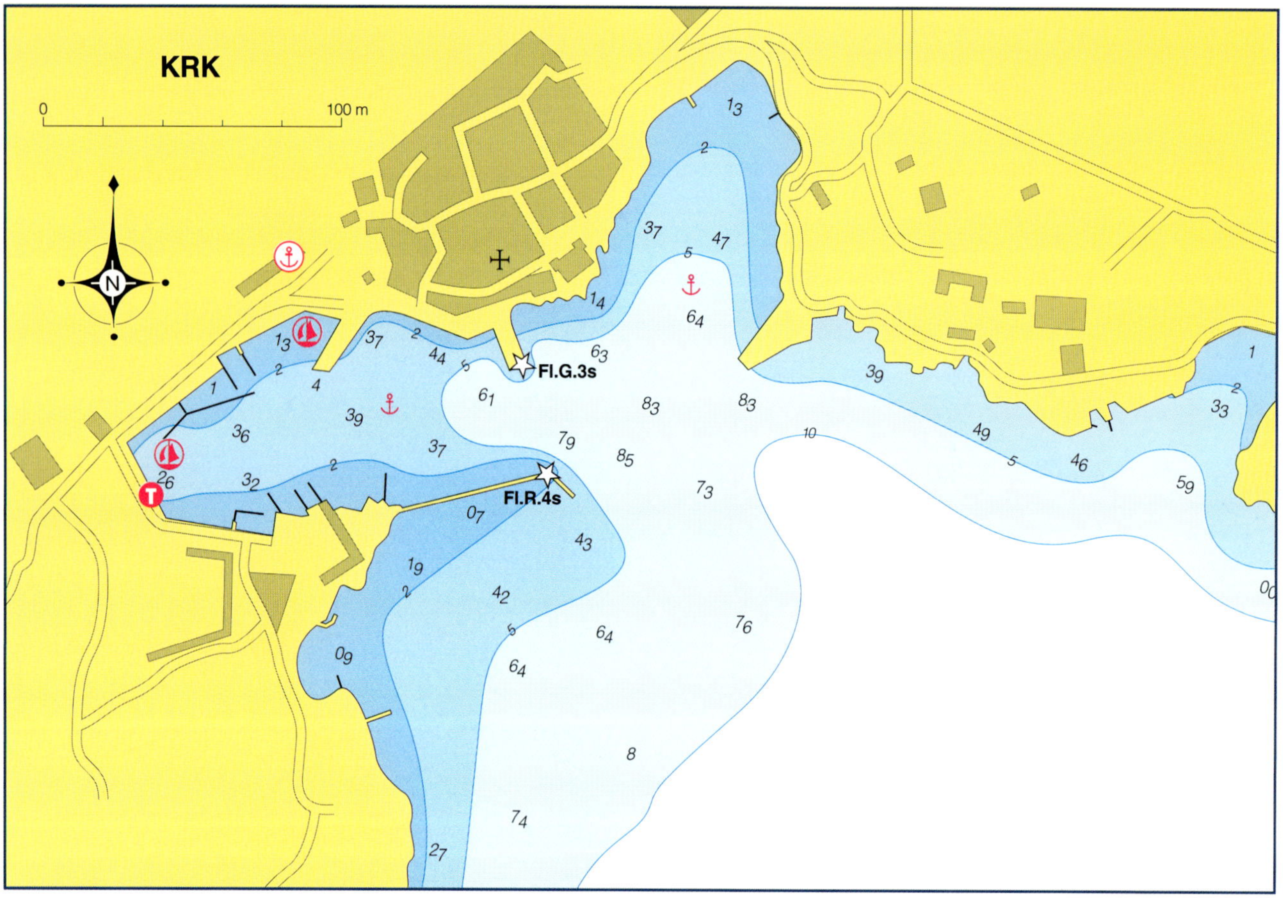

sel Krk. An dieser Stelle gibt es eine Unzahl kleinerer Buchten, die vorzüglich als Tagesankerplatz zu gebrauchen sind.

Auf der Backbordseite erstreckt sich in gesamter Länge und von der Ostseite her augenfällig steil und felsig der nördliche Bergrücken der Insel Cres. Am Ende der Engstelle, wo sich die Meerenge zum Meerbusen von Rijeka (Rijeki Zaljev) öffnet, sieht man auf halber Höhe, wie ein Adlernest am Fels, den kleinen Ort **Beli (45° 07‘ N 14° 22‘ E)**.

Die Ostseite von **Cres** ist im Übrigen der Bora vollständig ausgesetzt und bietet keinen einzigen sicheren Liegeplatz.
Von der Position, in der wir Beli etwa quer abhaben, nach Opatija, sind es rund 17 Seemeilen. Steuerbord voraus erkennen wir – klare Sicht vorausgesetzt – die Kran- und Werftanlagen des Ortes Rijeka, an denen sich im Südosten Industrieanlagen

mit Schornsteinen anschließen. Rijeka ist der wichtigste Fähr-, Handels- und Industriehafen der Adriaküste. Man tut gut daran, ihn zu meiden. Für Yachten ist er weder gedacht noch geeignet. Auch vom Landschaftseindruck ist es bei weitem besser, sich gleich nach

Opatija (45° 20‘ N 14° 19‘ E)

zu wenden.

Ansteuerung:

In Opatija gibt es prinzipiell zwei Liegemöglichkeiten. Dicht beim Stadtzentrum, unmittelbar unterhalb eines großen Hotelkomplexes liegt die Marina Admiral. Dieses Hotel dient auch, stufenförmig, zwölfgeschossig hochgebaut, als weithin sichtbare Ansteuerungshilfe.

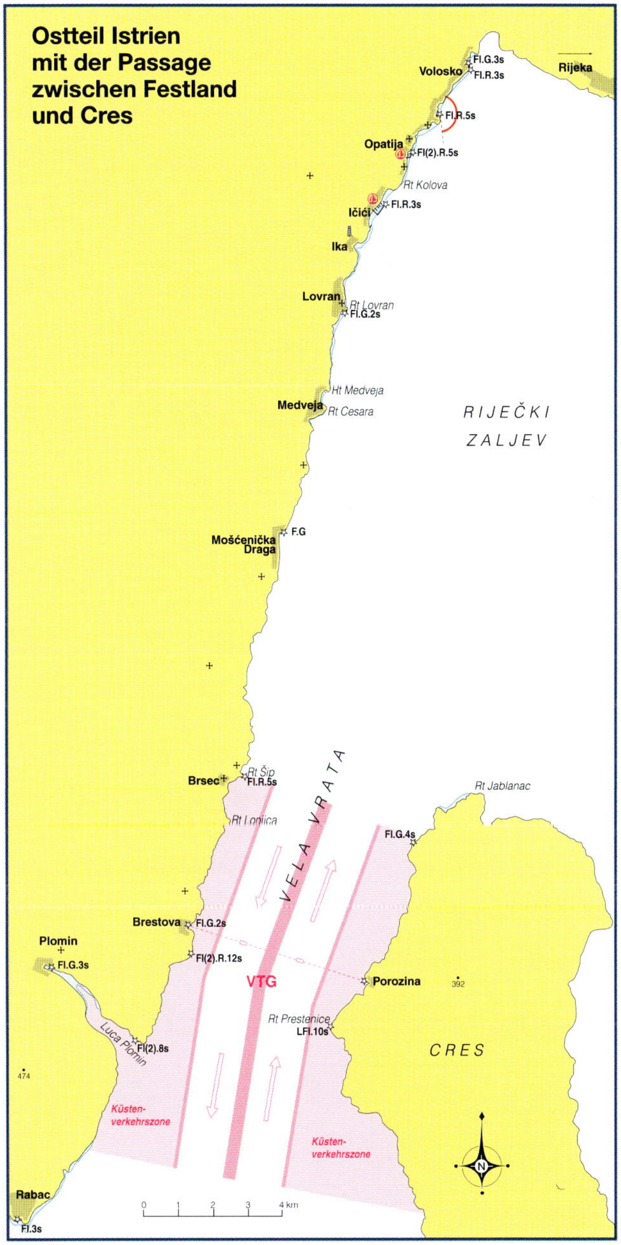

Liegeplätze:

Die Marina bietet 160 Liegeplätze für Yachten jeder Größe. In der Regel dürfte es aber schwer fallen, einen Liegeplatz zu bekommen, da der Hafen in erster Linie für motorisierte Runabouts der Hotelgäste gedacht ist.

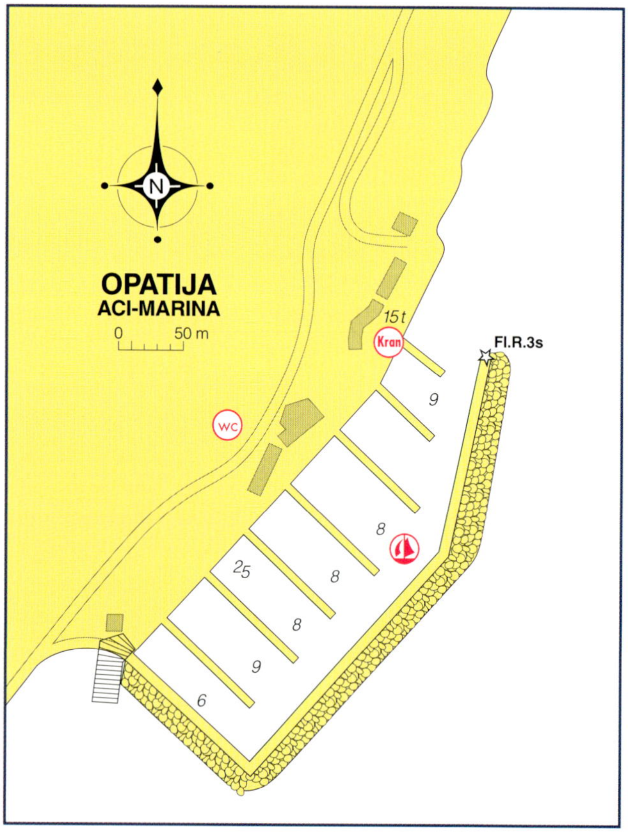

Einfacher ist es, in der ACI-Marina Opatija etwa 1 Meile südwestlich des Zentrums der Stadt einen Liegeplatz zu finden. Die dortige Marina ist neu und modern und bietet 360 Liegeplätze für Yachten jeder Größe.

Versorgung:

Die Versorgungsmöglichkeiten in der Marina sind gut. Aber Vorsicht! Erstaunlicherweise wird man auch hier keine Tankstelle finden können. Die Marina scheint so etwas wie der In-Treff der Rijeka-Schickeria zu sein, entsprechend hoch liegt das Preisniveau.

Touristik:

Nach Opatija hinein kommt man nur über die stark befahrene Küstenstraße – ein nicht sehr angenehmer Spaziergang.

Der Ort wurde schon 1889 zum Kurort ernannt und man sieht den Häusern aus der Gründerzeit an, dass damals nur gut situierte Persönlichkeiten hier kurten. Zwar sind moderne Betonbettenburgen in der Zwischenzeit gebaut worden, aber bei küstennaher Fahrt kann man noch an der einen oder anderen Stelle Villen aus der Gründerzeit und Hotels aus jenen Tagen sehen, und man kann sich gut vorstellen, dass das milde Klima insbesondere Wiener Hofkreise schon frühzeitig

Marina Admiral

Hotel in Opatija

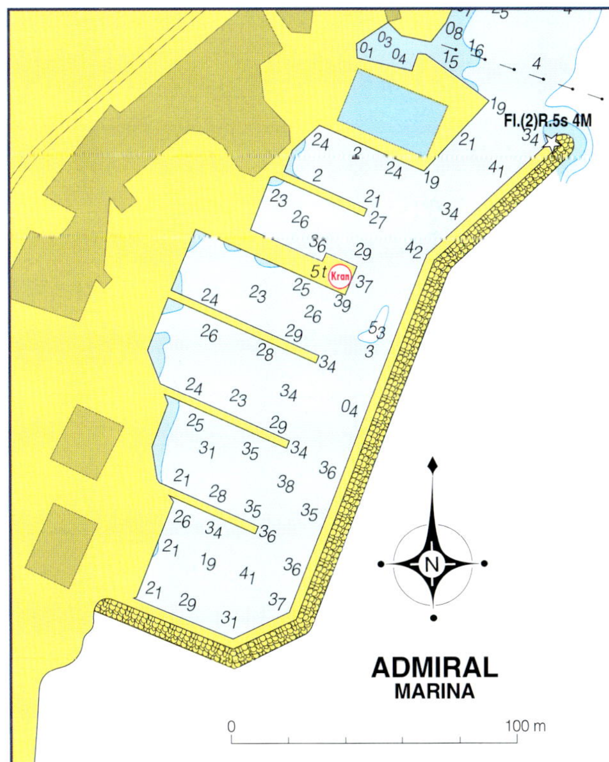

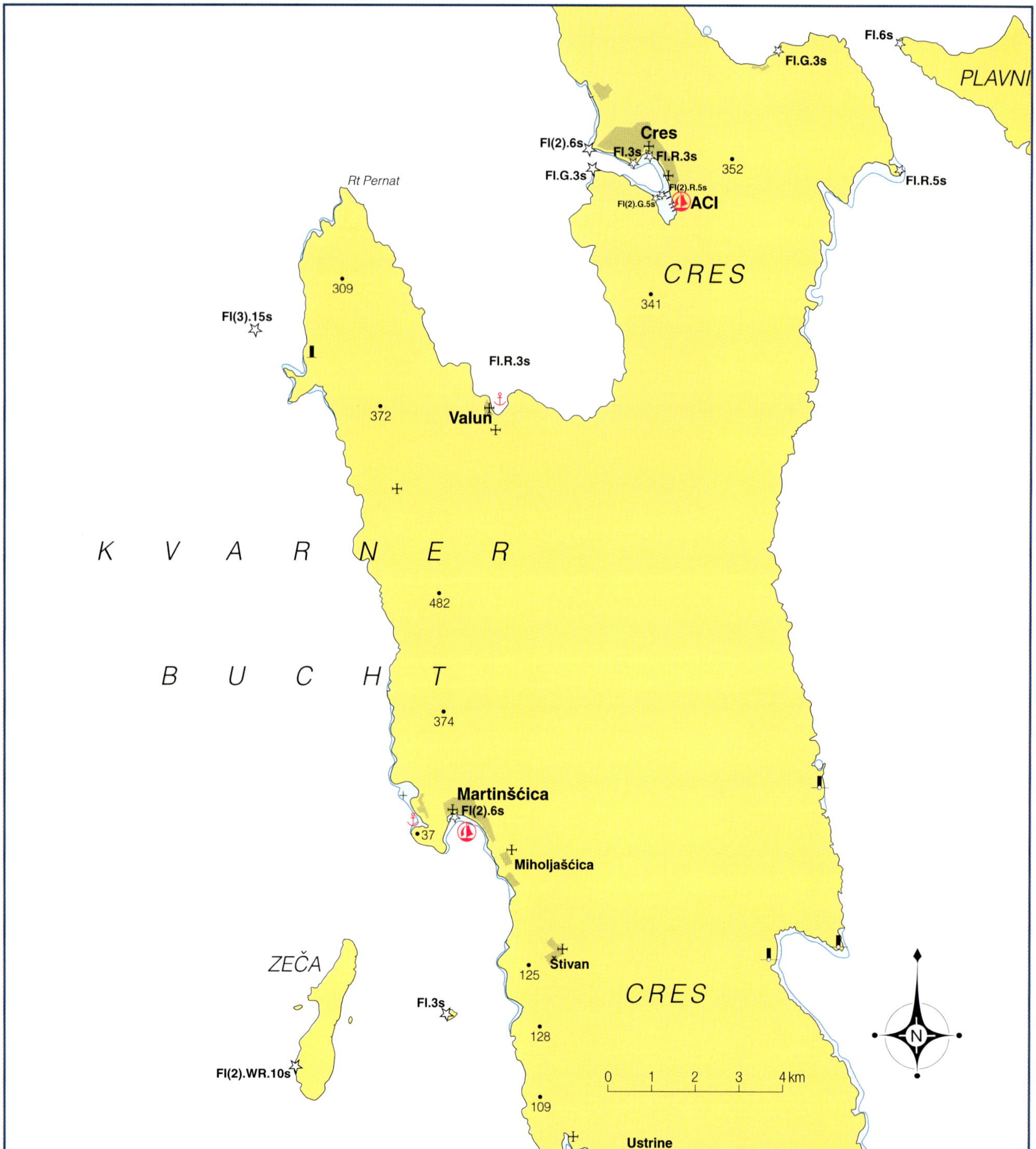
Fl.6s
Fl.G.3s
PLAVNI
Cres
Fl(2).6s
Fl.3s
Fl.R.3s
352
Fl.G.3s
Fl.R.5s
Rt Pernat
Fl(2).R.5s
Fl(2).G.5s
ACI
CRES
309
341
Fl(3).15s
Fl.R.3s
372
Valun
K V A R N E R
B U C H T
482
374
Martinšćica
Fl(2).6s
37
Miholjašćica
ZEČA
Štivan
125
CRES
Fl.3s
128
Fl(2).WR.10s
0 1 2 3 4 km
N
109
Ustrine

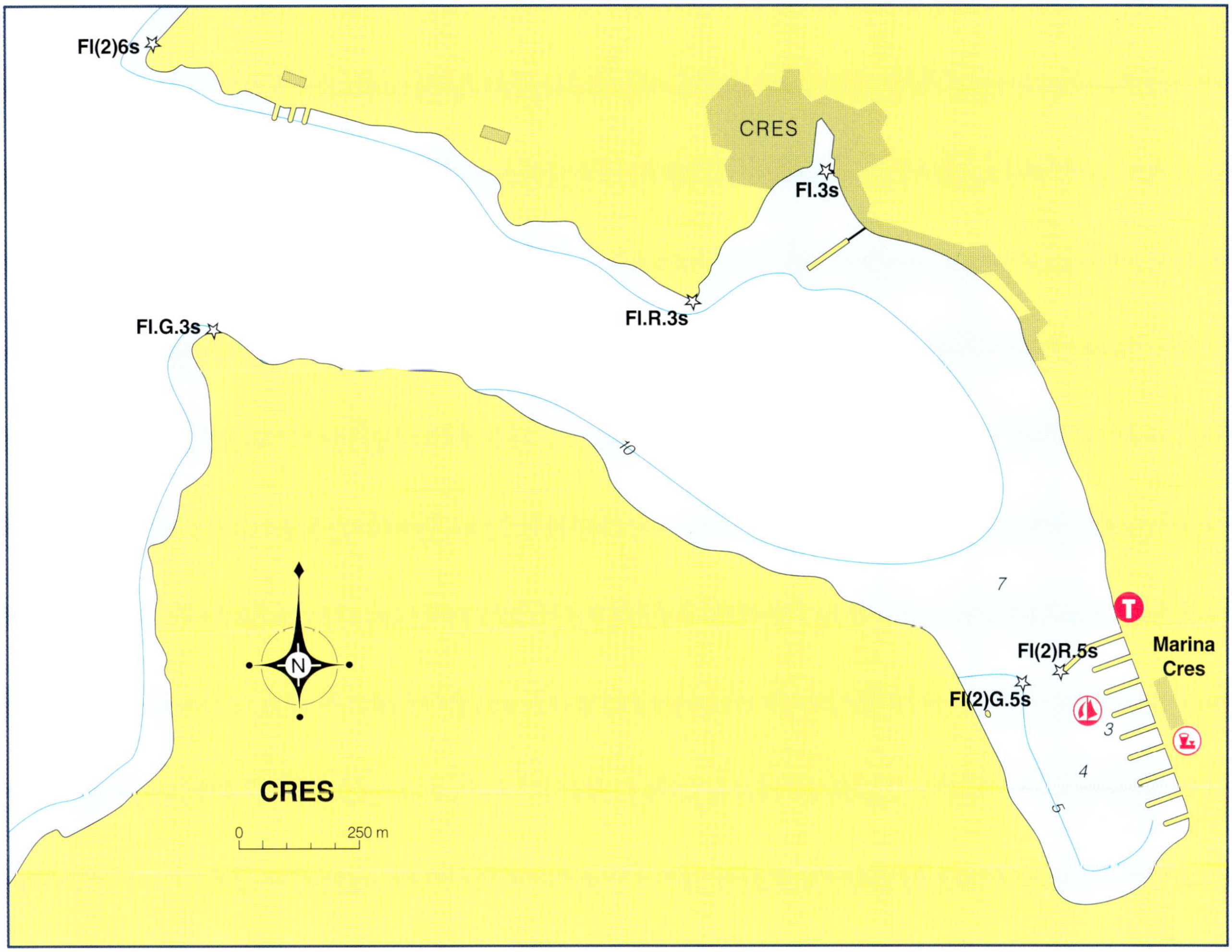

anzog. Das üppige Grün mit exotischen Pflanzen in vielen Gärten dieser klassischen Häuser kann man bei küstennaher Fahrt auch relativ gut vom Wasser aus beobachten, ohne sich in den Trubel des modernen Massentourismus an Land stürzen zu müssen.

Hält man sich von Opatija aus südwärts, gelangt man nach rund 10 Seemeilen an die Engstelle zwischen der Halbinsel Istrien, deren steile Bergflanken hier fast 1.000 m zum Meer hin abfallen, und der Insel Cres. An dieser Engstelle sieht man auch ein Fährschiff zwischen Porozina und Brestova emsig hin- und hereilen.

Von hier bis zur Einfahrt des Hafens

Cres (44° 57‘ N 14° 19‘ E)

sind es weitere 12 Meilen südsüdöstlicher Kurs. Grün mit Macchie und niedrigen Bäumen bewachsen, präsentiert sich Cres von seiner schönsten und unberührtesten Seite. Welch ein Kontrast zu den hässlichen Industriekomplexen rund um Rijeka.
An der Engstelle des Passes sehen wir auf Cres das Leuchtfeuer von Prestenice, ein kleiner, gedrungener Turm aufgesetzt auf ein stämmiges Gebäude, das eher wie ein Wohnhaus denn wie ein Leuchtfeuer wirkt.

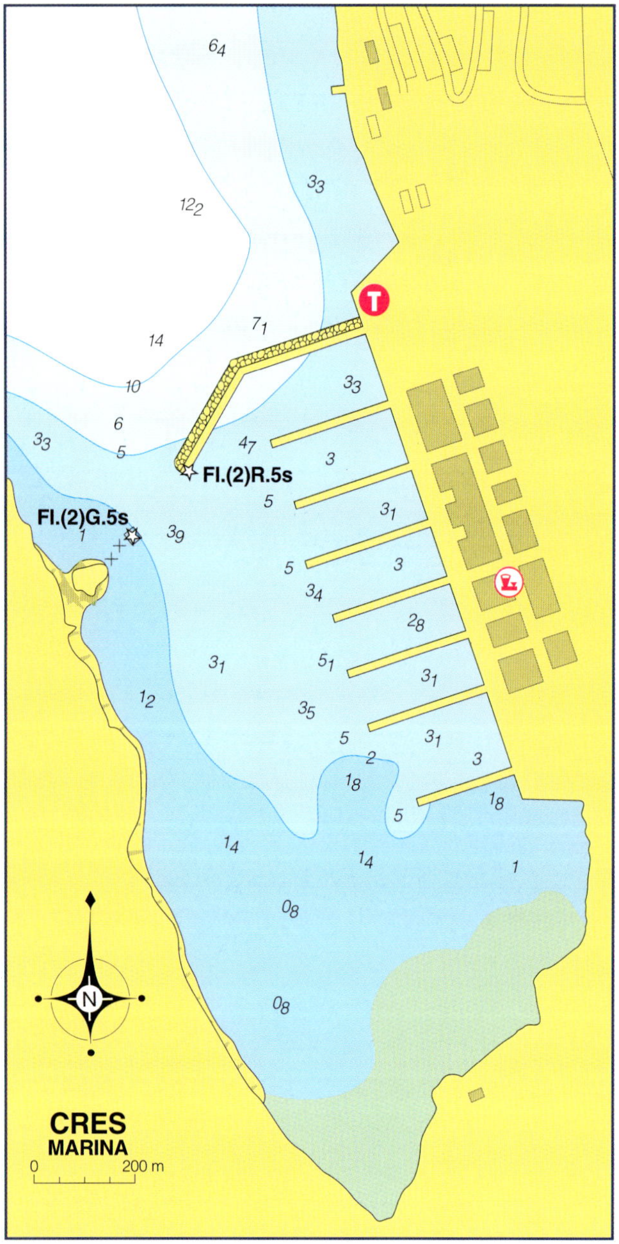

Prestenica

Ansteuerung:
Die Einfahrt zum Ort Cres auf der gleichnamigen Insel ist sehr gut an einer großen roten Tonne (nachts befeuert) und einem auffälligen gelben Haus auszumachen. Die Marina Cres befindet sich am äußersten Ende des rund 2 Kabellängen breiten Zufahrtskanals Luka Cres. Um jeder denkmöglichen Grundberührung aus dem Weg zu gehen, empfiehlt es sich, den Kanal mittig zu passieren. Die Marina befindet sich etwa 0,5 km südöstlich des Ortes. Die Einfahrt zum Yachthafen ist betonnt. Man laufe durch die Betonnung direkt in die Marina und suche sich einen freien Platz an einem Steg.

Liegeplätze:
Es empfiehlt sich nicht, an der Außenseite des Wellenbrechers festzumachen, um sich einen Platz zuweisen zu lassen. An dieser Stelle steht oft unangenehm kabbelige See. Es ist viel einfacher, sich einen freien Liegeplatz zu suchen und sich eventuell danach innerhalb des Hafens auf einen anderen Platz zu verholen, als zuvor an der Außenmole festzumachen.

Ganz am Ende beginnt die Lagune übrigens, recht schnell sehr seicht zu werden. Daher empfiehlt es sich, sich möglichst dicht an den Steganlagen zu halten.

Der Ort Cres hat zwar auch einen Stadthafen, dieser ist aber voll belegt mit einheimischen kleinen Fischerbooten. Er empfiehlt sich der durchreisenden Yacht nicht.

Versorgung:
Die Versorgungsmöglichkeiten in der Marina sind gut. Insbesondere der Lebensmittelladen glänzt durch eine ordentliche Auswahl. Selbst Schiffsbedarf ist – in der Gegend eher die Ausnahme – zu bekommen. Wichtig zu bemerken ist – es gibt vor der Außenmole eine Tankstelle.

Touristik:

Von der Marina aus kann man einen schönen Spaziergang entlang der Wasserfront hin zum ungefähr einen Kilometer entfernten Ort Cres machen. Unauffällig, nach wenigen 100 Metern auf der rechten Seite, sehen wir das Benediktinerkloster,

Cres – Fischerhafen

Sveti Franjo

das für seine Ikonensammlung aus dem 15. Jahrhundert bekannt ist.
Am Ortsrand wird zunächst linker Hand das Werftgelände auffallen, in dem auch größere Küstenmotorschiffe repariert werden können.
Man kommt zunächst vorbei an dem Franziskanerkloster mit der Kirche Sveti Franjo aus dem 14. Jahrhundert. Wenige Meter weiter kann man sich nach links halten. Folgt man dieser Straße, trifft man schon kurze Zeit später auf den Südostteil des Hafenbeckens. Hübsch bemalte Patrizierhäuser schmücken das Rund des Hafens, es wirkt sehr idyllisch. Straßencafés und Restaurants reihen sich aneinander. Es ist bestimmt nicht falsch zu behaupten, dass romantisch veranlagte Menschen den Bummel durch die anheimelnden Gassen der Altstadt genießen werden. Immer wieder tut sich ein Blick auf den oberhalb des Ortes stehenden Festungsturm auf. Er zeugt eindrucksvoll von der gefahrvollen und bewegten Geschichte der Insel. Wie alle wichtigen Bauwerke von Cres stammt er aus dem 15. Jahrhundert, d. h. der Zeit, in der der Ort immer mehr seine Führungsrolle auf der Insel von Osor übernahm. Von der ehemaligen Stadtmauer sind nur oberhalb des Stadtkerns, wenn man vom Hafenbecken die „Haupt-

Valun

Cres – Stadttor

straße“ hinaufgeht, einige Stadttorfragmente erhalten. Bis auf wenige Mauerreste wurde im 19. Jahrhundert die gesamte Stadtbefestigung geschleift.

Aus Cres mit Ostkurs auslaufend, sehen wir zur Linken die große Einbuchtung von Valun. Nach Ansicht vieler ist Valun der schönste Ferienort, den man auf Cres finden kann. Nun denn – eine vernünftige Anlegemöglichkeit für Sportschiffer hat er jedenfalls nicht zu bieten.

Nachdem man das Kap Pernat (Cres) erreicht hat, kann man Kurs auf die Südspitze Istriens absetzen (Distanz etwa 20 sm).

Der unmittelbar gegenüberliegende fjordartige Einschnitt, der auf der Karte so verheißungsvoll wirkt, ist in der Realität von Industrieanlagen besiedelt und alles andere als romantisch – auch wenn der Blick auf die Seekarte etwas anderes suggeriert.

Kurz bevor man die istrische Südspitze erreicht, kann man in einem verwundenen Wasserarm an Steuerbord die Marina

Pomer (44° 49‘ N 13° 54‘ E)

anlaufen.

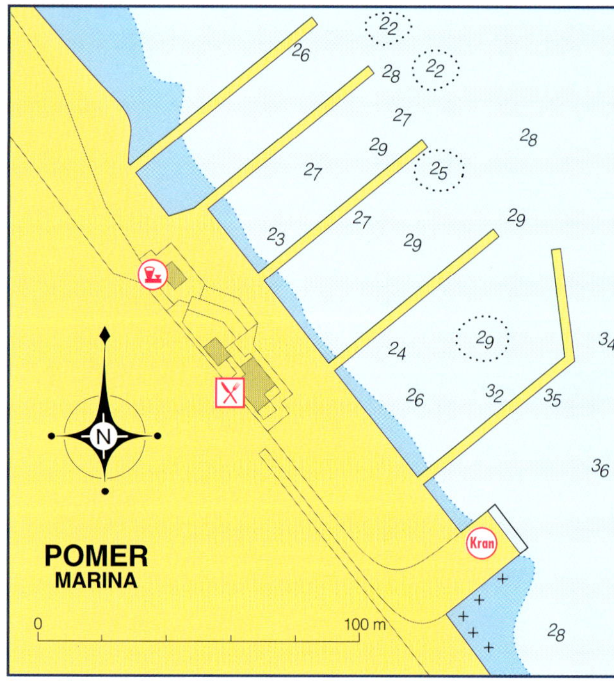

Ansteuerung:

Wegen der vielen vorgelagerten Inselchen und Klippen ist es ratsam, zwischen den Inseln Bodulas und Ceja im weißen Bereich des Feuers auf der Huk von Munat (Fl.WR.2s 7sm) einzulaufen. Dieses Feuer markiert die Einfahrt zu der inneren Bucht von Medulin. Untiefen und Gefahrenstellen liegen jedenfalls alle innerhalb der 5-Meter-Linie. Man steuert solange

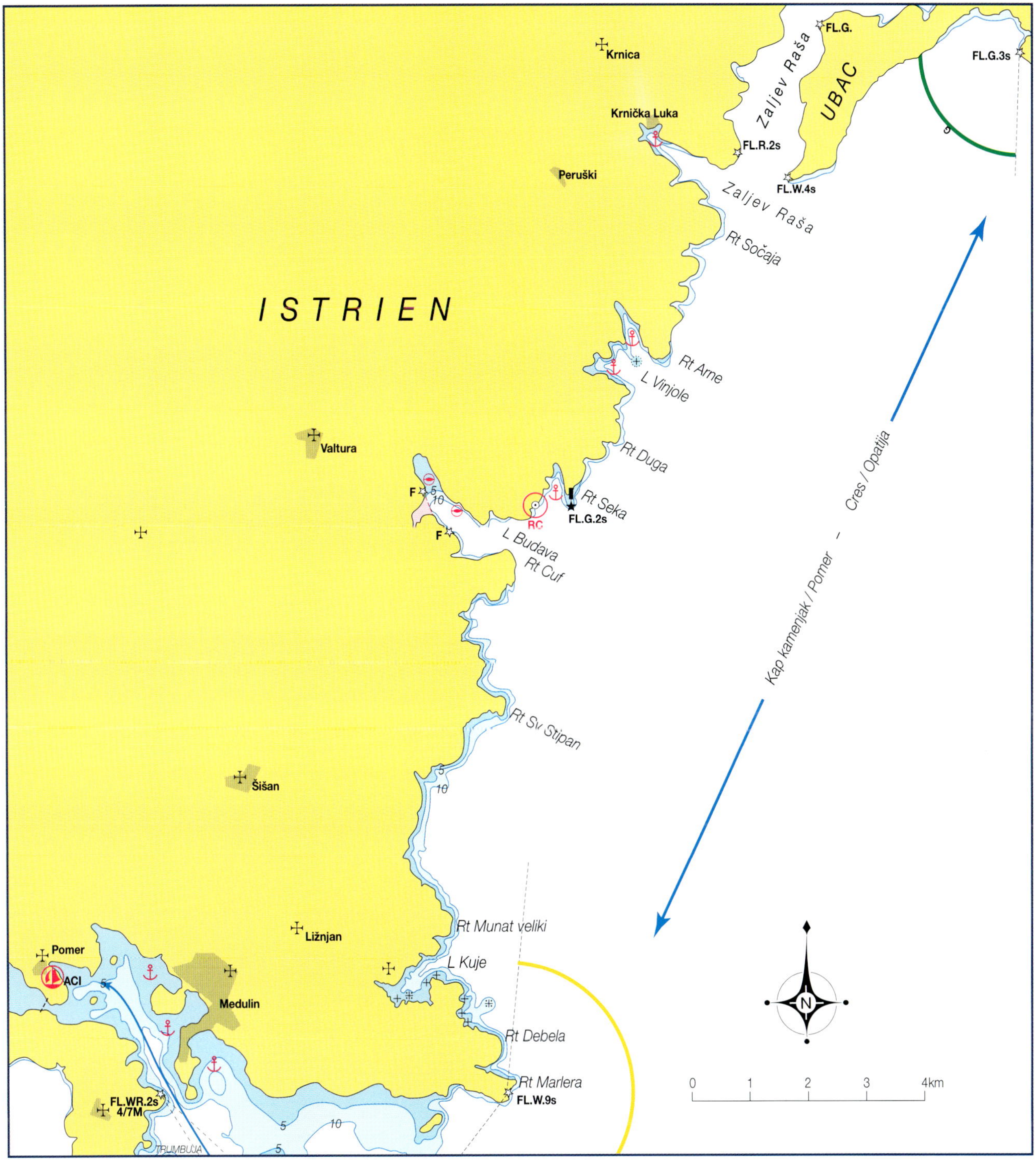
ISTRIEN
Krnica
Krnička Luka
Peruški
Zaljev Raša
UBAC
FL.G.
FL.G.3s
FL.R.2s
FL.W.4s
Zaljev Raša
Rt Sočaja
Rt Arne
L Vinjole
Valtura
Rt Duga
Rt Seka
FL.G.2s
RC
F
F
L Budava
Rt Cuf
Kap kamenjak / Pomer – Cres / Opatija
Rt Sv Stipan
Šišan
Ližnjan
Rt Munat veliki
L Kuje
Pomer
ACI
Medulin
Rt Debela
Rt Marlera
FL.W.9s
FL.WR.2s
4/7M
TRUMBUJA
0
1
2
3
4km
N

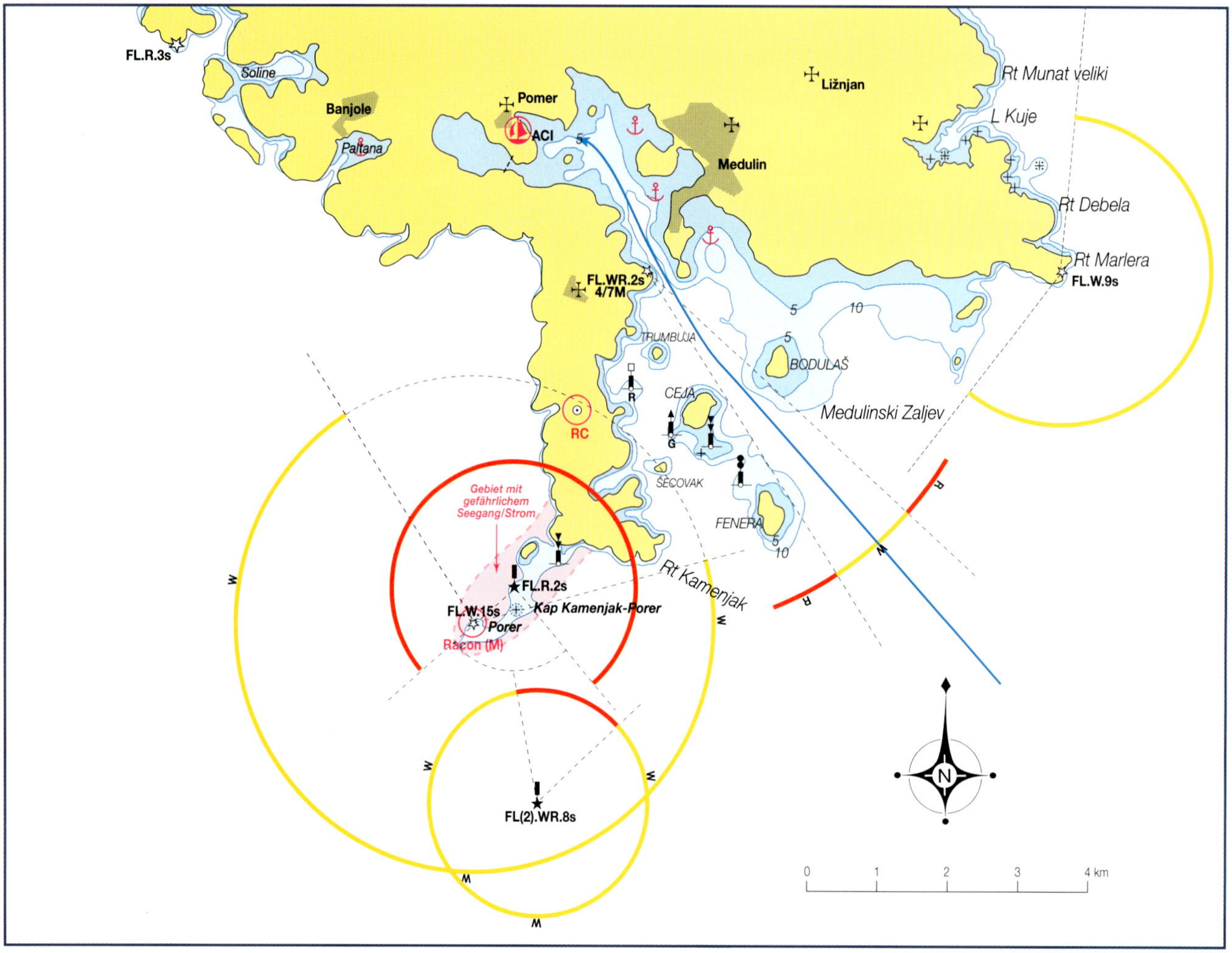

Nordnordost, bis auf der Backbordseite querab Einzelheiten der Marina Pomer deutlich in Sicht kommen. In der Einsteuerung zur Bucht von Medulin muss man auf Gezeitenströmungen gefasst sein, die im Bereich der Einfahrt bis zu 3 kn betragen können. Wegen der vielen vorgelagerten Inseln und möglicherweise unkalkulierbaren Strömungen empfiehlt sich eine Nachtansteuerung nur, wenn man das Revier genau kennt.

Liegeplätze:

Bora und Yugo können kräftig über den gesamten Bereich der Bucht herfallen. Hohen Seegang wird man aber nicht erleben, dazu ist die Windwirkstrecke in der Lagune einfach zu kurz. Die Marina bietet 250 Yachten jeder Größe Liegeraum. Da die Ma-

Die Insel Fenera wird beim Einlaufen nach Pomer an Steuerbord passiert – im Hintergrund die Enge bei Kap Munat

Medulinski Zaljev – Einfahrt

rinaaußenseite zur Bucht hin offen ist, muss man aber damit rechnen, dass bei starkem Yugo oder bei starker Bora Schwell vom offenen Meer in die Bucht und damit auch in die Marina hineinläuft. Dann wird das Liegen ungemütlich.

Versorgung:

Die Versorgungsmöglichkeiten sind eher bescheiden. Es gibt zwar einen kleinen Laden in der Marina, aber mit beschränktem Angebot. Der Ort Pomer ist für die Versorgung auch nicht gerade ideal, da er zu weit weg liegt.

Touristik:

Die Umgebung der Marina wirkt recht flach und ist sicher nur für denjenigen geeignet, der so etwas wie vollkommene Abgeschiedenheit sucht.

Rätselhafte Schrifttafeln – Die glagolitische Schrift

An vielen Stellen der Kvarner Bucht hat man Steintafeln mit einer merkwürdigen Beschriftung gefunden. Die Tafel von Baška zählt mit zu den ältesten und bedeutendsten Zeugnissen in der so genannten glagolitischen Schrift. Datiert wird diese Tafel ins 12. Jahrhundert. Angeblich wird in ihr die Landschenkung des kroatischen Königs Zvonimir an eine Abtei bei Baška dargestellt. Das wertvolle Original der Tafel lagert allerdings in der Akademie der Wissenschaften und Künste in Zagreb. Was hat es nun mit dieser geheimnisvollen Schrift auf sich?

Die jahrhundertelange Fremdherrschaft führte auf vielen Inseln, so auch auf Cres, zu einer geistigen Widerstandsbewegung. Die Christianisierung und die mit ihr einhergehende Latinisierung der Amtssprache schritten voran. Die christlichen Bücher wurden aber von den bekannten Aposteln Kyrill und Method in eine den Slawen verständliche Sprache übersetzt. Hierfür wurde eigens eine Schrift entwickelt, die dem Kyrillischen, das heute noch in Russland gebräuchlich ist, ähnelt, die so genannte glagolitische Schrift. Wie sie genau in den Raum der Nordadria gelangte, ist auch heute noch unter Historikern umstritten. Vielerorts wurde sie der Kirchensprache Latein vorgezogen und geriet so in den Ruch des Widerstands gegen die römische Amtskirche. Nachdem Papst Innozenz IV. noch 1052 unter dem Druck der ortsansässigen Priesterschaft erlaubte, das Glagolitische in der Heiligen Messe zu benutzen, machte man wenig später in Rom eine Kehrtwende.
Im Jahre 1060 verbot der römische Klerus die Benutzung der glagolitischen Schrift. Sie wurde aber gerade auf Cres noch bis ins 19. Jahrhundert hinein mehr oder weniger heimlich gepflegt. Daher kann man die glagolitische Schrift heute noch als sinnstiftendes Element einer kroatischen Nationalstaatlichkeit begreifen, auch wenn sie im liturgischen Kirchenalltag nicht mehr vorkommt.

ITALIEN
SLOWENIEN
KROATIEN
Lignano
Trieste
Koper
Umag
Novigrad
Porec
Limski Zaljev
Rovinj
Veli Brijuni
Pula
Pomer
Opatija
Rijeka
KRK
Punat
Cres
CRES
Kvarner Bucht
RAB
Rab
UNIJE
LOSINJ
Mali Losinj
PAG
Pag
OLIB
PREMUDA
IST
MOLAT
UGLJAN
Zadar
DUGI OTOK
PASMAN
Biograd
KORNAT
MURTER
Sibenik
ZIRJE
Gebiet 2
Trogir
Split
Omis
SOLTA
Milna
BRAC
Bol
Makarska
SV.KLEMENT
Stari Grad
Hvar
HVAR
Gradac
Ploce
VIS
Vela Luka
PELJESAC
Orebic
Korcula
KORCULA
Ston
SUSAC
LASTOVO
MLJET
SIPAN
Dubrovnik
Cavtat
Ancona
S. Benedetto
Pescara
Ortona
Vasto
Pianosa
I. Tremiti
Vieste

2. Norddalmatien – von Biograd bis Split

Zwischen den großen Hafenstädten Zadar und Split erstreckt sich die Küste von Norddalmatien. Die von Norden kommend beherrschende Gebirgskulisse weicht ins Hinterland zurück. Dicht ans Wasser heran ist das Land flach und wenig gegliedert.

Positiv daran ist auf jeden Fall, dass es in diesem Seegebiet nicht die berüchtigten Borapforten gibt, die wie zum Beispiel vor Senj das Segeln problematisch machen können. Das soll natürlich nicht heißen, dass es in diesem Bereich nicht auch hart wehen kann, aber eben nicht so oft und so vernichtend hart. Während in der Kvarner Bucht ein Gewirr von Inseln und das weit vorspringende Istrien zum Teil richtige Binnenbedingungen schaffen, ist das Seerevier Norddalmatiens spürbar weiter, was den Landschaftseindruck betrifft. Man bekommt ein anderes Segelgefühl, weil man mitunter auch auf freiem Seeraum lange Schläge machen kann und sich zu keiner Zeit auf dem Wasser beengt fühlt. Vom Blick auf die Karte wird dieser Eindruck unterstützt. Die am weitesten draußen liegenden Inseln wie zum Beispiel Vis und Sušac, darf man noch zum Südbereich dieses Reviers zählen. Sušac zum Beispiel strahlt eine Weltabgeschiedenheit aus, wie man sie sonst vielleicht noch in den hohen Breiten Nordeuropas erwarten würde, niemals jedoch in so bekannten und besuchten Gefilden wie der Adria. Nichts als Landschaft, Meer und schreiende Seevögel.

Die Dichte an Sportboothäfen lässt hingegen, verglichen mit der Kvarner Bucht ein wenig nach, erscheint aber durchaus hinreichend, um entspanntes Daysailing zu ermöglichen. Aprospos Daysailing: Auch in diesem Gebiet gilt, wie weiter nördlich, dass von nächtlichen Törns dringend abgeraten werden muss. Die Menge an gefährlichen Untiefen und Klippen ist doch recht groß und die Befeuerung gerade von kleineren Untiefen lässt zu wünschen übrig. Ganz abgesehen davon, dass Fischernetzte nie – Fischerboote selten – befeuert sind und gerade in der beginnenden Dunkelheit die kroatischen Feierabendfischer intensiv auf dem Wasser unterwegs sind. Auf der anderen Seite beginnt es auf dem Wasser, was den Bootstourismus betrifft, ein wenig einsamer zu werden. Das gilt auf jeden Fall für die Vor- und Nachsaison. In den klassischen Ferienmonaten Juli und August darf man aber keine Wunder erwarten. Hat man im Juni oder Ende September ganze Ankerbuchten für sich allein, liegen in derselben Bucht im August eben fünf andere Yachten. Auch in Norddalmatien gibt es

Östliche Ausläufer der Kornaten

eine Reihe kleiner Inseln, die sich von ihren Schwestern weiter im Norden nicht wesentlich unterscheiden. Sie wirken in etwa so wie die Inseln der äußeren Inselkette vor der Kvarner Bucht. Sie sind also zumeist bewaldet oder zumindest mit dichter grüner Macchie bewachsen. Keinesfalls strahlen sie den borage-beutelten herben Charme von so leergefegten Inseln wie Pag wider, sondern vermitteln eher den lieblichen Eindruck eines Eilands wie Lošinj. Lediglich das Inselgewirr der Kornaten sticht von diesem Eindruck deutlich ab. Inselgewirr ist eigentlich auch nicht richtig. Ein Blick auf die Karte genügt, um zu sehen, dass die Kornaten aus zwei in Nordwest-/Südostrichtung verlaufenden Gebirgsketten besteht. Wobei die lang gestreckte Insel Kornat, die dem ganzen Archipel den Namen gegeben hat, wie ein gigantischer Riegel die weiter in der Adria liegende Inselkette vom Festland abschirmt. Beim Blick auf die Karte erscheint alles ziemlich geordnet, wie anders ist aber der tatsächliche Landschaftseindruck, hat man den Archipel erst mit dem Boot erreicht! Im Gegensatz zu den übrigen Inseln weiter zum Festland hin wirken die Kornaten kahl, streng und abweisend. In fast uniformer Weise liegt Insel an Insel und Klippe an Klippe. Manche dieser Inseln sind nicht größer als vielleicht ein Fußballfeld oder sogar weniger, begrünt von niedrigem Gesträuch und manchmal gekrönt von krüppeligem Gehölz. Navigation wird hier entgegen dem Karteneindruck zu einer sehr ernsten Angelegenheit, weil einfach characteristische Unterscheidungsmerkmale, an denen sich das Auge festhalten könnte, fehlen. Gleichwohl ist der Landschaftseindruck einmalig. Zugleich versteht man auch, warum die Inselgruppe so reich an Legenden und zum Teil verklärenden Geschichten ist. Hier lebten seit alters her nur Hirten mit ihren Weidetieren – und das auch in der Regel nur im Sommer. Vermutlich dürfte die kahle Landschaft auch den Weidetieren oder besser gesagt der starken Überweidung zu verdanken sein und nicht so sehr der Bora. Dieser Wind kann sich in den Kornaten längst nicht mehr so austoben wie nahe der inneren Küstenlinie. Die Festlandsküste Norddalmatiens ist weit weniger spektakulär, verglichen mit den vorgelagerten Inseln. Es finden sich hier so bedeutende Seehäfen wie Šibenik oder das alte Trogir. In der Altstadt dieses malerischen Ortes lässt sich sehr schön das Eintauchen in ein geschlossenes, fast mittelalterlich anmutendes Städtchen genießen. Daneben liegen an der Küste des Festlandes naturgemäß alle die Bootshäfen, in denen Schiffe längere Zeit alleingelassen werden können, wie zum Beispiel in dem bekannten Segelzentrum von Rogoznica. Verkehrtechnisch gesehen sind diese Häfen dank der viel befahrenen Küstenstrasse leicht zu erreichen. Am südlichen Rand Norddalmatiens gelangt man endlich nach Split, jener belebten modernen Metropole mit ihrem geschäftigen Fährhafen und

Blick auf Trogir

den belebten Einkaufsstraßen inmitten des antiken Diokletianpalastes. Ein einzigartiges Kulturdenkmal, dass wegen seiner aktuellen Einbeziehung in das pulsierende Wirtschaftsleben der Stadt aber keineswegs museal wirkt.

Bucht von Stomorska

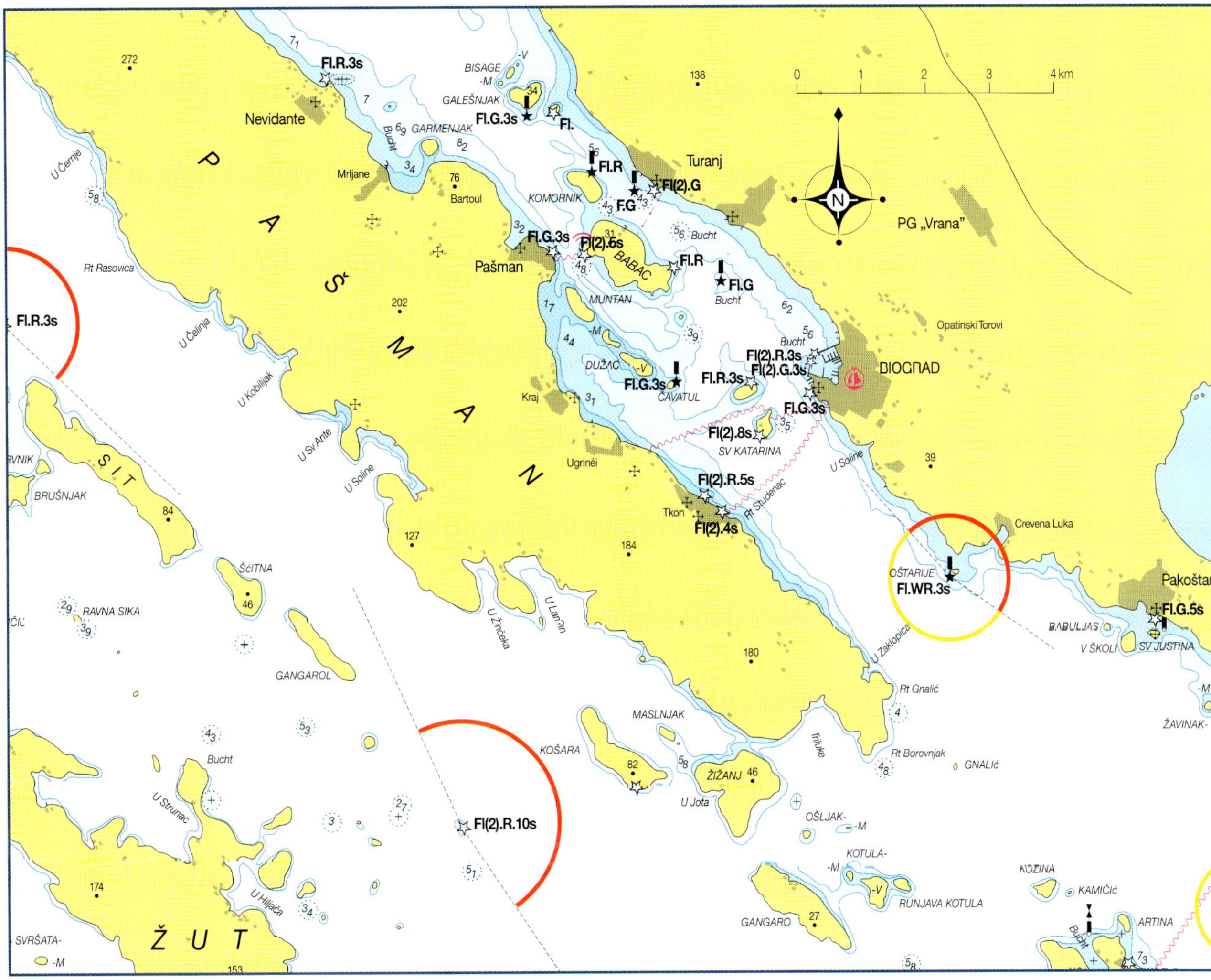

Biograd (43° 56‘ N 015° 26‘ E)

Ansteuerung:

Am Südeingang des Kanals von Pasman liegt die Stadt auf einem Felsvorsprung. Nordwestlich und südöstlich des Felsvorsprungs bildete sich eine natürliche Einbuchtung, die für Hafenbauten genutzt wurde. Die für durchreisende Boote eindeutig wichtigere Hafenanlage ist im Nordwesten der Stadt entstanden, die Marina Kornati. Der kleine Sportboothafen südöstlich der Altstadt ist nur für kleine, flachgehende Motorboote konzipiert und eigentlich den Gästen des angrenzenden Hotelkomplexes vorbehalten. Bei der Ansteuerung der Marina Kornati dient die Altstadt mit ihrem markanten venezianischen Kirchturm als hilfreiche Landmarke. Von Süden kommend passiert man die Altstadt nahe bei ihrem kleinen Fährhafen, der für Sportboote uninteressant ist. Die Marina Kornati ist auch gut an ihren langen Molen und den Masten der Segelboote in der Marina auszumachen, allerdings erst, wenn man näher herangerückt ist.

Liegeplätze:

Die großflächige Marina Kornati – ihre Ausdehnung ist größer als der Kernbereich der Stadt – bietet 500 Booten praktisch je-

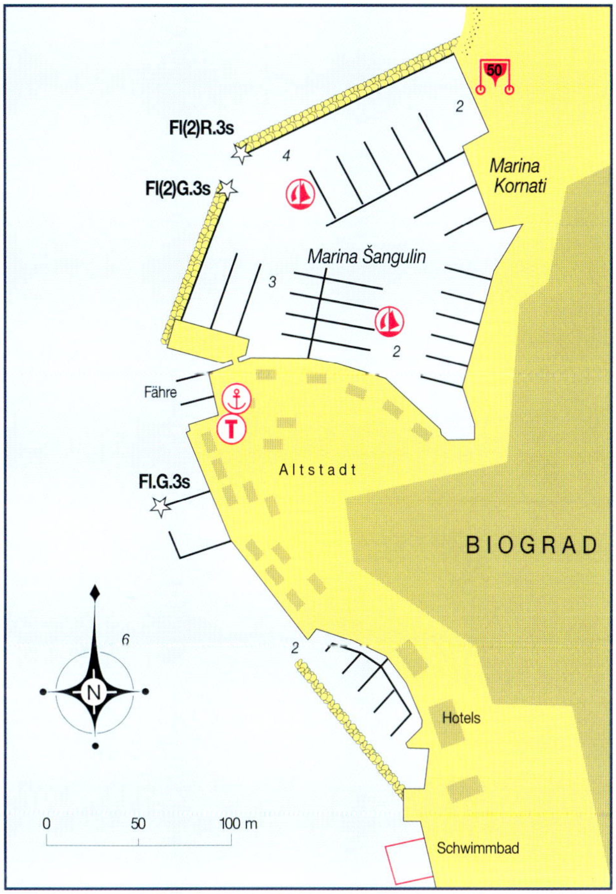

Murter (43° 49‘ N 015° 36‘ E)

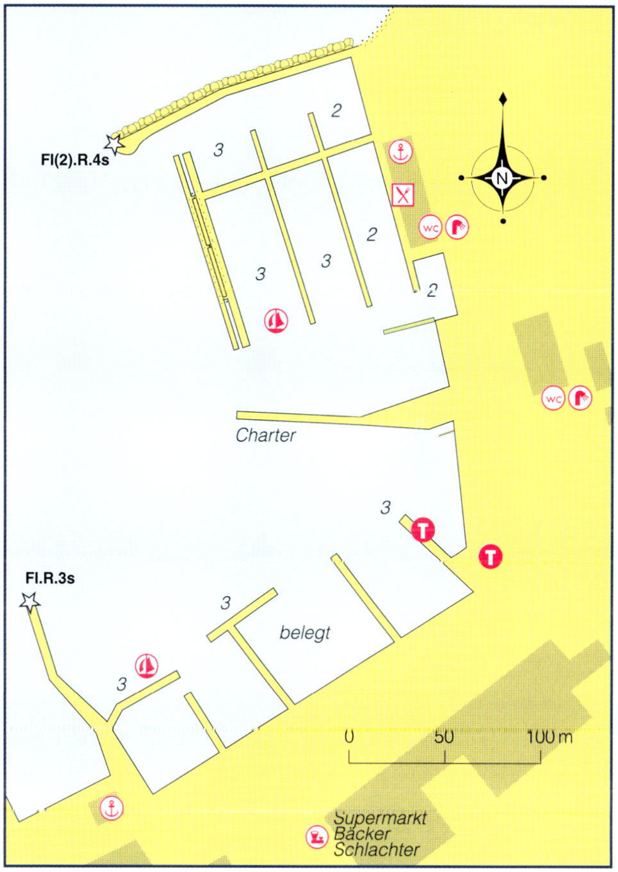

der Größe ausreichende Liegekapazität. Sie ist ein beliebter Absprunghafen für den Besuch der Kornaten und beherbergt eine Reihe von Charterbasen.

Versorgung:

Neben den üblichen Annehmlichkeiten einer modernen Marina bietet der nahegelegene Ort alle Versorgungsmöglichkeiten.

Touristik:

Die Stadt ist ein beliebter Badeort mit vielen Restaurants, Souvenierläden usw. Die ehemals zahlreichen Fischer sind dem Tourismus gewichen, der eindeutig das Stadtbild prägt. Wen wundert es, dass der markant in die Adria hinausragende Felsen, auf dem heute die Altstadt steht, schon zu römischer Zeit besiedelt war und die Stadt, wie man sie heute kennt, bereits mehr als 1000 Jahre besteht.

Ansteuerungsfeuer Prsnjak

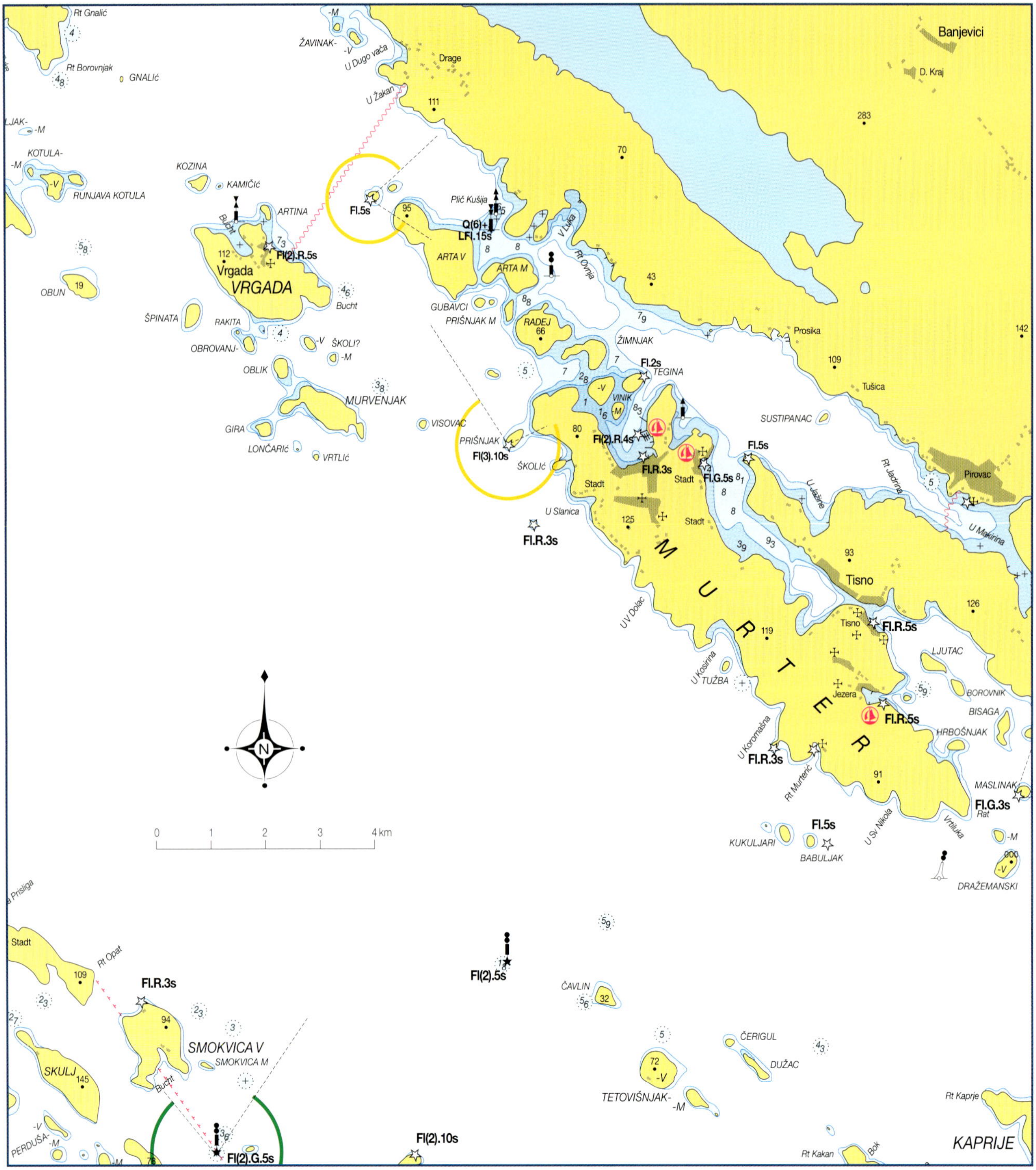
Rt Gnalić
Rt Borovnjak
GNALIĆ
ŽAVINAK-
U Dugo vača
Drage
Banjevici
D. Kraj
U Žakan
KOTULA-
RUNJAVA KOTULA
KOZINA
KAMIČIĆ
ARTINA
Fl.5s
Plič Kušija
Q(6)+LFl.15s
Fl(2).R.5s
Vrgada
VRGADA
ARTA V
ARTA M
V Luka
Rt Ovnja
OBUN
ŠPINATA
RAKITA
Bucht
GUBAVCI
PRIŠNJAK M
RADEJ
OBROVANJ-
ŠKOLI?
OBLIK
ŽIMNJAK
Prosika
Fl.2s
TEGINA
VINIK
MURVENJAK
VISOVAC
SUSTIPANAC
Tušica
GIRA
LONČARIĆ
VRTLIĆ
PRIŠNJAK
Fl(3).10s
Fl(2).R.4s
Fl.R.3s
Fl.5s
ŠKOLIĆ
Stadt
Fl.G.5s
Rt Jadrina
Pirovac
U Jažine
U Slanica
Fl.R.3s
U Makirina
MURTER
Tisno
U V Dolac
Fl.R.5s
LJUTAC
U Kosirina
TUŽBA
Jezera
BOROVNIK
BISAGA
HRBOŠNJAK
U Koromašna
Fl.R.3s
Rt Murterić
MASLINAK
Fl.G.3s
Rat
U Sv Nikola
Vrtiluka
KUKULJARI
BABULJAK
DRAŽEMANSKI
0 1 2 3 4 km
N
Prisliga
Stadt
Rt Opat
Fl.R.3s
Fl(2).5s
ČAVLIN
SMOKVICA V
SMOKVICA M
ČERIGUL
DUŽAC
SKULJ
TETOVIŠNJAK-
PERDUŠA-
Bucht
Rt Kaprje
Fl(2).G.5s
Fl(2).10s
Rt Kakan
Bok
KAPRIJE

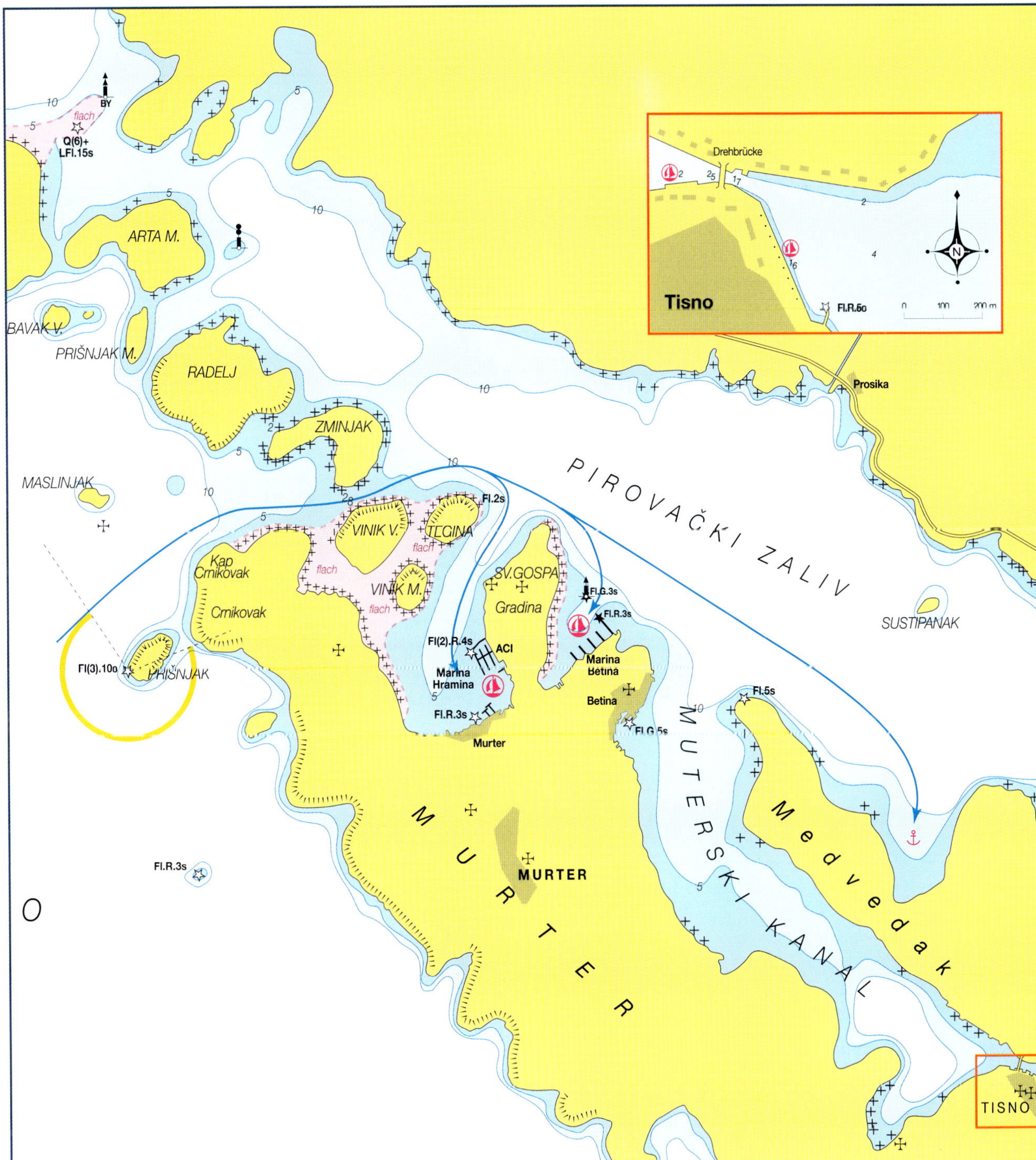
Drehbrücke
Tisno
Fl.R.6s
Prosika
PIROVAČKI ZALIV
ARTA M.
BAVAK V.
PRIŠNJAK M.
RADELJ
ZMINJAK
MASLINJAK
VINIK V.
TEGINA
VINIK M.
flach
Kap Crnikovak
Crnikovak
Fl(3).10s
PRIŠNJAK
Q(6)+ LFl.15s
BY
Fl.2s
SV.GOSPA
Gradina
Fl.G.3s
Fl.R.3s
Marina Betina
Betina
Fl(2).R.4s
ACI
Marina Hramina
Fl.R.3s
Murter
Fl.G.5s
Fl.5s
SUSTIPANAK
MUTERSKI KANAL
Medvedak
MURTER
M U R T E R
TISNO
O

Blick auf Murter durch den nicht befahrbaren Kanal

Einsteuerung in Richtung Marina Hramina

Marina Hramina

Ansteuerung:

Am Nordende der gleichnamigen Insel liegt der beschauliche Ort mit einer gut ausgestatteten Marina (Marina Hramina). Von See kommend gestaltet sich die Ansteuerung wegen der vielen vorgelagerten Inseln und Inselchen etwas schwierig. Am besten orientiert man sich von See kommend zunächst an dem markanten Leuchtfeuer Prsnjak. Sodann umrundet man die Nordspitze Murters und lässt zwei vorgelagerte Inseln Steuerbord liegen. Hat man die zweite, Pedina, gerundet, kann man auf südwestlichem Kurs die Marina Hramina direkt anliegend erreichen. Gewarnt sei ausdrücklich davor, die verlockend aussehenden Kanäle direkt nach der Nordspitze Murters zu befahren. Dies würde den Weg zur Marina zwar deutlich verkürzen, die Wassertiefen sind jedoch sehr unsicher, zum Teil beträgt die Wassertiefe in den Kanälen weniger als einen halben Meter. In der Naheinsteuerung ist die Marina selbst nicht zu verfehlen.

Liegeplätze:

Die Marina bietet an 500 Liegeplätzen Booten praktisch jeder Größenordnung guten Schutz auch vor üblen Wetterlagen. Lediglich an den äußersten Liegeplätzen kann Nordostwind die Boote unangenehm arbeiten lassen.

Im Übrigen bietet die Marina allen Komfort, den man von einem modernen Sportboothafen erwarten kann.

Versorgung:

Die Marina verfügt über einen kleinen Laden. Eine größere Auswahl hat allerdings der Supermarkt im Ort. Folgt man der Straße in den Ort, kommt man an ein auffälliges Denkmal. Dort biegt man leicht links ab bis zu einem Flaggenmast. Sodann schräg links oben an der Straße findet man den Supermarkt. Oberhalb der Querstraße befindet sich nach etwa 30 Metern auf der rechten Seite eine Bäckerei. Gegenüber wird frisches Obst und Gemüse an Marktständen verkauft. Einige nette Restaurants befinden sich oberhalb der Slips für die kleinen Fischerboote, die hier früher das Bild prägten.

Marina Jezera (43° 47‘ N 015° 39‘ E)

Von Murter nach Jezera ist es eigentlich innen herum nur ein kurzes Stück. In der Regel wird man aber außen um die Insel trotz des längeren Weges weniger Zeit benötigen. Die Brücke bei Tisno, die den Kanal von Murter überspannt, ist zwar eine bewegliche Brücke, welche die Insel Murter mit dem Festland verbindet, sie wird aber nur täglich zweimal – einmal morgens,

Einsteuerung nach Jezera – ACI-Marina

einmal am späten Nachmittag – für jeweils eine halbe Stunde geöffnet. Daher ist der Weg außen herum besser planbar. Die Marina Jezera befindet sich an der Südostseite der Insel Murter, am Ende einer tief eingeschnittenen Bucht und daher gut geschützt vor allen Winden. Bei der Einsteuerung gilt es lediglich, die auffällig vorgelagerte flache Insel an Steuerbord liegen zu lassen, danach ist die Marina gut auszumachen und die Ansteuerung problemfrei.

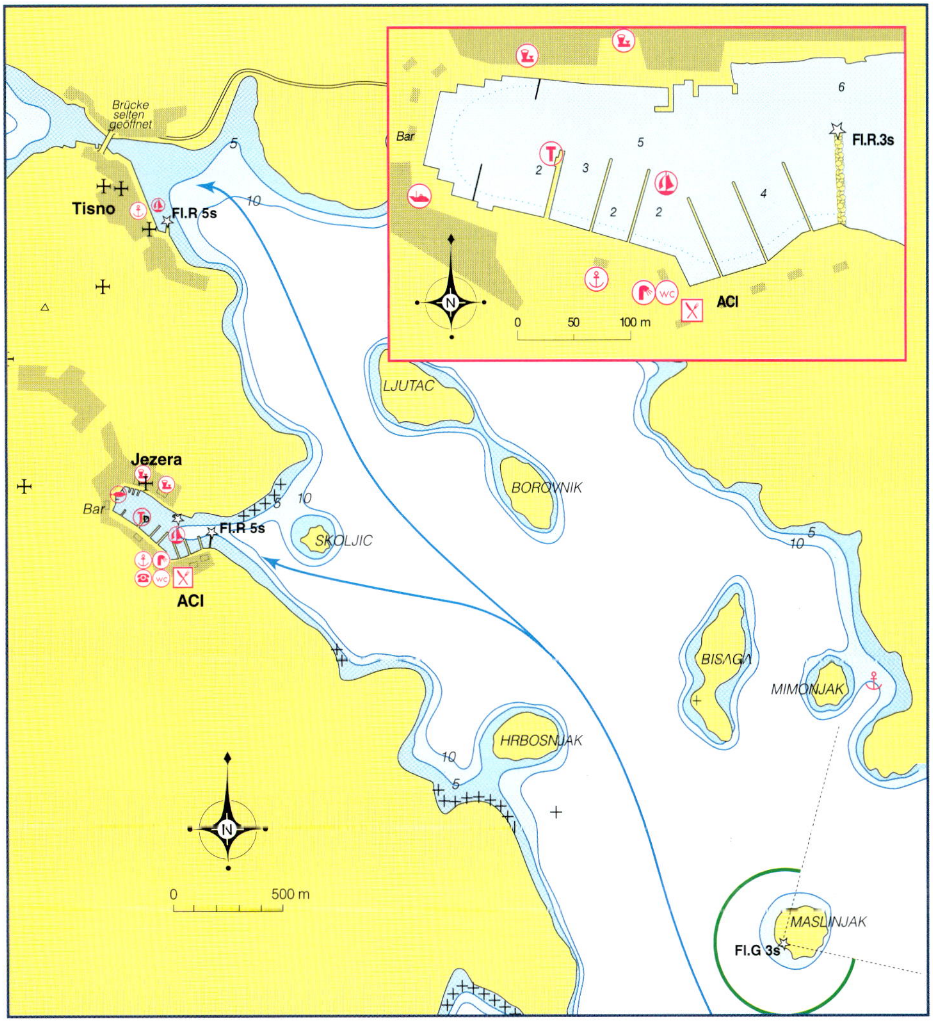

Liegeplätze:

Die ACI Marina bietet rund 250 Booten ausreichende Liegemöglichkeiten.

Versorgung:

Dem kleinen netten Ort sieht man die Prägung als ehemalige Fischersiedlung zwar an, Tourismus steht aber heute im Vordergrund. Es macht den Eindruck, als wenn Jezera ein Ausflugsort für Einheimische und weniger für Besucher wäre. Zwei kleine Supermärkte bieten ausreichende Versorgung.

Vodice (43° 45‘ N 015° 47‘ E)

Ansteuerung:

Nordwestlich des Kanals von Sibenik gelegen, präsentiert sich Vodice als lebhafter Fremdenverkehrsort mit guter Verkehrsanbindung und einer gut organisierten ACI-Marina. Die Ansteuerung ist nicht gänzlich risikofrei. Am besten orientiert man sich von fern an den roten Dächern der Altstadt, die sich direkt über dem Hafen erhebt, und dem auffälligen Kirchturm. Der Hafeneinfahrt vorgelagert ist eine gefährliche Untiefe, die zwar als Einzelgefahrenstelle gekennzeichnet ist, aber verlassen kann man sich darauf natürlich nie. Insbesondere vor der Nachtansteuerung sei gewarnt. Der Südteil des Hafenbeckens ist der Berufsschifffahrt vorbehalten und im Nordostteil hat sich die ACI-Marina etabliert.

Liegeplätze:

Die Marina ist technisch gut ausgestattet. Sie bietet über 400 Booten Liegeraum, scheint aber eher für kleinere Boote konzipiert zu sein. Die Wassertiefen, insbesondere im hinteren Bereich, sind begrenzt. Dank des Düseneffektes kann die Bora den Hafen kräftig beuteln. Aber das ist meist ein winterliches Ereignis. Im Übrigen bietet die Marina den üblichen Komfort.

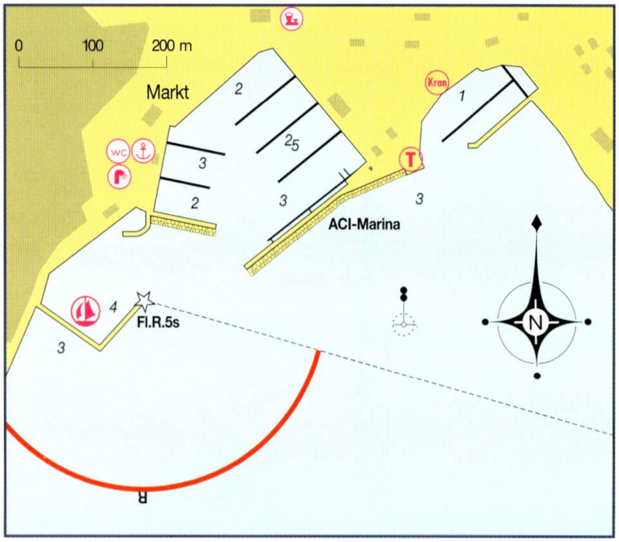

Versorgung:

In der Marina selbst findet man alle notwendigen Versorgungsmöglichkeiten. Einige Supermärkte auch nahebei in der Altstadt.

Touristik:

Vodice ist mit seinen rund 4.000 Einwohnern im Sommer das Sprungbrett vom Festland auf den Archipel. Entsprechend wirkt der neue Teil des Ortes. Hotelkomplexe mit Sportmöglichkeiten, Bademöglichkeiten, Hafenpromenade mit Restaurants und Eisdielen usw. sind im Sommer stark belebt. Lediglich in den Gassen der Altstadt geht es meist etwas ruhiger zu. Außergewöhnliches darf man hier nicht erwarten. Aber Volice lebte schon früher mehr von inneren Werten als von äußerer Prachtentfaltung. So versorgte der kleine Ort bis ins Mittelalter hinein die umliegenden Dörfer mit Wasser und verlieh somit der Stadt ihren Namen. Vodice heißt soviel wie „Wässerchen".

Kanal Sv. Ante – Einsteuerung nach Šibenik

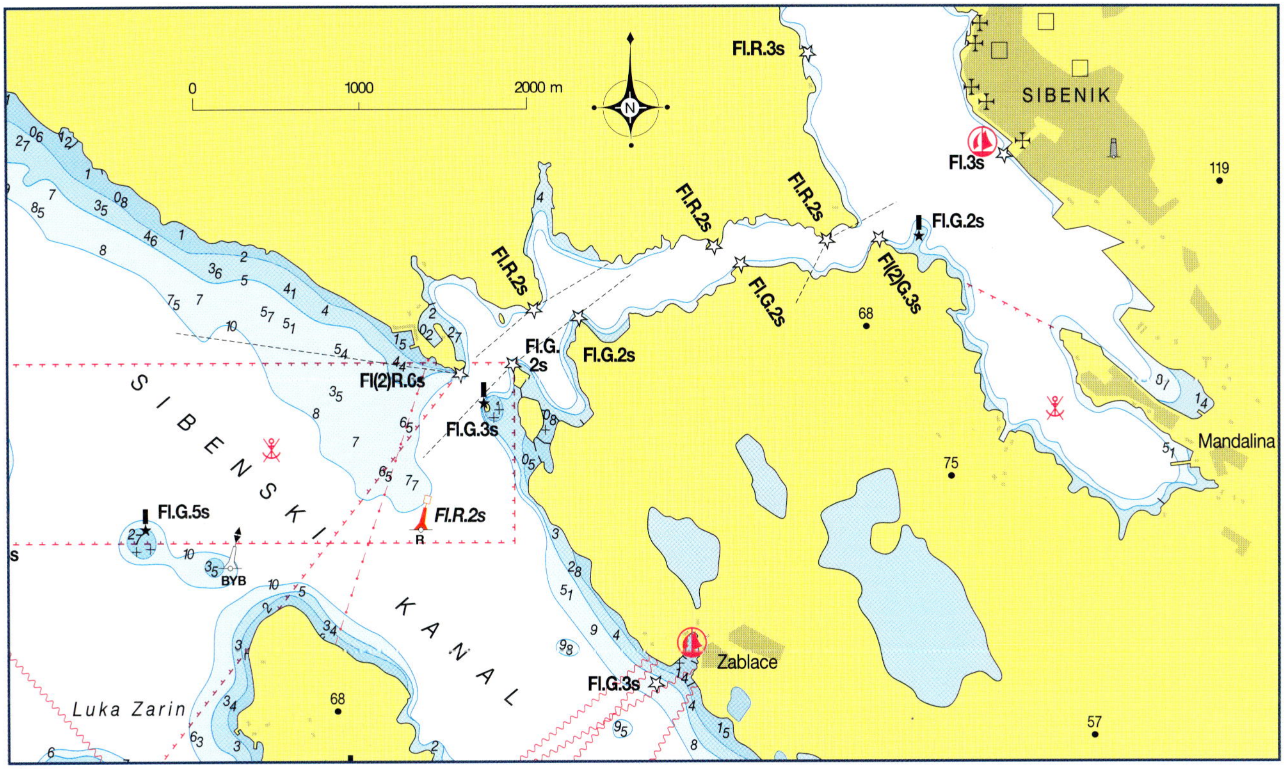

Šibenik (43° 44‘ N 015° 54‘ E)

Die Stadt ist eine der größeren Hafenorte Kroatiens. Mit ihren 150.000 Einwohnern erfüllt sie auf halber Strecke zwischen Zadar und Split wichtige regionale Funktion. Obgleich Hafenstadt ist sie jedoch nicht unmittelbar am Meer gelegen. Ein schmaler Kanal, die Mündung des Flusses Krka trennt Šibenik vom offenen Meer.

Ansteuerung:

Von See kommend ist die Einsteuerung in den Kanal von Sveti Ante gut befeuert. Die Festung Veti Nikola markiert die südliche Begrenzung der Einsteuerung. Der Kanal ist durchweg tief und auch für Seeschiffe befahrbar. Auch die Durchfahrtshöhen sind für Sportboote durchaus ausreichend. Hat man den Kanal passiert, lasse man sich von Industrie- und Hafenanlagen nicht

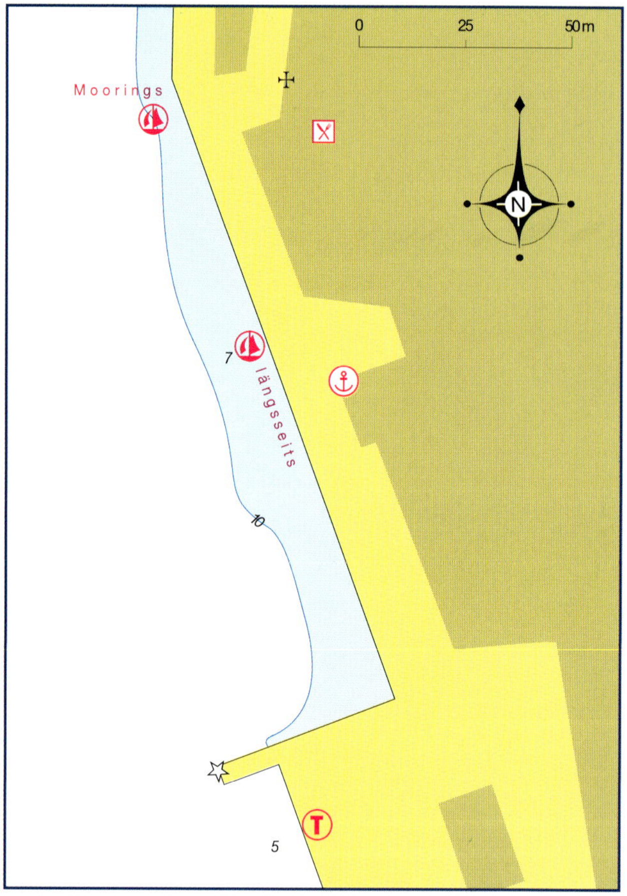

abschrecken. Unmittelbar gegenüber der Ausfahrt des Kanals binnenwärts liegt die sehenswerte Altstadt Sibeniks. Wie gesagt, handelt es sich eigentlich um die Mündung des Flusses Krka, die mit einer Strömungsgeschwindigkeit von einem halben bis eineinhalb Knoten fließt.

Liegeplätze:

Festgemacht wird am Stadtkai direkt zu Füßen der Altstadt. Leider sind die Liegemöglichkeiten nicht sehr gut. Lediglich im Südteil, dicht bei der Tankstelle, liegen einige Murings, die einem das Liegen „römisch-katholisch“ erleichtern. Ansonsten empfiehlt es sich eher, längsseits an der Kaimauer festzumachen. Gegen Winde aus dem südlichen Quadranten und aus dem westlichen Quadranten sind die Liegeplätze so gut wie ungeschützt. Da der Fluss Krka hier sehr breit ist, kann das Liegen nicht nur ungemütlich, sondern durchaus für das Boot auch gefährlich werden. Bei einer ruhigen sommerlichen Lage ist dies kein Problem.

Versorgung:

Der Ort bietet alle Einkaufsmöglichkeiten auch in der Altstadt. Viele Restaurants laden zur Einkehr ein. Lebensmittel findet man insbesondere von der Tankstellenpier aus gesehen aufwärts in die Altstadt hineingehend.

Touristik:

Die äußeren Wunden, die der Krieg der Stadt zufügte, sind zumeist verheilt. Gerade der den Altstadtkai deutlich überragende Dom mit seinem halbrunden mächtigen Hauptschiff und die hoch oben kronende Burg lohnen einen Besuch. Aber auch derjenige, der sich nur durch das Gassengewirr in der Altstadt treiben lässt, wird einen Hauch von Ursprünglichkeit erleben.

Es ist ein sehr starker Kontrast zu der übervölkerten Hafenpromenade direkt an den Liegeplätzen. Will man den Ort in einem kleinen Rundgang erleben, bewegt man sich am besten zunächst direkt vom Stadtkai zu dem alles überragenden mächtigen Bauwerk des Domes. An ihm wurde immerhin rund 100 Jahre, von 1431 bis 1505, gebaut. Die Dachkonstruktion, die auch heute noch deutlich auffällt, ist eine Meisterleistung. Ineinander verschachtelte Steinplatten überwölben ohne Stützen das Hauptschiff der Kirche, die beiden Seitenschiffe und den Kuppelbau.

Gegenüber dem Dom fällt das Rathaus im Renaissancestil auf. Gleich nebenan in der Loggia wurden Gerichtsverhandlungen und Versteigerungen durchgeführt. Ungefähr zur gleichen Zeit entstand der Rektorenpalast neben dem Dom. Darin befindet sich heute das Stadtmuseum. Von hier aus kann man durch die Kralja Tomislava quer durch die Altstadt bis zum Theater mit seinem großen Vorplatz schlendern. Hält man sich von dort wieder Richtung Fährhafen, geht man am äußeren Ring der Altstadt entlang durch hübsch angelegte Gärten und trifft auf das Franziskanerkloster rechter Hand. Von dort ist es nur ein Katzensprung hinunter zum Fähranleger. Wer den beschwerlichen Aufstieg in sommerlicher Hitze nicht scheut, kann auch die Festung Sveti Ana, die hoch nordöstlich über der Altstadt thront, besuchen. Sie diente, wie viele andere Festungen der Stadt auch, der Abwehr der türkischen Angriffe und wurde in venezianischer Zeit erbaut.

Von hier hat man einen ausgezeichneten Rundblick über die Altstadt und die Mündung des Flusses Krka.

Kaprije (43° 41‘ N 015° 42‘ E)

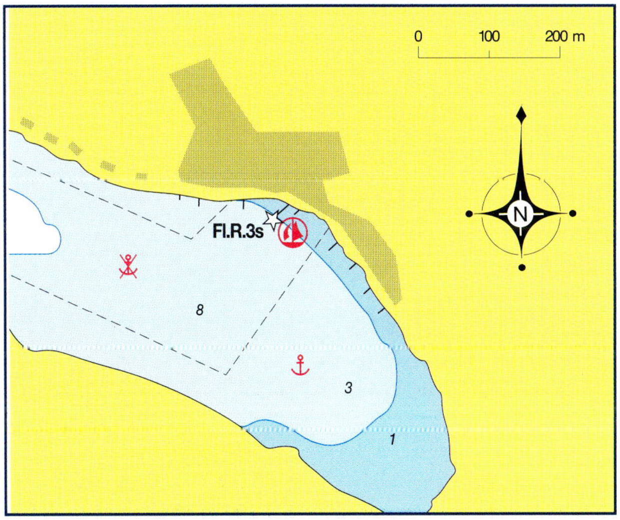

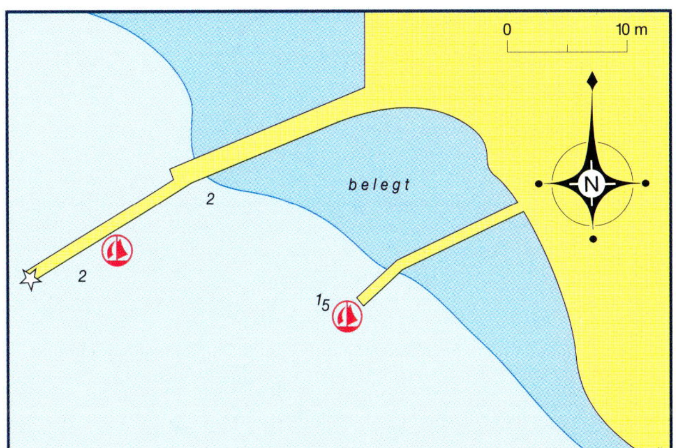

Insel und Hafen Kaprije

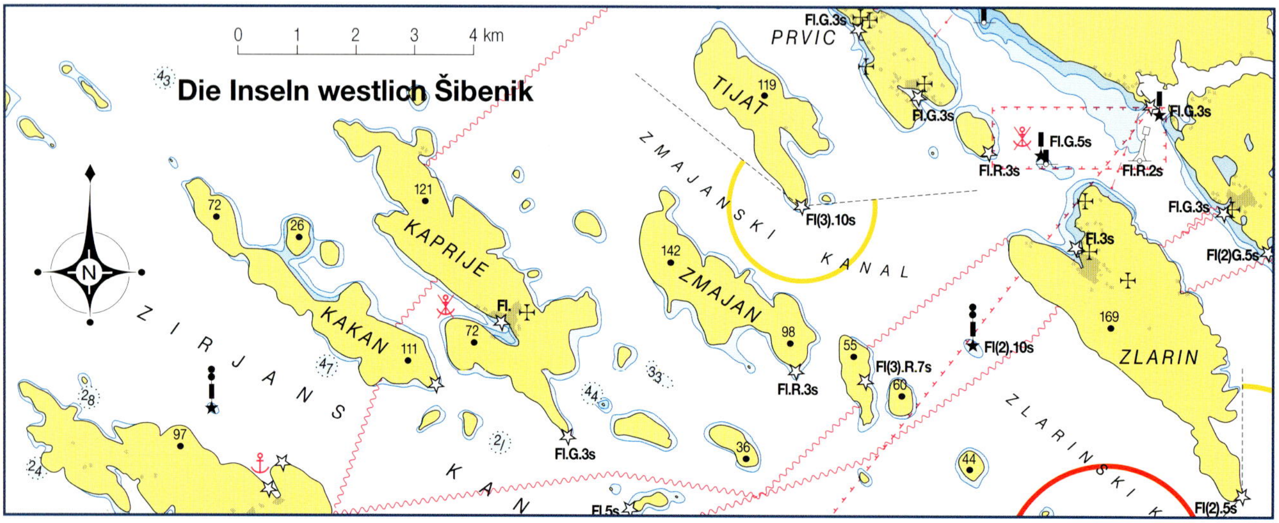
Die Inseln westlich Šibenik
0 1 2 3 4 km
N
TIJAT
PRVIC
ZMAJANSKI KANAL
KAPRIJE
KAKAN
ZMAJAN
ZLARIN
ZIRJANSKI KANAL
ZLARINSKI K
Fl.G.3s
Fl.G.5s
Fl.R.3s
Fl.R.2s
Fl(3).10s
Fl.3s
Fl(2)G.5s
Fl(3).R.7s
Fl(2).10s
Fl(2).5s
Fl.5s
Fl.

Der Archipel von Sibenik besteht aus sechs größeren und einer unübersehbaren Zahl kleinerer Inseln. Ihre Formen ähneln einander genauso wie ihr Erscheinungsbild, was die Navigation nicht erleichtert. Es fehlen einfach charakteristische Merkmale, und während auf der Karte der ganze Archipel gegliedert erscheint, hat man auf See den Eindruck, als würden die Inseln miteinander verwachsen sein. Auf der mittleren Insel Kaprije gibt es eine nette kleine Ankerbucht direkt bei dem gleichnamigen Ort.

Ansteuerung:

Hat man die äußerste Spitze Kaprijes gerundet, trifft man nach 2,5 Seemeilen auf die tief eingeschnittene Hafenbucht. Am besten macht man sie an den roten Ziegeldächern des kleinen Fischerortes aus. Näher herangerückt wird man auch den kleinen Fähranleger erkennen.

Liegeplätze:

Im Scheitel der Bucht kann man auf rund 500 m Wassertiefe ankern, der Grund hält allerdings nicht recht gut. Kurzzeitiges Überliegen am Fähranleger bei zwei bis drei Metern Wassertiefe ist möglich, das Boot sollte allerdings nicht allein dort liegen bleiben.

Die etwas kleinere Mole südöstlich des Fähranlegers dürfte nur für sehr flach anliegende Boote für Interesse sein. Was auffällt ist, dass Kaprije im Gegensatz zu ihrer Nachbarschwester Zirje recht begrünt ist.

Versorgung:

Naturgemäß darf man auf der kleinen Insel keine üblichen Versorgungsmöglichkeiten erwarten. Lebensmittel sind aber im Ort zu bekommen.

Kornaten (43° 45' N 015° 21' E)

Ankerbucht im Ostteil der Kornaten

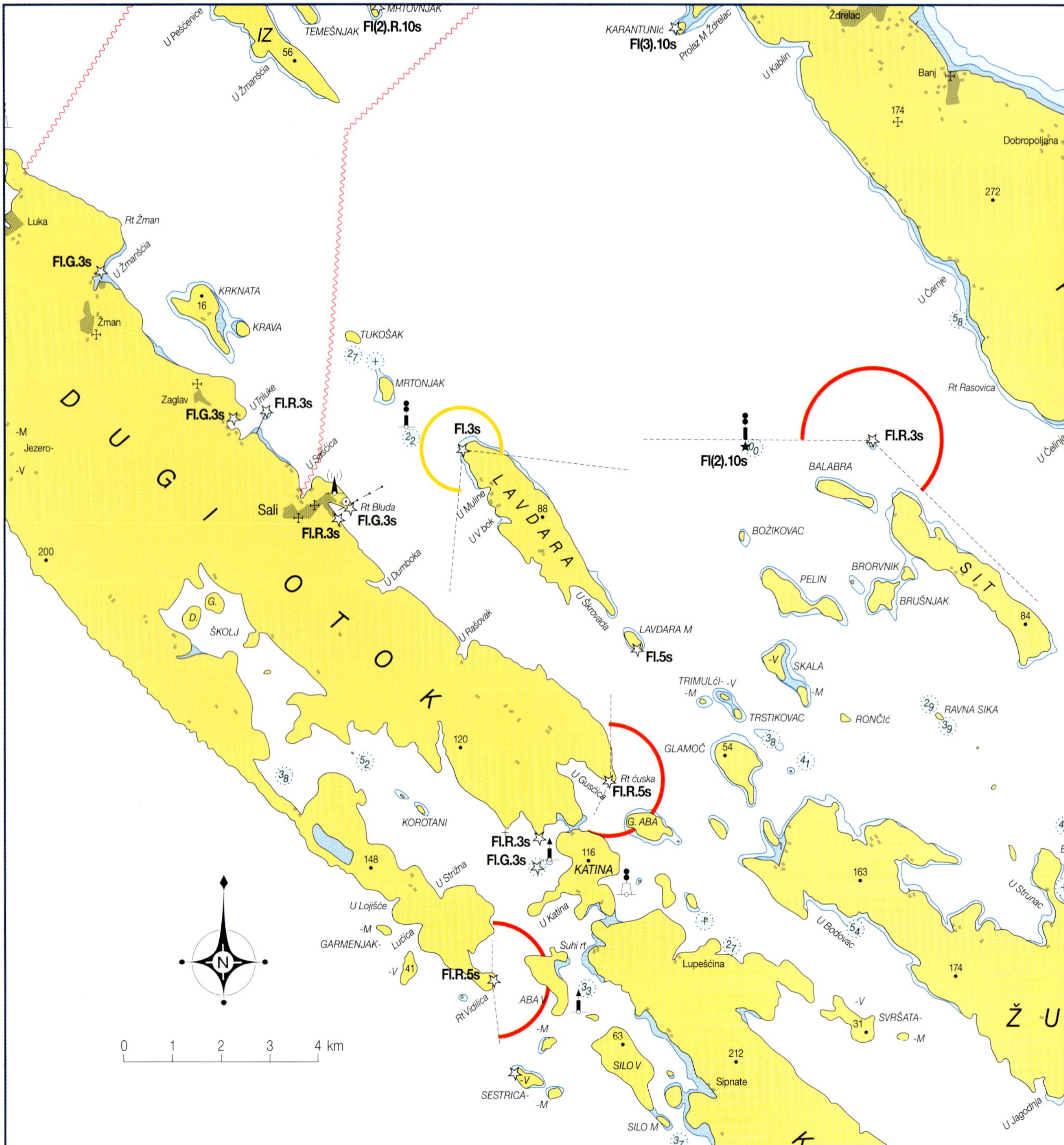
IZ
U Pešćenice
U Žmanšćia
TEMEŠNJAK
MRTOVNJAK
Fl(2).R.10s
KARANTUNIĆ
Fl(3).10s
Prolaz M Ždrelac
U Kablin
Ždrelac
Banj
Dobropoljana
Luka
Rt Žman
Fl.G.3s
U Žmanšćia
KRKNATA
KRAVA
Žman
TUKOŠAK
MRTONJAK
Zaglav
U Triluke
Fl.R.3s
Fl.G.3s
U Sašćica
Fl.3s
Fl(2).10s
Fl.R.3s
BALABRA
U Černje
Rt Rasovica
U Čelinja
D U G I O T O K
Jezero-
Sali
Rt Bluda
Fl.G.3s
Fl.R.3s
L A V D A R A
U Muline
U V bok
BOŽIKOVAC
BRORVNIK
PELIN
BRUŠNJAK
S I T
U Dumboka
ŠKOLJ
U Rašovak
U Škrovada
LAVDARA M
Fl.5s
SKALA
TRIMULĆI- -V
-M
TRSTIKOVAC
RONČIĆ
RAVNA SIKA
GLAMOČ
U Gušćica
Rt ćuska
Fl.R.5s
G. ABA
KOROTANI
Fl.R.3s
Fl.G.3s
KATINA
U Strižna
U Lojišće
GARMENJAK-
Lučica
U Katina
Suhi rt
Lupešćina
U Bodovac
U Strunac
Fl.R.5s
Rt Vidilica
ABA V
-M
SVRŠATA-
-M
Ž U
SILO V
Sipnate
SESTRICA-
-M
SILO M
U Jagodnja
K
0 1 2 3 4 km
N

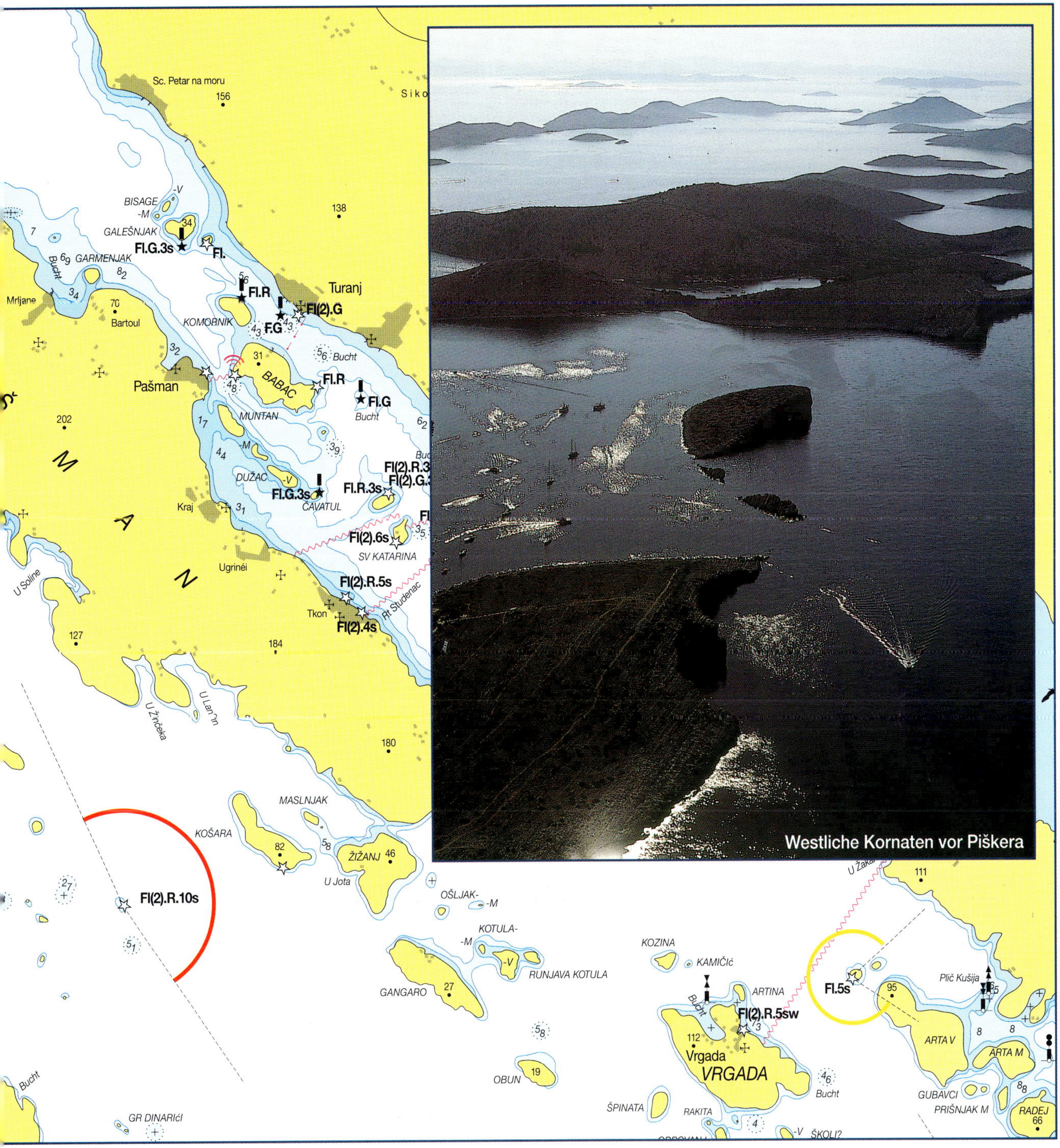

Westliche Kornaten vor Piškera

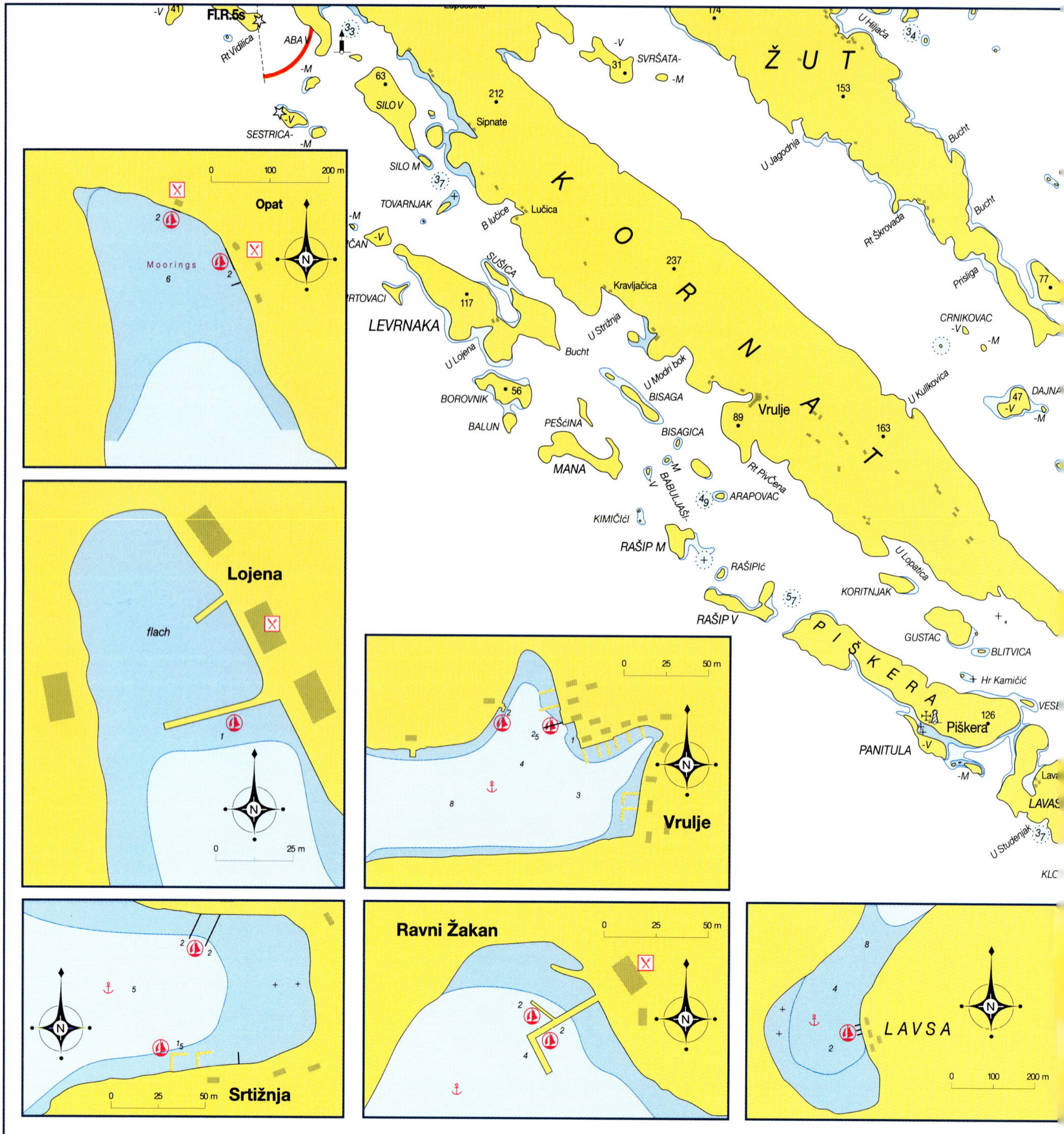

Fl.R.5s
Rt Vidilica
ABA V
-M
SESTRICA-
-M
SILO V
SILO M
TOVARNJAK
Sipnate
212
B lučice
Lučica
KORNAT
SVRŠATA-
-M
ŽUT
153
U Jagodnja
Bucht
Rt Škrovada
Prisliga
CRNIKOVAC
-V
-M
U Kullkovica
DAJNA
-V
-M
SUŠICA
117
LEVRNAKA
U Lojena
Bucht
U Strižnja
Kravljačica
237
U Modri bok
BISAGA
BORNOVNIK
56
BALUN
PEŠĆINA
MANA
BISAGICA
Vrulje
89
163
Rt Pivčena
ARAPOVAC
BABULJAŠI-
KIMIČIĆI
RAŠIP M
RAŠIPIĆ
RAŠIP V
U Lopatica
KORITNJAK
GUSTAC
BLITVICA
Hr Kamičić
PIŠKERA
Piškera
126
PANITULA
-V
-M
U Studenjak
Opat
Moorings
0
100
200 m
Lojena
flach
0
25 m
Vrulje
0
25
50 m
Srtižnja
0
25
50 m
Ravni Žakan
0
25
50 m
LAVSA
0
100
200 m

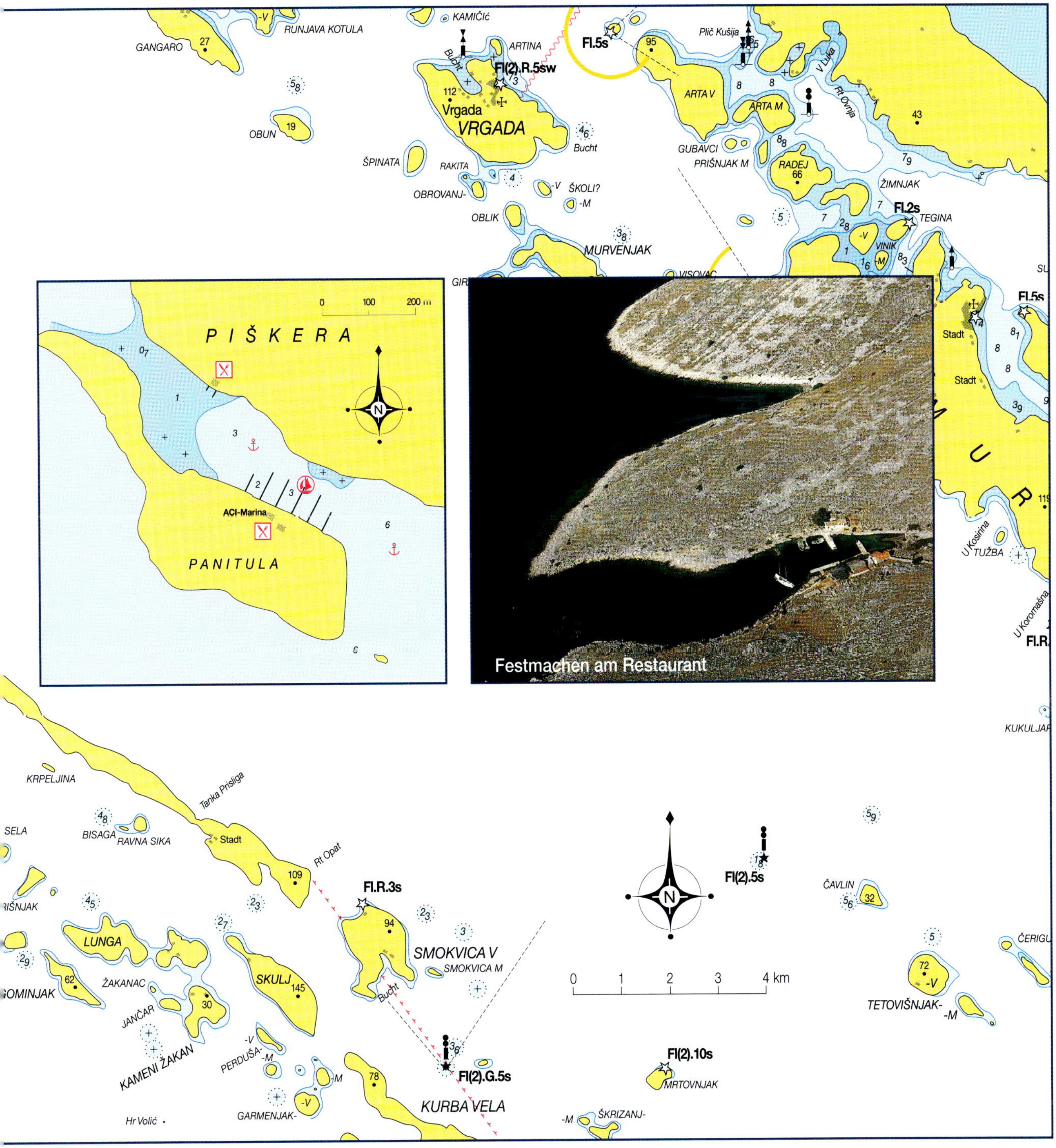

Festmachen am Restaurant

Ankerbucht Lavsa

Östliche ...

Der Kornatenarchipel besteht aus der schmalen, sehr lang gestreckten Insel Kornat und, ihr südlich vorgelagert, einer schier unendlich wirkenden Kette kleiner, ja kleinster Inseln und Inselchen. Der Archipel erstreckt sich rund 15 Seemeilen in grob Ost-West-Richtung. Kornat und die eigentlichen Kornaten werden vom Kornat-Kanal voneinander getrennt. In Kroatien haftet dieser Inselgruppe beinahe eine mystische Verklärung an, die der Realität in der Regel nicht standhält. Es ist also nicht verwunderlich, dass angesichts hoch übersteigerter Erwartungen der Betrachter enttäuscht sein mag. Zunächst fällt auf, dass die Kornaten praktisch vegetationsfrei sind, kahle Hügel, die im Meer verstreut liegen.

Ansteuerung:

Vom Festland kommend empfiehlt sich die Einsteuerung westlich der Insel Smokvica, also rund um den äußersten Ostzipfel der Insel Kornat. Kaum hat man den letzten Ausläufer der Insel gerundet, befindet man sich eigentlich mitten im Archipel. Rundherum sieht man niedrige flache Hügel, die rundum undurchdringlich erscheinen. Erst wenn man den Kornat-Kanal befährt, fällt auf, dass sich immer wieder Kanäle öffnen und vorher große Inseln in plötzlich mehrere kleine zerfallen. Außer wenigen kleinen Büschen gibt es kein Grün auf den Inseln, und die Navigation zwischen ihnen wird durch die Einförmigkeit des Aussehens der Inselchen erschwert. Auffällig sind auch die Hinweisschilder auf Restaurants, die in vielen Buchten angesiedelt sind und auch über einen Anlegesteg oder Ähnliches verfügen.

Liegeplätze:

Auf der Insel Panitula, die der Insel Piskera südlich vorgelagert ist, befindet sich eine ACI-Marina, die komfortablen, wenn auch nicht boragesicherten Liegeraum bietet.

... Ausläufer

Marina Piškera

Versorgung:

Die Marina verfügt über die notwendigen Einrichtungen und auch in der gegenüberliegenden Piškera kann man sich mit Notwendigem versorgen. Man sollte jedoch keine zu hohen Er wartungen hegen, es ist halt sehr abseitig gelegen.

Liegeplätze:

Die zweite ernsthafte Liegemöglichkeit ist auf der Insel **Lavsa**. Tief in die Insel eingeschnitten öffnet sich eine kleine Bucht, in deren Scheitel man auf rund 4 m Wassertiefe ankern kann, wenn auch der Grund, wie überall in den Kornaten, felsig ist und schlecht hält. Borasicherheit ist ebenfalls nicht gewährleistet. Im Gegensatz zu dem größten Teil des Kornatenarchipels darf man Lavsa etwas grün erwarten, und die Ankerbucht wirkt vergleichsweise romantisch.

Touristik:

Der Kornatenarchipel ist mit über 300 km^2 Größe die ausgedehnteste Inselansammlung in der Adria. Da es sich praktisch bei dem gesamten Bereich um den Nationalpark handelt, werden pro Person und Tag Gebühren fällig, die die Nationalparkwächter üblicherweise an den Ankerplätzen abends kassieren (Pro Person und Tag etwa 5 Euro).

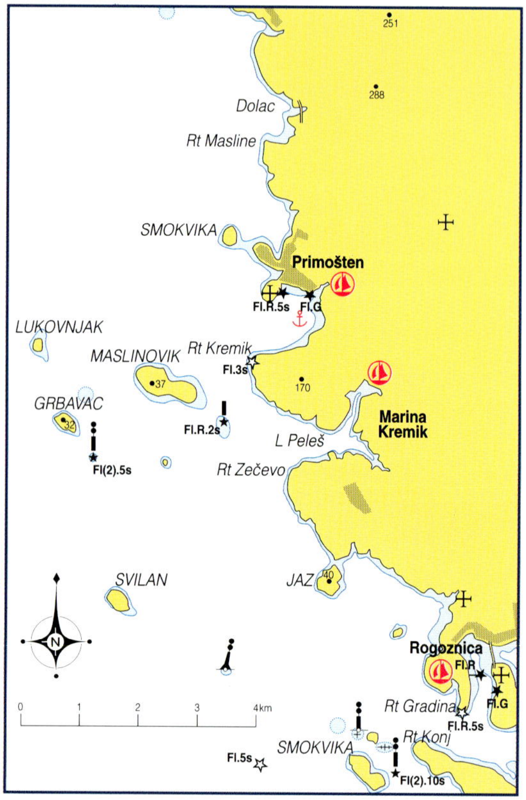

Die Inseln sind karg und weisen die Ärmste Flora aller Adriainseln auf. Früher sollen die Inseln einmal bewaldet gewesen sein, aber um frisches Weideland für ihre Tiere zu bekommen, haben Hirten immer wieder die Inseln abgebrannt. Dieser Brandrodung sind nur wenige Pflanzen entkommen.
Heute gibt es nur wenige Weideplätze, nackten Fels und recht selten einmal grüne Macchie, wie z. B. in Lavsa.
Das Meer allerdings hat an seltenen Pflanzen und Tieren einiges zu bieten, jedoch wegen des Nationalparks ist hier Angeln ebenso verboten wie wildes Tauchen.
Der Archipel ist einsam und zum größten Teil unbewohnt. Nur wenige Menschen lebten auch früher schon meist im Sommer auf den Inseln. Eine feste Siedlung entstand eigentlich nirgendwo. Die Hirten waren über die Inseln verstreut und den Fischern war für die Errichtung fester Dörfer in früheren Jahrhunderten die Piratengefahr viel zu groß.
Geschichtsträchtiges wird man auf den Kornaten kaum finden, sie sind doch eher für denjenigen geeignet, der Ruhe und Stille zu schätzen weiß.

Marina Kremik (43° 34‘ N 015° 57‘ E)

Nahe dem malerischen Städtchen Primošten ist in geschützter Lage eine hübsche Marina errichtet worden.

Ansteuerung:

Bei der Ansteuerung der Bucht von Peles, an deren äußerstem Nordzipfel die Marina liegt, sind lediglich drei vorgelagerte Klippen zu beachten, die der Seekarte deutlich zu entnehmen sind, zwei von ihnen wurden auch als Einzelgefahrenstellen kenntlich gemacht. Im Übrigen ist die Einsteuerung tief und rein. Klare Landmarken gibt es rechts und links der Einsteuerung nicht, die Hügel sind flach und leicht begrünt. Hat man den langen Schlauch der Einfahrt erst erreicht, ist die Marina unschwer auszumachen.

Liegeplätze:

Die moderne Marina bietet gut 250 Liegeplätze für Boote jeder Größe. Man macht nicht an Schwimmstegen, sondern direkt

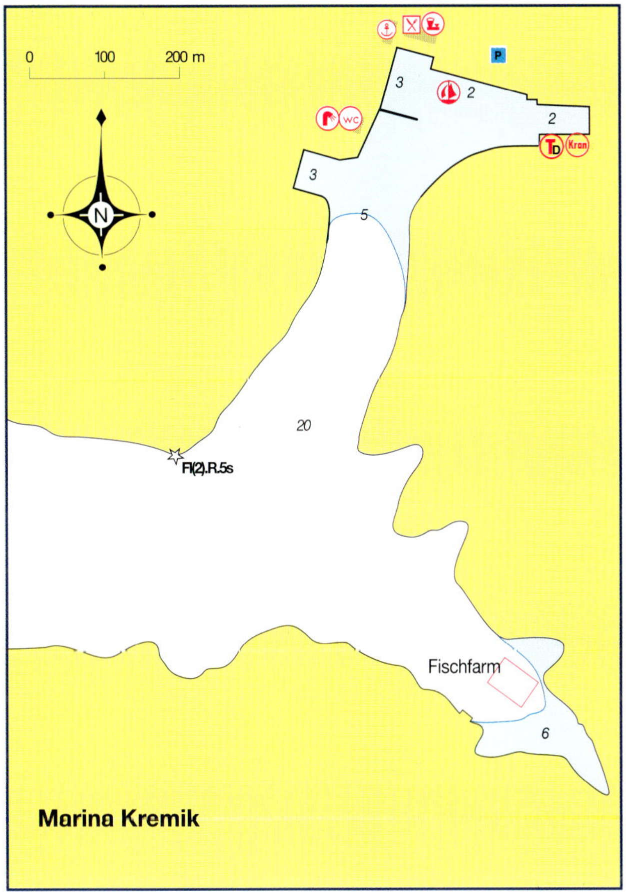

am betonierten Kai „römisch-katholisch" fest. Die Marina ist zum Teil noch im Ausbau begriffen. Man findet alle notwendigen Versorgungsmöglichkeiten inklusive eines Ladens vor. Der Vorteil der Marina ist eindeutig die Lage inmitten einer abgeschiedenen grünen Hügellandschaft. Dies ist ein hübscher Kontrast gegenüber der adriatischen Normalsituation, wo man in der Regel an belebten Stadtkais festmacht. Insofern ist Marina Kremik eine positive Ausnahmeerscheinung. Dieser als angenehm empfundene Umstand ist zugleich aber auch ihr Nachteil – die Stadtanbindung ist schlecht. Im Sommer gibt es allerdings eine Busverbindung mit dem Ort Primošten, die Verbindung in den Ort wird von 17.00 Uhr bis 24.00 Uhr aufrechterhalten. Die Entfernung nach Primošten entspricht ca. 15 km. Indes sind die Liegemöglichkeiten in Primošten selbst relativ schlecht, sodass sich Marina Kremik als Ausgangspunkt zur Besichtigung des Ortes eher anbietet.

Touristik:

Besuchenswert ist in der Umgebung von Marina Kremik lediglich der Ort Primošten. Der lebhafte Badeort liegt malerisch auf einer flachen Insel der Küste vorgelagert. Gekrönt wird die Stadt von einer weithin sichtbaren Kirche im typisch venezianischen Stil. Ursprünglich lag der Ortskern auf einem vom Festland getrennten Inselchen. Heute führt ein Damm zum Festland. Es ist schön, einfach durch die Gassen des Ortes zu schlendern und vom Kirchberg einen freien Blick über die Adria zu genießen.

Rogoznica (43° 31' N 015° 58' E)

Rund 10 Seemeilen weiter südöstlich der Marina Kremik befindet sich in einer tief ins Land eingeschnittenen Bucht das Segelzentrum Rogoznica.

Ansteuerung:

Ist man in die weit geöffnete Bucht von Rogoznica eingelaufen, sieht man an Backbord auf einem flachen grünen Inselchen den kleinen Ort gleichen Namens liegen. Ein wenig weiter landeinwärts linker Hand befindet sich die Marina Frapa. Verglichen

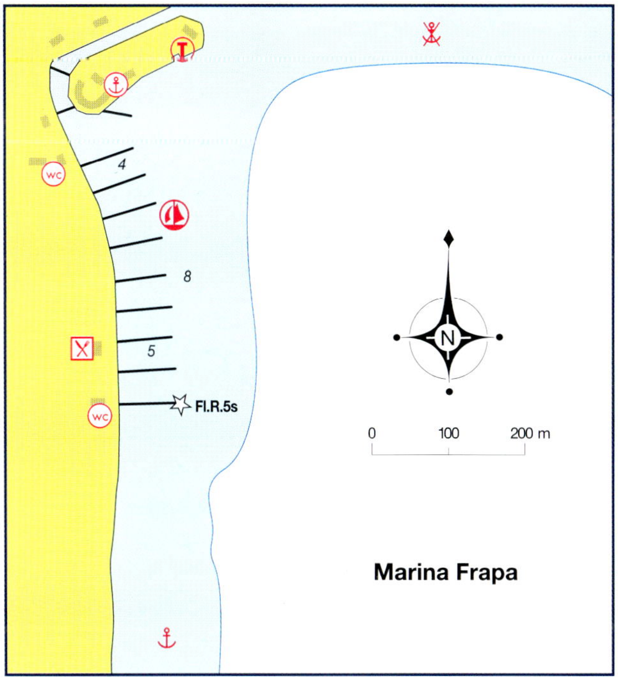

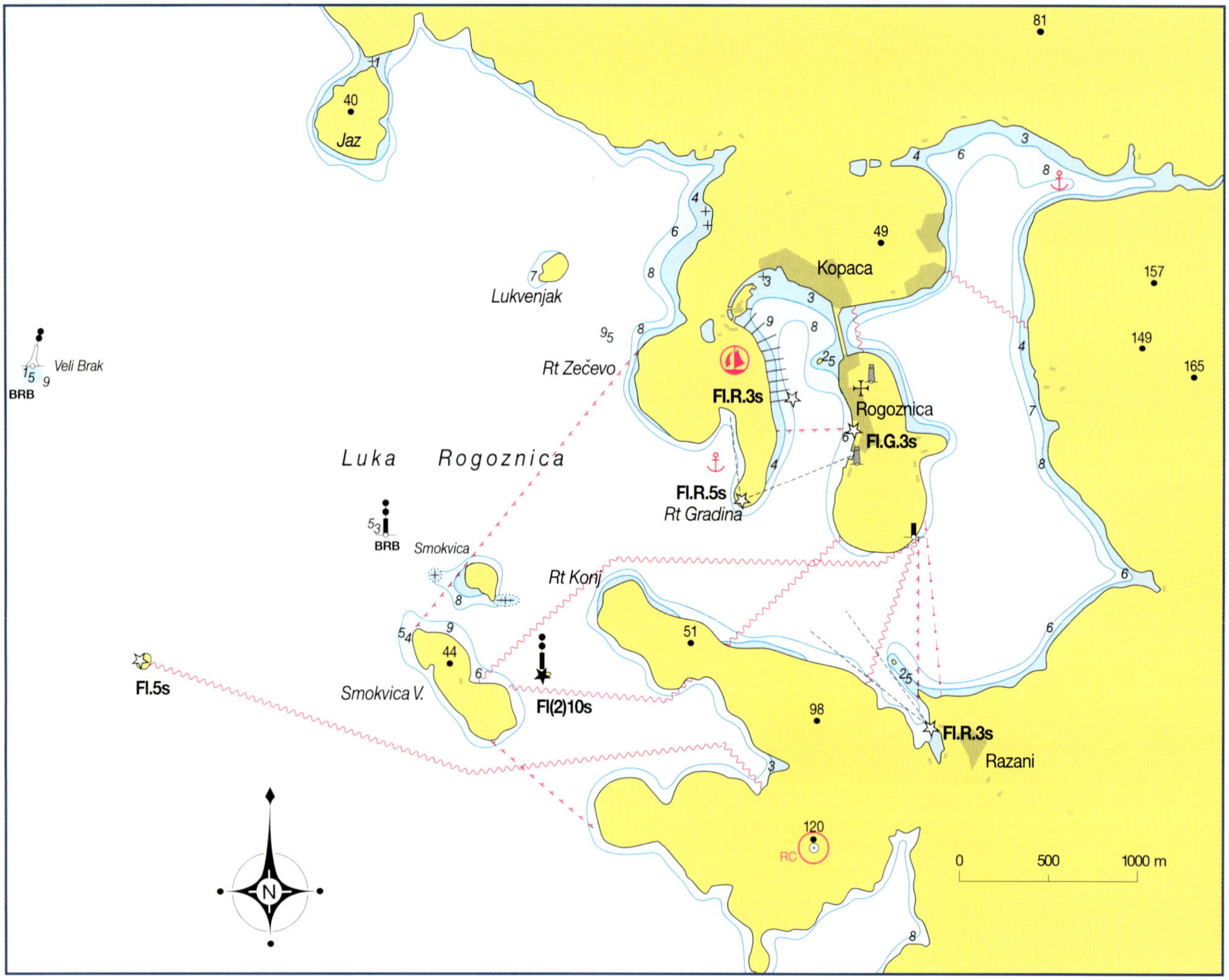

mit der Größe des Ortes erscheint sie riesig. Beim Anlaufen der Marina ist auf der äußersten Steuerbordseite, nahe an der Stelle, wo der Ort mit dem Festland verbunden ist, eine einzelne Klippe, auf die man Acht geben muss.

Liegeplätze:

Die Marina Frapa mit ihren rund 400 Liegeplätzen hat sich zum Segelzentrum der Gegend gemausert. Sehr alt ist sie auch noch nicht.

Man darf mit allen Annehmlichkeiten einer modernen Marina rechnen.

Gute Einkaufsmöglichkeiten finden sich an der Stelle, wo die Insel mit dem Ort Rogoznica durch einen Damm mit dem Festland verbunden ist. Kurzzeitig wird man sicher auch am Dorfkai von Rogoznica festmachen können, obgleich er eigentlich für die Fischer des Ortes reserviert ist.

Touristik:

Rogoznica ist ein kleiner beschaulicher Fischerort, der durch seine Ursprünglichkeit besticht. Die weiträumige Bucht mit ihrem zumeist klar-blauen Wasser kontrastiert schön mit den umliegenden, zum Teil grünbewachsenen Hügeln. Rogoznica strahlt trotz seiner touristischen Erschließung noch einen Hauch Ursprünglichkeit aus.

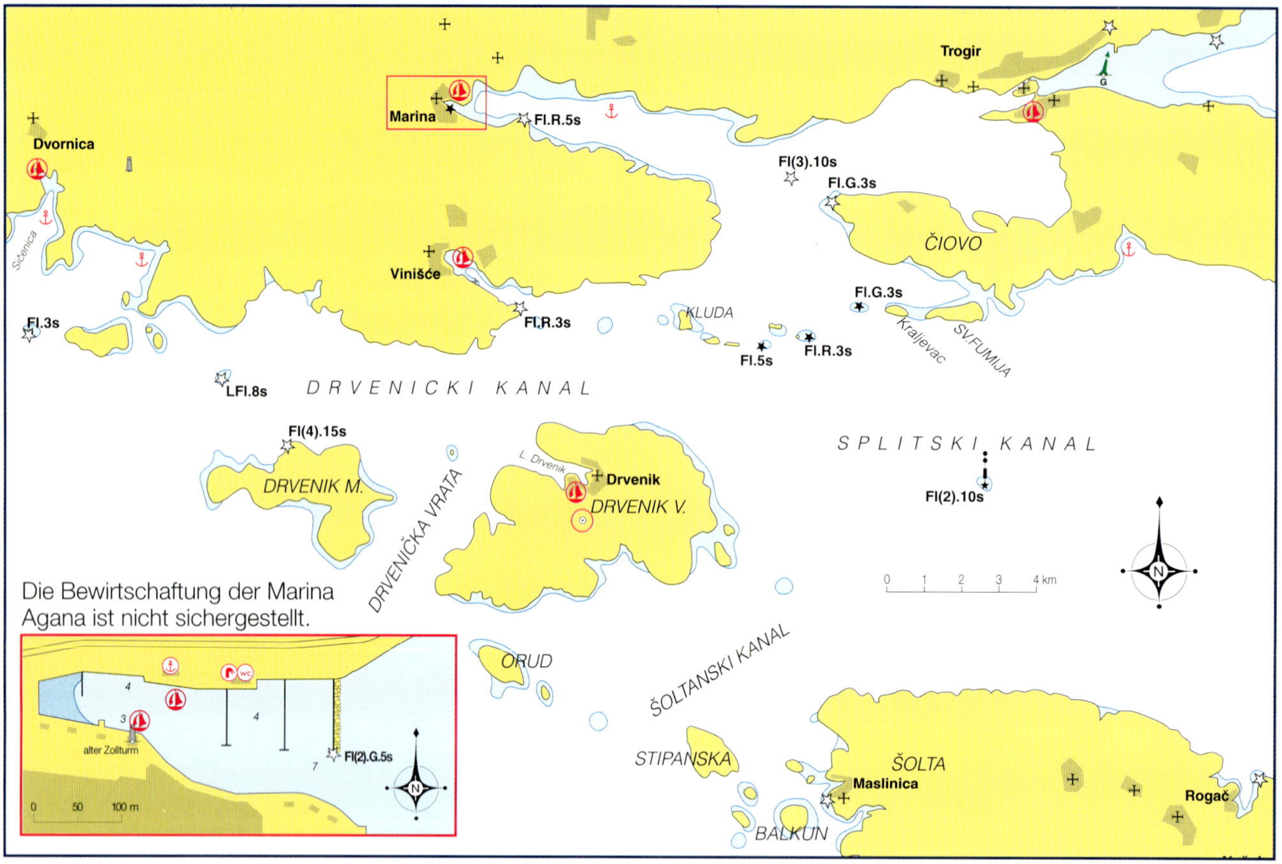

Mali Drvenik, Veli Drvenik, Šolta (43° 27‘ N 016° 09‘ E I 43° 27‘ N 016° 12‘ E)

Die drei Inseln bilden den Archipel vor Split. Mali Drvenik und Veli Drvenik sind flach, stark bewaldet und ohne besondere Anziehungspunkte. Wer möchte, kann den Ort Drvenik (auch Veli Drvenik) anlaufen.

Ansteuerung:

Hat man die Insel Mali Drvenik an Steuerbord gelassen, steuert man gerade in die nördliche Einbuchtung von Drvenik hinein. Die beste Ansteuerungsmarke ist die Kirche des kleinen Ortes. Näher herangerückt wird man auch die Mole erkennen können, die einmal zu einer Marina ausgebaut werden sollte.

Liegeplätze:

An der Innenseite dieser Mole kann man festmachen. Auch am Ortskai kann man wagen, kurzfristig überzuliegen, er sollte jedoch für den Fährbetrieb freigehalten werden.

Versorgung:

Notwendige Versorgungsmöglichkeiten sind vorhanden, aber eben nur beschränkt.

Touristik:

Die Häuser des kleinen Ortes ziehen sich malerisch den kleinen Hang hinauf bis zum Kirchlein von Sveti Juraj. Die Vegetation ist auffallend üppig. Ausladende Pinien beherrschen das Bild und spenden im Sommer kühlenden Schatten. Ein Teil der Kirche ist nicht überdacht und wirkt auf den Betrachter wie eine Teilruine. Angeblich soll der Bau, der im 18. Jahrhundert seinen Abschluss gefunden hat, niemals ein Dach erhalten haben. Die Venezianer nannten den Ort auch wegen seines auffallend milden Klimas und seiner geschützten Lage Isoladoro, was soviel

Kanal von Drvenik – Einsteuerung von West

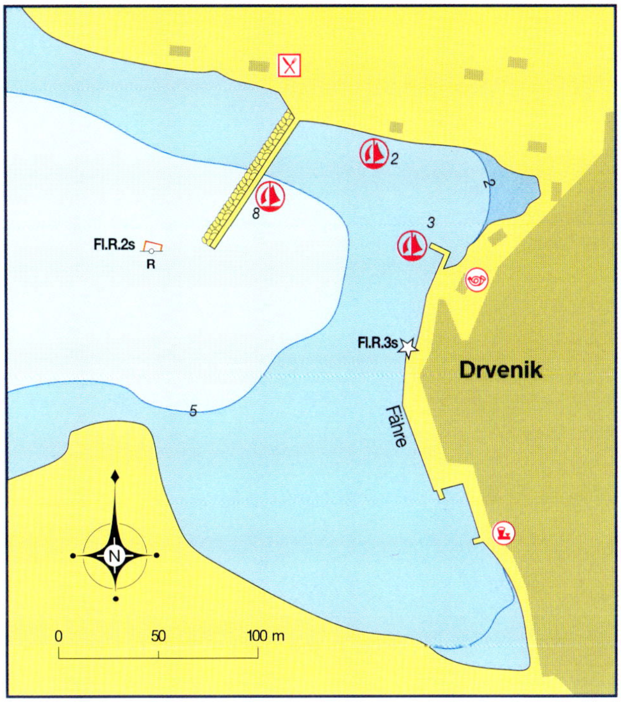

Veli Drvenik

wie Goldinsel heißt. Spektakuläres darf man hier nicht erwarten, aber eine Menge friedvoller Stille.
Jenseits des Soltanski-Kanals erstreckt sich die Insel Solta, die höher als Veli Drvenik liegt und deutlich länger gestreckt ist. An ihrer Nordseite befinden sich einige Einbuchtungen, die als Liegeplätze in Frage kommen. Es sei aber nicht verholen, dass der Fährverkehr von Split zumindest die Bucht Rogac nicht so geeignet erscheinen lässt. Möchte man auf der Insel anlanden, empfiehlt sich die Bucht von Necujam, rund 2 Meilen weiter östlich gelegen.

Liegeplätze:

Im äußersten Zipfel der Bucht kann man auf sechs bis sieben Metern Wassertiefe ankern oder auf der Ostseite der Bucht vor einer Feriensiedlung an einer kleinen Pier mit zwei bis drei Metern Wassertiefe festmachen oder vor dem kleinen Strand ankern. Da die Bucht nach Norden praktisch geöffnet ist, kann man die Liegeplätze jedoch nie als sicher bezeichnen.

Versorgung:

Die Versorgungsmöglichkeiten sind beschränkt. Im Sommer kann man in der Feriensiedlung das Notwendigste erhalten.

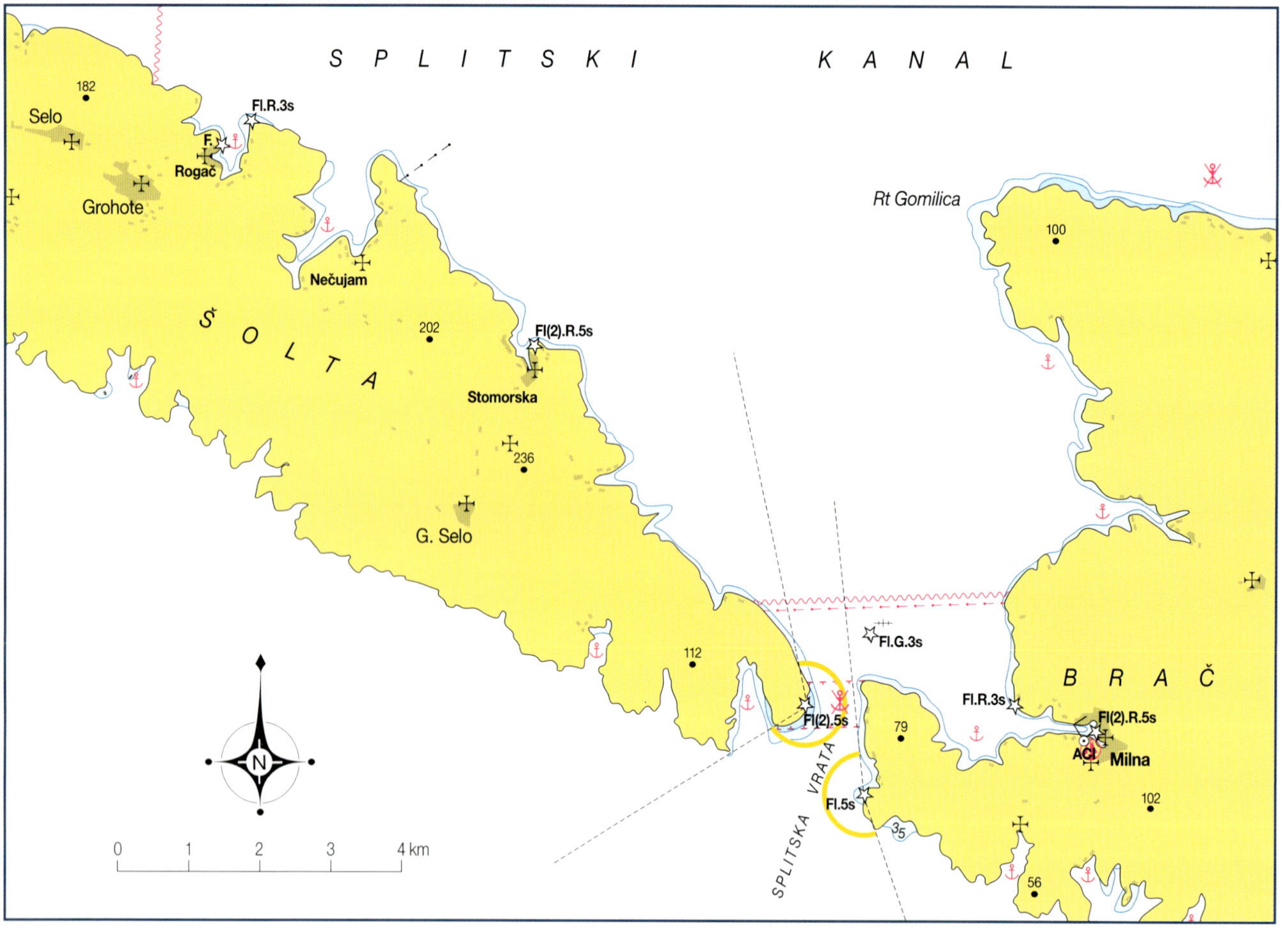

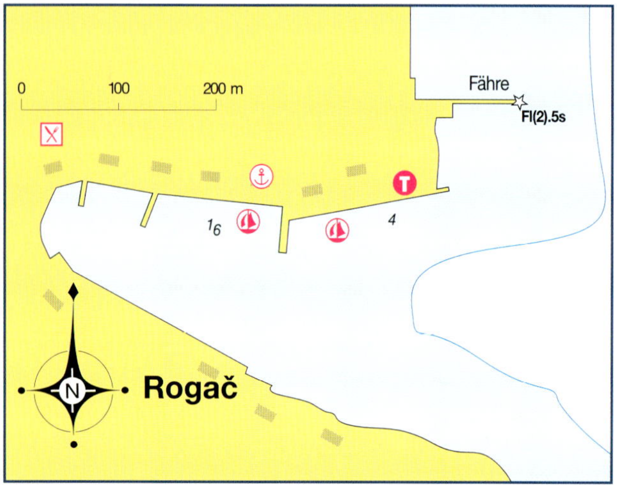

Bucht von Rogač

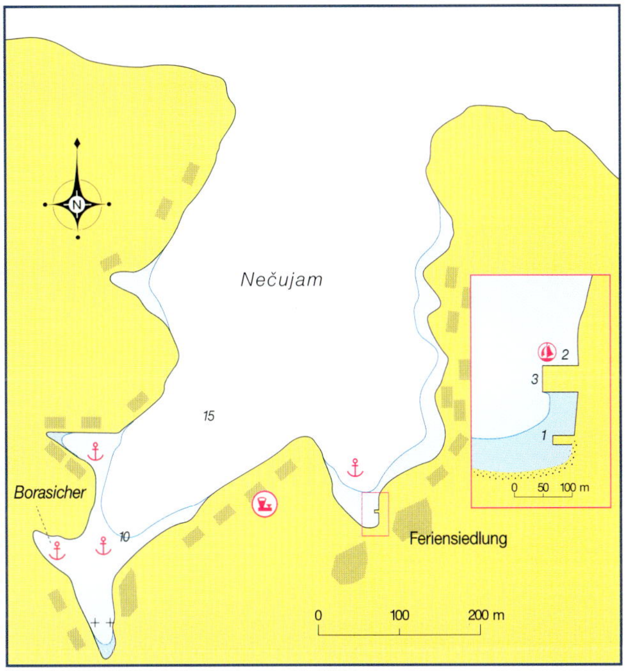

Bucht von Stomorska

Touristik:

Die Hügellandschaft der Insel wirkt besonders grün. Das Eiland ist fruchtbar. Ummauerte Felder, Olivenhaine, Feigen- und Johannisbrotbäume sowie Weinfelder prägen das Bild. Folglich sind der Rotwein und Bienenhonig die Spezialitäten. Schatten spendender Pinienwald und duftende Makie sind vorherrschend und laden zur Erholung ein. Obgleich die Insel nur wenige Fährminuten von der Metropole Split entfernt liegt, kommt es einem sehr abgeschieden vor.

Trogir (43° 31‘ N 016° 16‘ E)

Inmitten des schmalen Meeresarmes, der die Insel Ciovo vom Festland trennt, ist auf einer künstlich angelegten Insel die sehenswerte Stadt Trogir entstanden.

Ansteuerung:

Die Marina von Trogir liegt westlich einer beweglichen Brücke, die die Altstadt von der Insel Ciovo verbindet. Die modernen Bauten auf der Insel genau wie die Werftanlagen davor sind eine deutliche Ansteuerungshilfe. Näher herangerückt wird man die Altstadt erst erkennen können.

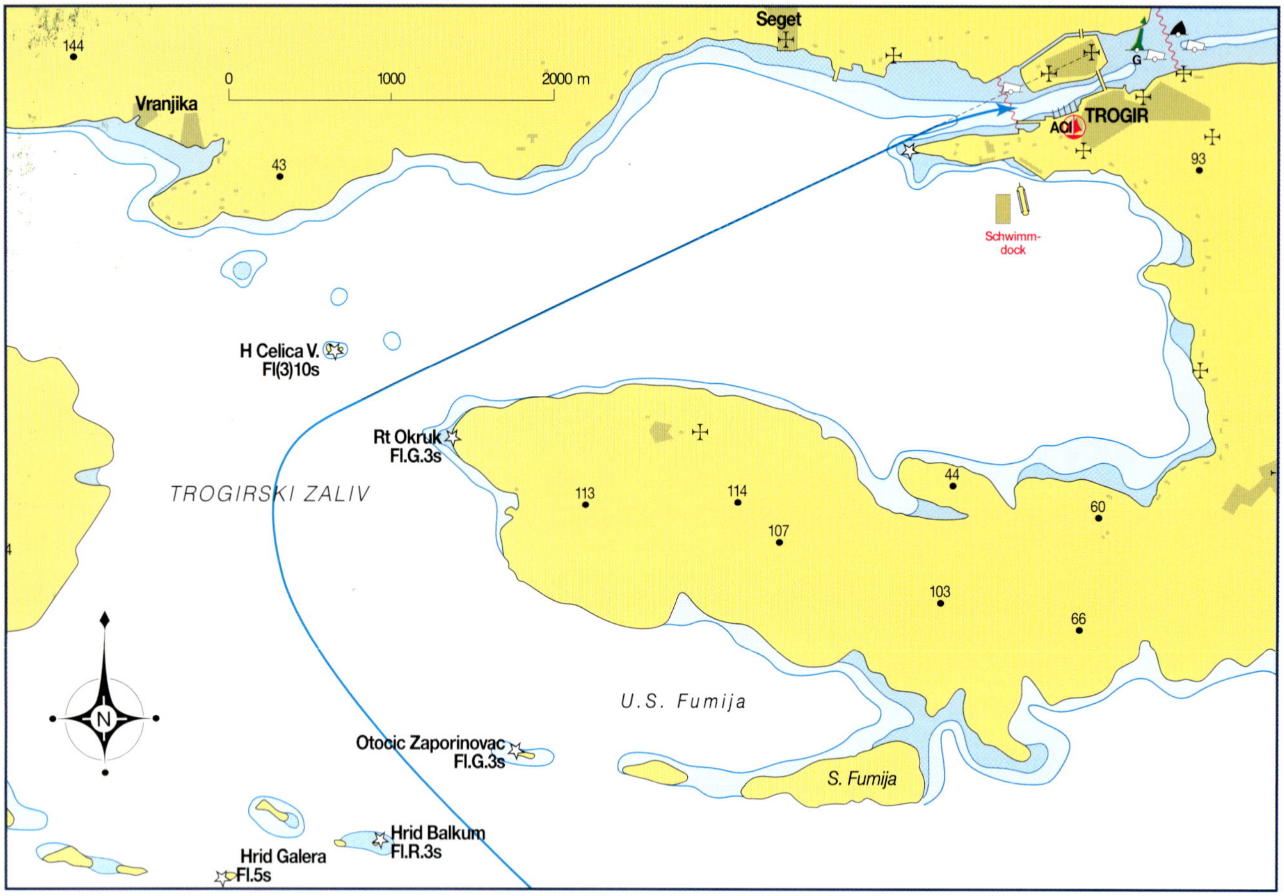

Einfahrt in die Trogirski Zaliv

Altstadt von Trogir – rechts die ACI-Marina

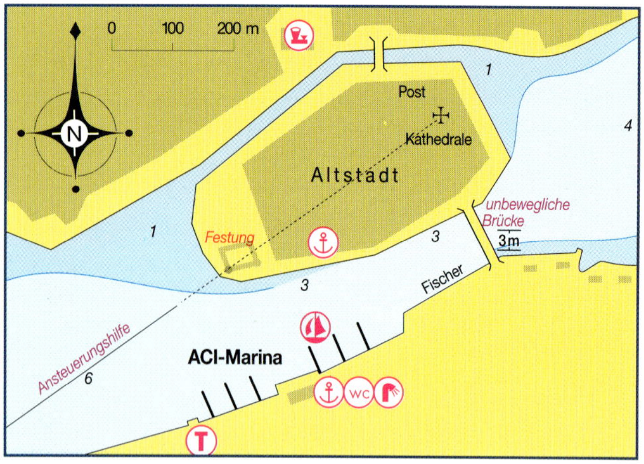

Marktplatz gegenüber der Altstadt

Liegeplätze:

Die moderne Marina bietet 160 Liegeplätze für Boote praktisch jeder Länge. Allerdings wird es nicht leicht sein, im Sommer einen Platz zu ergattern, da Trogir als touristisches Kleinod gehandelt wird. Im Übrigen kann man der Marina modernen Standard bescheinigen.

Versorgung:

Die Versorgung innerhalb der Marina ist gut, bietet alle notwendigen Einkaufsmöglichkeiten. Besser noch wird man aber jenseits der Altstadt auf dem Markt fündig, hier kann man vor allem frisches Obst und Gemüse sowie Fleisch erhalten.

Touristik:

Es gibt einen guten Grund, Trogir anzulaufen – das ist seine malerische Altstadt. Sie ist durch eine Steinbrücke mit dem Festland verbunden und durch eine „theoretisch bewegliche" Brücke mit der Insel Ciovo. Trogir ist eine touristische Hochburg, und die Altstadt quillt im Sommer über. Gleichwohl zählt sie zu den touristischen Mussveranstaltungen der Gegend. Die Stadt wurde im 3. Jahrhundert vor Christus von den Griechen aus Syrakus gegründet. Damals erhielt sie den Namen Dragurion, was soviel wie Ziegeninsel bedeutet. Römer und später Venezianer siedelten hier. Beliebt und begehrt war der Marmor, der in nahe gelegenen Steinbrüchen gewonnen wurde und von Trogir aus in den Mittelmeerraum verschifft wurde. Häufiger wurde die Stadt von Piraten überfallen. Noch heute zeugt die gut erhaltene Befestigungsanlage der Altstadt vom Sicherungsbedürfnis der Trogirer Bevölkerung.

Mit dem Untergang der Seerepublik Venedig Ende des 18. Jahrhunderts endete auch der Reichtum Trogirs. Nach napoleonischer und österreichischer Besatzung kam Trogir Ende des 19. Jahrhunderts dann zu Kroatien. An seine mittelalterliche Blüte konnte es jedoch nie wieder anschließen. Heute lebt der Ort eindeutig vom Tourismus. Es lohnt sich, den Markt zu besuchen, auf dem buntes Treiben herrscht. Von dort kann man nördlich in die Altstadt durch das verzierte Landtor hineingehen. Es ist kein Problem, um die ganze Altstadt herumzugehen oder kreuz und quer durch ihre schatten spendenden Gassen zu schlendern. Viele Details in den älteren Gebäuden und Kirchen, insbesondere natürlich an der ganz im Osten der Altstadt gelegenen Kathedrale, zeugen von vergangenem Glanz der Stadt.

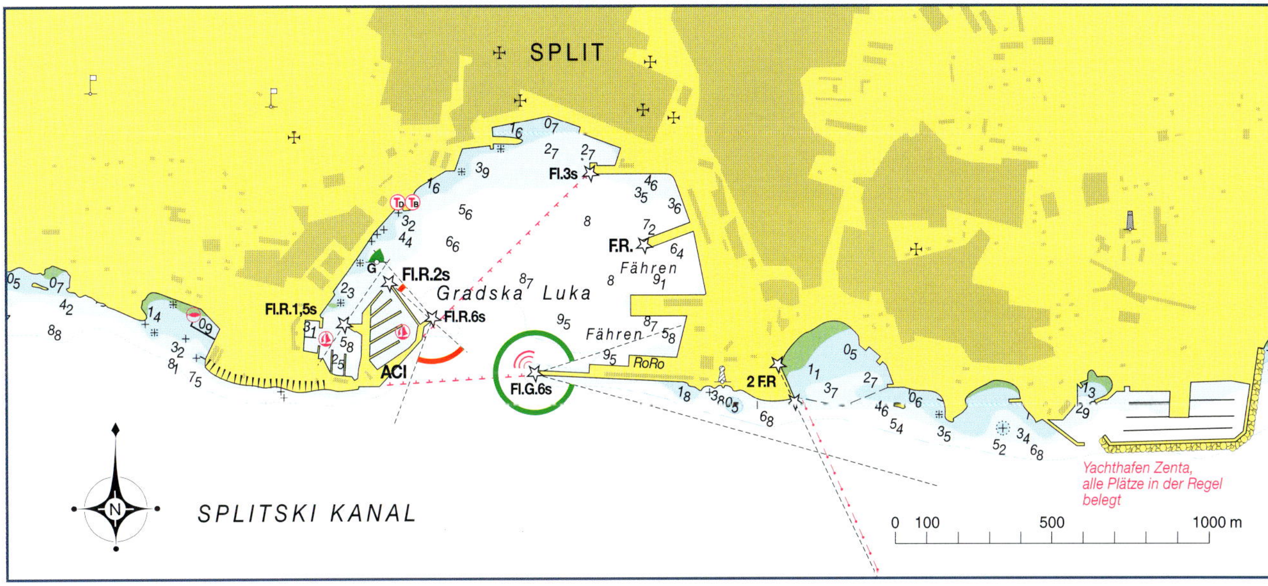

Split (43° 30‘ N 016° 26‘ E)

Bei Split beginnt sich das Landschaftsbild wieder zu verändern. Die Berge rücken näher an die Küste heran und treten dann wieder deutlich im Landschaftsbild hervor. Schon aus kulturellen Gründen ist Split für den durchreisenden Yachtie ein absolutes Muss.

Ansteuerung:

Die Stadt liegt auf einer in die Adria hinausgeschobenen Landzunge. Damit tritt sie sowohl im Norden als auch im Süden ans Meer heran. Die Altstadt liegt im Süden der Halbinsel, während sich die Neustadt und die Industriezone im Norden der Halbinsel um eine ausgedehnte Meeresbucht gruppieren. Von See kommend ist der Ort unverwechselbar. Allein seine Größenausdehnung zeigt, dass es sich um eine lokale Metropole handelt. Während sich der Industriehafenbereich ebenfalls im Norden befindet, laufen wir die südliche Bucht mit

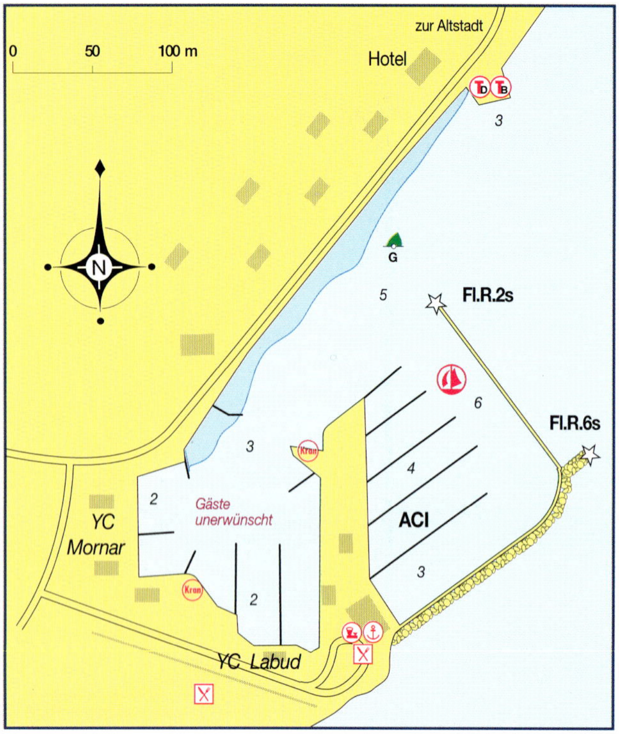

ihrem Fährhafen und der ACI-Marina an. Hat man die weit geschwungene Hafenbucht erreicht, halte man sich linker Hand in die Marina. Genau betrachtet ist sie zweigeteilt. Die ACI-Marina ist die äußere, und im inneren Teil befindet sich noch ein vom örtlichen Segelclub unterhaltener Yachthafenkomplex.

Liegeplätze:

Der Sportboothafen Labud und die ACI-Marina verschmelzen praktisch zu einem einzigen Hafenkomplex. Die Wassertiefen sind überall ausreichend, und insgesamt stehen mehr als 500 Liegeplätze zur Verfügung. Manövrierraum ist allerdings ein wenig eng geraten. Die Marina bietet den üblichen Komfort.

Versorgung:

Die Tankstelle liegt außerhalb des Marina-Komplexes. Aufgrund der ungeschützten Lage kann es an der Tankstellenpier auch unruhig zugehen. Bei der Versorgung ist man ohnehin auf die Einrichtungen der Marina (inklusive Supermarkt) praktisch angewiesen. Ansonsten liegen die Versorgungsmöglichkeiten weit entfernt. Lebensmittel sind praktisch nur mit dem Auto (Taxi) heranzuschaffen. Ein einziger großer Supermarkt liegt etwa 10 Autominuten entfernt Richtung neues Stadion. Zu Fuß ist es aber ein zu langer Weg.

Touristik:

Split besucht man natürlich wegen seines kulturellen Erbes. Herausragend ist der Palast des römischen Kaisers Diokletian, der den Kern der Altstadt bildet. Er ist von der Marina aus zu Fuß leicht zu erreichen. Er zählt zu den besterhaltenen antiken Bauwerken und wird auch heute noch intensiv genutzt, und zwar von Restaurants und Souvenirläden. Nun darf man sich den Palast nicht als einzeln stehendes Bauwerk vorstellen, sondern es handelt sich vielmehr um einen mit mächtigen Mauern eingefriedeten Bezirk, in dem verwinkelte Gässchen und eine Reihe interessanter Bauwerke den Betrachter fesseln. Schon aufgrund seiner exponierten Lage auf dem hohen Felsen Marijan war die Stadt schon in frühen lyrischen Zeiten besiedelt. Im Jahre 74 vor Christus eroberten die Römer

Blick auf die Altstadt von Split

Diokletianpalast – Prestil

Diokletianpalast – Vestibül

Diokletiandenkmal am Goldenen Tor

die Stadt, machten sie zur Hauptstadt der Provinz Dalmatien. Schon vor 2000 Jahren sollen hier 60.000 Einwohner gelebt haben, zum Vergleich, heute sind es 250.000. Der Kaiser Diokletian, der Ende des 2. Jahrhunderts nach Christus regierte, ließ einen viereckigen Palast mit 16 Türmen und mehreren Tempeln als seinen Altersruhesitz bauen. Diokletian wurde in Split geboren. Am einfachsten erschließt man sich die Altstadt, indem man an der Wasserfront entlang bis zum Südtor des Diokletian-Palastes geht. Durch das so genannte Messingtor, das Osttor heißt Silbernes, das Nordtor Goldenes und das Westtor Eisernes Tor, gelangt man schnurgerade ins Peristil. Zahlreiche Verkaufsstände mit Schmuck, Holz und Lederwaren befinden sich auf diesem Weg. Das Peristil ist ein etwas tiefer gelegener Platz, umgeben von Säulenreihen und Eingängen zu den ehemals kaiserlichen Gemächern. Hält man sich hier rechts, steht man unmittelbar vor der Kathedrale von Split. Sie ist achteckig angelegt, von innen jedoch rund. Auch sie steht, wie so viele andere Kirchen, an der Stelle, in der in römischer Zeit Tempel angelegt wurden. Hält man sich von der Kathedrale aus Richtung Norden, gelangt man zum Stadtmuseum, welches die Geschichte Splits sehr anschaulich dokumentiert. Vom Glockenturm der Kathedrale aus hat man einen schönen Blick über den Diokletian-Palast und die weit geschwungene Hafenbucht. Verlässt man den Diokletian-Palast nach Norden hin durch das Goldene Tor, trifft man auf eine übergrosse moderne Bonzeskulptur, die den Kaiser Diokletian darstellen soll. Überall in der Altstadt vermischen sich römisches Erbe und Moderne zu einer eigenen Mischung. Nichts wirkt jedenfalls museal. Split ist eine sehr lebendige Stadt.

Milna (43° 20‘ N 016° 27‘ E)

Milna ist ein wunderschönes kleines Hafenstädtchen mit einer sehr ursprünglichen Atmosphäre und empfiehlt sich daher dem durchreisenden Skipper.

Ansteuerung:

Der Ort liegt im äußersten Westen der ausgedehnten Insel Brac. Er verfügt über die einzige Marina der Insel. Die Ansteuerung ist deshalb nicht einfach, weil der Ort von See aus, selbst wenn man näher herangerückt ist, nicht auszumachen ist. Er war ein wunderbarer Schutz gegen die Piratengefahr im

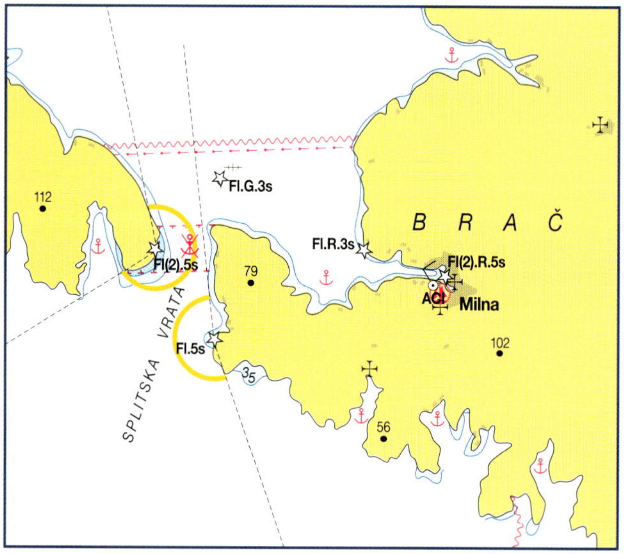

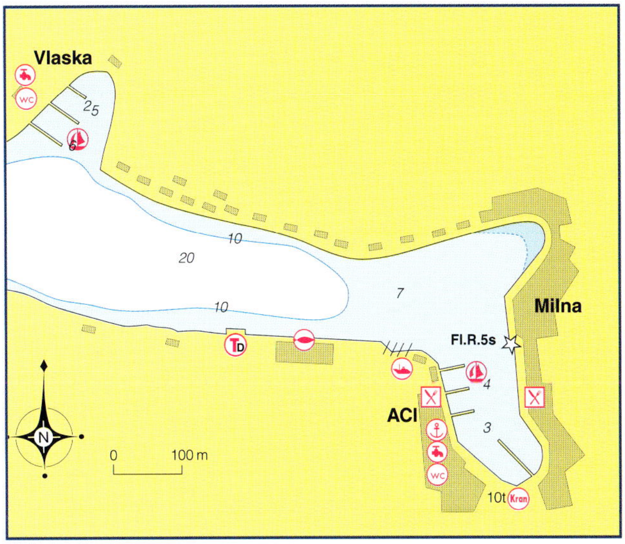

Einsteuerung nach Milna

Mittelalter und in der frühen Neuzeit. Der Ort liegt vor allen Witterungen gut geschützt in einer tief ins Land eingeschnittenen Bucht. Erst wenn man in die Luka Milna eingefahren ist, wird man linker Hand zuerst den Backsteinschornstein der Fischfabrik und dann den Kirchturm erkennen. Die Marina befindet sich ganz am Ende der Bucht auf der rechten Seite hinter der kleinen Werft.

Liegeplätze:

Man legt entweder an Stegen oder direkt vor dem kleinen Restaurant an Muringleinen an. Der Platz gegenüber ist Ausflugsschiffen vorbehalten. Die Marina bietet den gewohnten ACI-Komfort.

Versorgung:

Trotz der Beschaulichkeit des Ortes ist die Versorgungslage recht gut. Es befinden sich mehrere Läden an der Uferpromenade, wenn man an der Kirche vorbeigeht, an der rechten Seite.

Touristik:

Milna erstaunt durch die relative Größe seiner Pfarrkirche verglichen mit der Größe des Ortes. Sie ist alles überragend. Der Ort kann seinen venezianischen Ursprung einfach nicht verbergen. Vor allem aber fällt auf, dass die Üppigkeit der Vegetation hier deutlich zunimmt. So ist die Uferpromenade mit Palmen gesäumt, und der Ort wirkt sehr malerisch. Hübsche

Gässchen ziehen sich den niederen Hügel hinter der Kirche hinauf. Man trifft auf viele, dem Verfall preisgegebene Bauten, aber auch auf offensichtlich neu errichtete Ferienhäuser am Stadtrand und am Eingang der Bucht. Diese zeugen davon, dass die Städter aus Split die Abgeschiedenheit und Schönheit Milnas zu schätzen wissen. Seinen Wohlstand verdankt Milna dem Holzbootbau. In ihrer Blütezeit Mitte des 19. Jahrhunderts baute die Werft von Milna große Frachtschiffe. Aber auch Weinbau und Fischerei trugen das Ihre zum Wohlstand des Ortes bei.

ITALIEN
SLOWENIEN
KROATIEN
Lignano
Trieste
Koper
Umag
Novigrad
Poreč
Limski Zaljev
Rovinj
Veli Brijuni
Pula
Pomer
Opatija
Rijeka
KRK
Punat
Cres
CRES
Kvarner Bucht
RAB
Rab
UNIJE
LOSINJ
Mali Lošinj
PAG
Pag
OLIB
PREMUDA
IST
MOLAT
UGLJAN
Zadar
DUGI OTOK
PASMAN
Biograd
KORNAT
MURTER
Šibenik
ZIRJE
Trogir
Split
Omiš
SOLTA
Milna
BRAC
Bol
Makarska
SV.KLEMENT
Stari Grad
HVAR
Hvar
Gradac
Ploče
VIS
Vela Luka
PELJEŠAC
Orebič
Korčula
KORCULA
Ston
SUSAC
LASTOVO
SIPAN
MLJET
Dubrovnik
Cavtat
Gebiet 3
Ancona
S. Benedetto
Pescara
Ortona
Vasto
Pianosa
I. Tremiti
Vieste

3. Süddalmatien – von Omiš bis Dubrovnik

Budihovac vor Vis

Südlich von Split beginnt der wildeste und vielleicht auch der mediterranste Teil des kroatischen Revieres. Die Entfernungen beginnen spürbar weiter zu werden, und man hat den Eindruck, dass das Land immer dünner besiedelt wird. Kleine schmucke Städtchen, wie zum Beispiel Starigrad, Makarska oder Korčula prägen das Bild genauso wie die Abgeschiedenheit von entlegenen Inseln, wie etwa Lastovo. Die Dichte der Marinas nimmt doch spürbar ab und die Schläge wollen besser geplant werden, als vielleicht noch im Norden des kroatischen Reviers. In dem Maße wie wir weiter Richtung Süden vorankommen, nehmen die Unbilden des Wetters, gemeint ist also in erster Linie die Bora, spürbar ab. Lediglich vor dem tiefen Taleinschnitt bei Omiš hat Festlandskaltluft die Chance, hart aufs Meer abzufließen. Eine weitere Borapforte liegt noch vor der Neretvamündung. Aber angesichts der politischen Lage und der Ungeeignetheit des Industriehafens Ploce für

Baska Voda

Blick von Hvar nach Makarska

Sportboote wird sich dorthin wohl niemand verirren. Im Übrigen hat es den Anschein, als wären normale Wetterlagen bei weitem stabiler als in der Nordadria. Darüber hinaus fehlt dem Wetter die für die Nordadria so typische bissige Wandelbarkeit. Jedenfalls scheint im Süden alles bedächtiger und berechenbarer abzugehen. Aber vielleicht ist das auch nur eine Täuschung, die aus dem zunehmenden mediterranen Character der Landschaft folgt. Der Landschaftseindruck verändert sich Richtung Süden jedenfalls eklatant. Waren weiter im Norden noch die vielen kleinen und mittleren Inseln beherrschend, sind die Inseln in Süddalmatien fast ausnahmslos große und größte Gebilde, zwischen denen breite Kanäle verlaufen. Von Binnenrevier wie in Teilen der Kvarner Bucht ist hier nicht das Geringste zu spüren. Die Dichte des Sportbootbesatzes nimmt auch deutlich ab. Eine Besonderheit bilden diejenigen Inseln, die zu Zeiten des Staates Jugoslawien fast ausschließlich dem Militär vorbehalten waren und von Ausländern – Touristen zumal – nicht betreten werden durften. Lastovo mag hierfür als

Tučepi an der Makarska-Riviera

Dubrovnik – die Perle der Adria

Beispiel dienen. Diese erzwungene Weltabgeschiedenheit hat tiefe Spuren hinterlassen, und so öffnen sich diese Inseln nur langsam dem Tourismus. Andere Gegenden, zum Beispiel Korčula, können hingegen auf eine traditionelle touristische Infrastruktur verweisen. Beides hat irgendwie seinen Reiz. Symphatisch sind beide auf ihre Weise. Bei guter, nicht durch Dunst getrübter Sicht, ist die Nordhälfte der lang gestreckten Halbinsel Pelješac mit ihrem alles überragenden Berg Sveti Ilija eine ungeheuerlich wuchtige Erscheinung. Zu sehen ist das Bergmassiv dann praktisch von überall zwischen Split und Dubrovnik. Selbst die südlich von Split wieder höher und steiler werdenden Küstenberge wirken nicht ganz so imposant. Typisch für den südlichen Teil des Reviers ist vor allem die mediterrane Nutzung der Landschaft. So ist die lang gestreckte Insel Hvar berühmt für ihre duftenden Lavendelfelder, und die Weine von Pelješac und Korčula wissen nicht nur die Einheimischen zu schätzen. Beide sind auch kroatische Exportschlager, was niemanden wundern wird, der sie schon einmal probiert hat. Im Übrigen ist auch heute noch der Fischfang ein wichtiger Wirtschaftsfaktor, wenn auch nicht mehr so bedeutend wie früher. Viele Fischer, die man unterwegs trifft, klagen über deutlich zurückgehende Fänge – Diagnose: alles leergefischt. Professionelle Fischer müssen immer weitere Anmarschwege in Kauf nehmen. In traditionellen Fischerzentren, wie zum Beispiel Vela Luka, kann man davon ein Klagelied hören. Am Südende des Reviers trifft man dann endlich auf Dubrovnik, jene mittelalterliche Stadt, die nicht zu Unrecht oft als die Perle der Adria bezeichnet wird. Die Stadt allein ist ohne irgendeine Übertreibung eine Reise wert, jedenfalls was ihren historischen Altstadtkern inmitten einer völlig intakten, wehrhaften Stadtmauer betrifft.

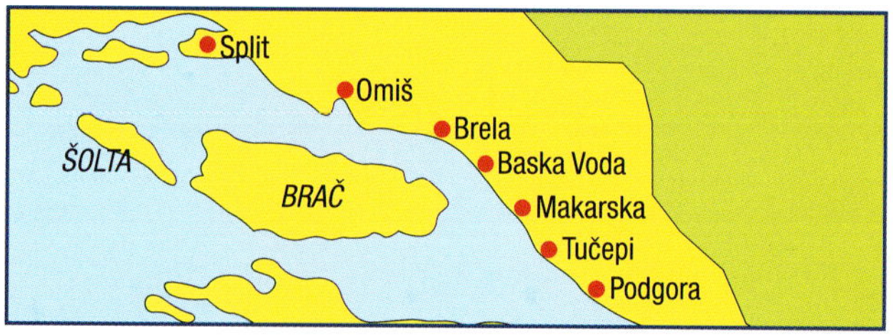

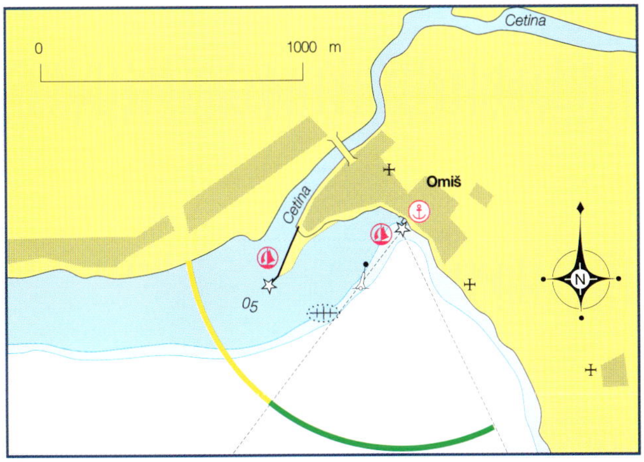

Omiš (43° 26‘ N 016° 42‘ E)

Die Stadt liegt an der Mündung des Flusses Cetina, der sich, in höchst eindrucksvoller Art einen steilen und tiefen Cañon bildend, durch das hier hohe Küstengebirge gefressen hat. Dieser Cañon bildet daher auch eine berüchtigte Borapforte, was man bei einem Besuch der Stadt immer im Auge haben sollte.

Ansteuerung:

Der Ort liegt malerisch am Fuße des steil aufragenden Küstengebirges. Angelegt wurde er auf dem Schwemmland des Flusses Cetina. Bei der Ansteuerung ist äußerste Vorsicht geboten. Die Flussmündung ist sehr flach und eine Sandbank zieht sich

von der Flussmündung aus weit ins Meer hinaus. Die Lage der Sandbank ist normalerweise durch Tonnen gekennzeichnet. Auffällige Landmarken sind eigentlich nur die kubischen Häuser des Ortes selbst. Näher herangerückt, wird man Steuerbord voraus auch eine Holzbootswerft erkennen können.

Liegeplätze:

Der Ort verfügt über eine kleine Pier, an der man festmachen kann. Angenehm ist das Liegen hier aber nicht, schon wegen des Verkehrslärms der nahe gelegenen stark frequentierten Küstenstraße. Wenn es Wasserstand des Flusses, Lage der Sandbank und Tiefgang des eigenen Bootes zulassen, kann man auch in die Cetina-Mündung einlaufen und an der Ostseite des Flusses festmachen.

Aber Vorsicht, Lage und Tiefe der Flussmündung sind dauernder Veränderung unterworfen. Man kann auch vor dem Ort am Rande der Sandbank gut ankern, wenn es die Wetterverhältnisse erlauben.

Versorgung:
Ein günstiger Supermarkt ist in den auffälligen viereckigen Wohnbauten nördlich des Badestrandes zu finden. Kleinere Läden befinden sich auch auf der Hauptstraße. Dort trifft man auch auf Banken und die Post. Eine Landtankstelle ist vorhanden und befindet sich an der Küstenstraße stadtauswärts Richtung Split. Sie liegt aber weit weg vom Wasser.

Touristik:
Die Stadt ist klein, lebhaft und besteht praktisch ausschließlich aus einer platanengesäumten Hauptstraße mit kleinen Läden und hübschen Cafés. Am Ende der Hauptstraße vor dem Fluss bieten viele bunte Marktstände frisches Obst und Gemüse an, und der tiefe Einschnitt den Flusses Cetina ins Küstengebirge ist von der Straßenbrücke aus gut zu sehen und beeindruckt durch seine Wuchtigkeit.

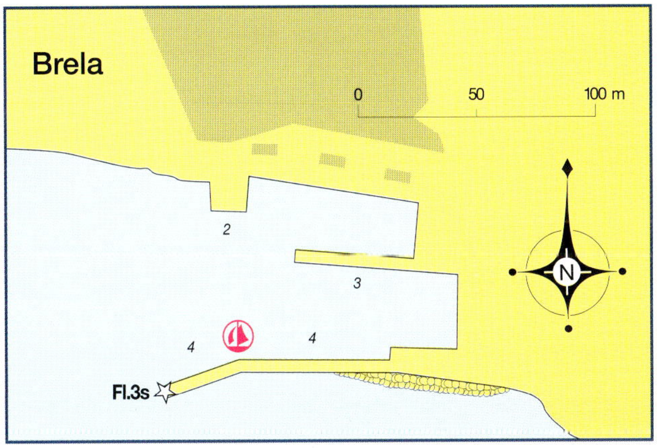

Brela (43° 22‘ N 016° 56‘ E)

Hübsch an den Berghang geschmiegt präsentiert sich der kleine Badeort. Vor allem der Blumenreichtum der Ortschaft fällt ins Auge.

Ansteuerung:
Auffällige Landmarken wird man vergeblich suchen. Am besten orientiert man sich an der hell schimmernden Mole des kleinen, neu errichteten Yachthafens.

Liegeplätze:
Die Marina bietet immerhin fast 100 kleine Liegeplätze. Mit Muringleine, Strom und Wasser. Besuchende Boote machen am besten an der Innenseite der Außenmole fest. Sollte der Platz vollständig belegt sein, was im Sommer gar nicht so selten vorkommt, kann man auch an der Außenseite der Schutzmole längsseits gehen. Der Liegeplatz ist zwar vollkommen ungeschützt, aber der Hafen von Brela bietet ohnehin so gut wie keinen Schutz und ist daher als Dauerliegeplatz ungeeignet.

Versorgung:

Es gibt eine ganze Reihe guter Restaurants. Ein Supermarkt befindet sich in Hafennähe. Besonders achten muss man in der Gegend auf abgesperrte Badestrände, die durch Bojenreihen abgetrennt werden. Hier gilt es, vorsichtig bei der Auswahl einer Ankerbucht zu sein.

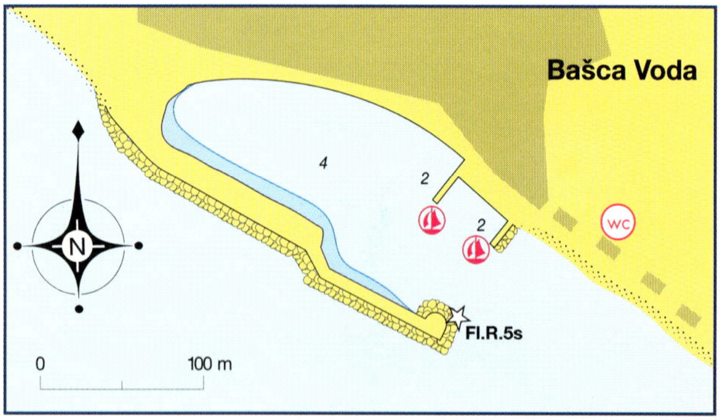

Bašca Voda – Abendstimmung

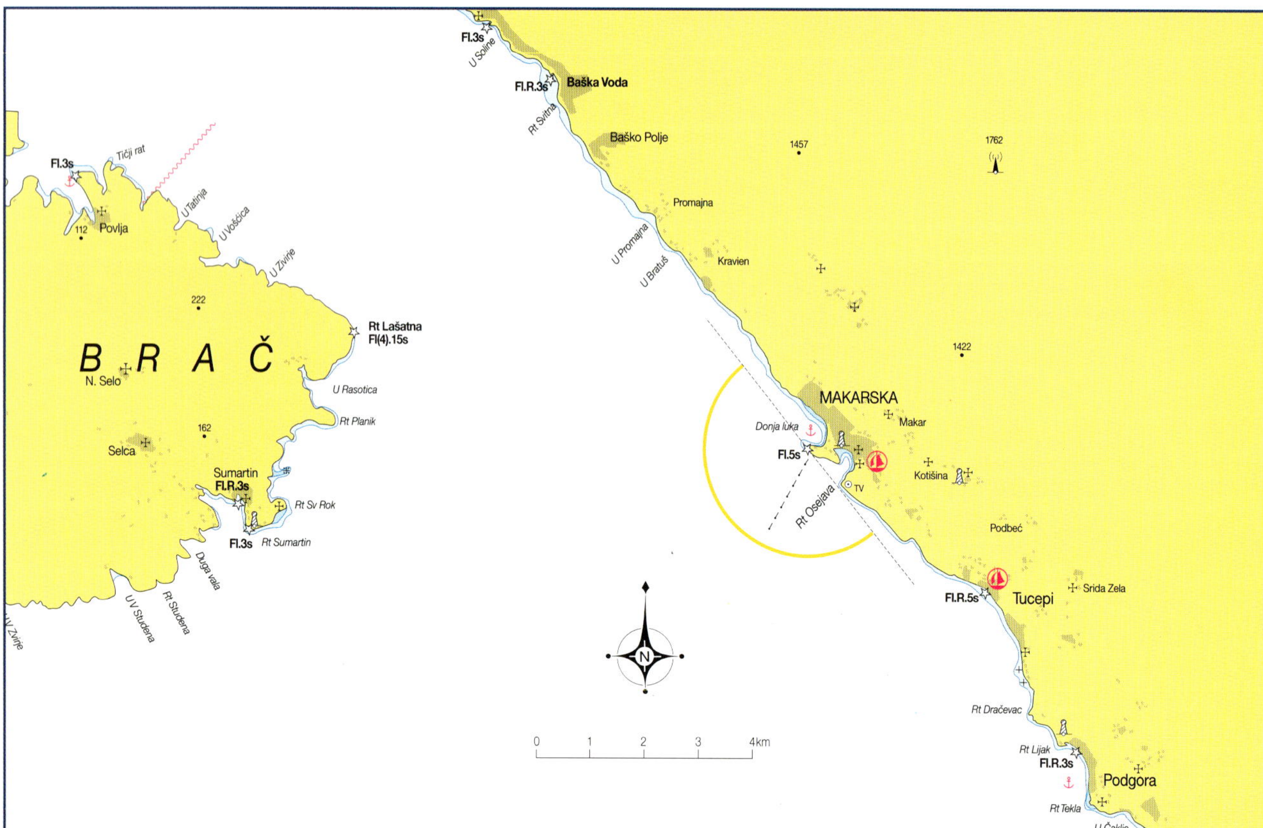

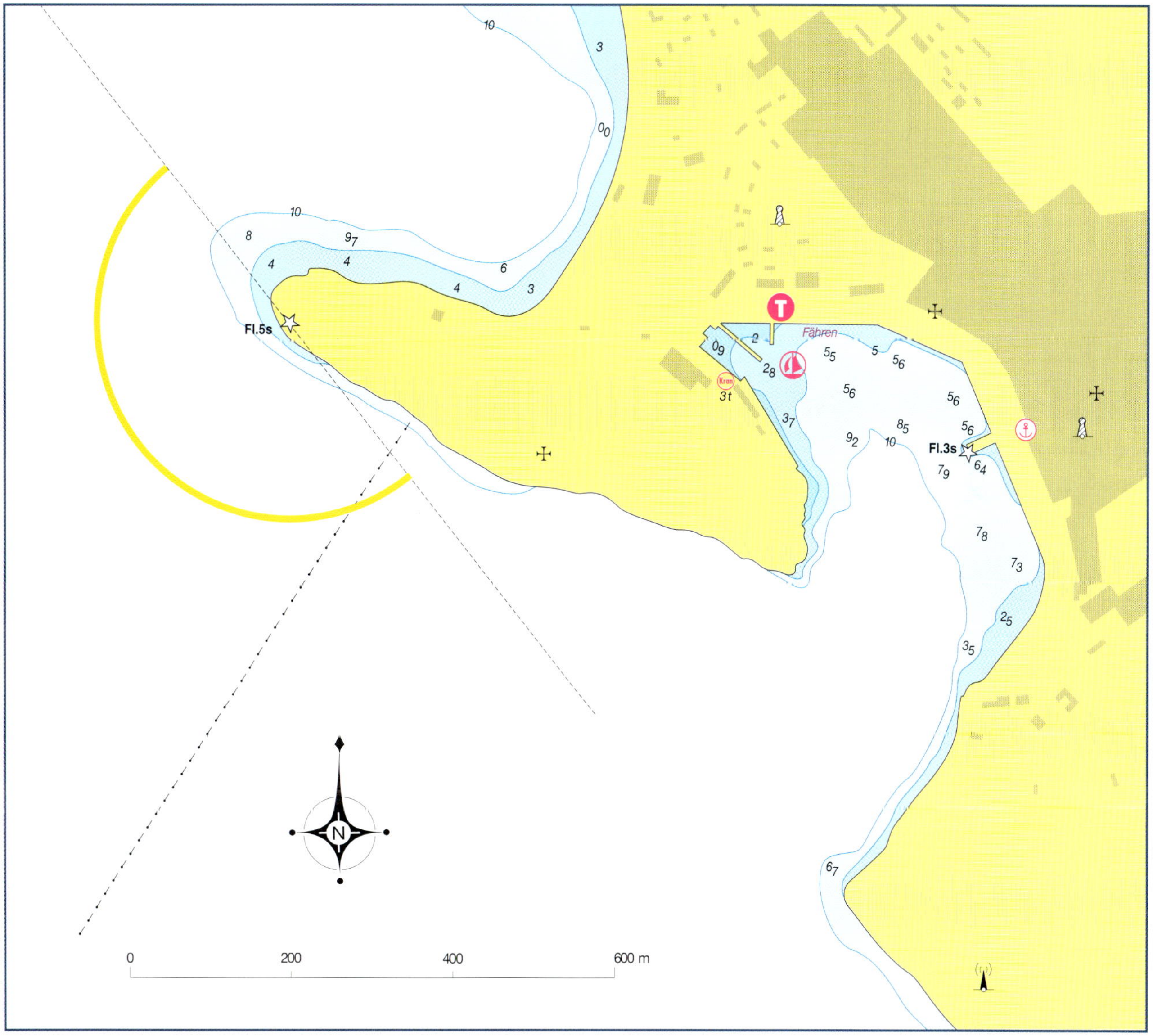

Makarska (43° 18‘ N 017° 01‘ E)

Das lebhafte, nette Seebad lädt zum Verweilen ein.

Ansteuerung:

Vor einer imposant schroffen Bergkulisse liegt der Ort an einer weit ins Land hineingeschwungenen Bucht. Das nördlich der Hafeneinfahrt gelegene, markante Leuchtfeuer ist eine gute Ansteuerungsmarke. Das Wasser ist bis nahe an die Küste heran tief und rein. Allerdings ist die Hafeneinfahrt etwas unübersichtlich und man muss mit viel Ausflugsverkehr, insbesondere in den Sommermonaten rechnen, der hier schnell ein- und ausläuft. Eine Betonnung ist nicht vorgesehen. Einsteuernd auf der Backbordseite befinden sich Liegemöglichkeiten. Auf der kleinen Halbinsel hat ein Yachtclub mehrere Stege ausgelegt. Dicht bei der gegenüberliegenden Tankstelle muss der

Makarska

Platz für den Fährverkehr freigehalten werden, aber etwas weiter rechter Hand kann man längsseits am Kai direkt an der Uferpromenade liegen. Der Yachtclub bietet die üblichen Annehmlichkeiten, an der Uferpromenade ist man auf sich gestellt. Die Tankstelle ist morgens und abends, wenn die Ausflugsboote hinausfahren oder zurückkommen, meist stark frequentiert. Während der Mittagszeit wird man jedoch regelmäßig einen Platz dort finden.

Versorgung:

Die Versorgungsmöglichkeiten sind ausgezeichnet. Es gibt einen hervorragenden Supermarkt gegenüber der Tankstelle und jede Menge Geschäfte in der Stadt, durchaus in Hafennähe.

Touristik:

Der quirlige Ort lebt mittlerweile eindeutig vom Tourismus. Die palmengesäumte Uferpromenade mit vielen Cafés und Restaurants vor einer imposant schroffen Bergkulisse ist sehenswert. Es macht Vergnügen, durch die verwinkelten Gässchen der Altstadt zu schlendern. Dicht beim Hafen sieht man einen kleinen hübsch gestalteten Kirchturm, den wir schon aus der Naheinsteuerung als unverkennbare Marke erlebt haben. Ein zweiter Turm, deutlich größer und weiter oberhalb, gehört zur Kathedrale. Neben der Kathedrale befindet sich ein pittoresker Gemüsemarkt. Obgleich Makarska ein echtes Oberzentrum der Markarska Riviera ist, wirkt es kaum überlaufen. Sehenswert ist das nette Muschelmuseum, das sich vom Hafen aus östlich der Altstadt befindet. Man geht entlang der Wasser-

front, bis die Straße nach links oben, den Berg hinauf abknickt, und dort etwa 50 m linker Hand befindet sich das Museum.

Tučepi (43° 11,5‘ N 017° 3,4‘ E)

Nur knapp 3 Seemeilen weiter südöstlich von Makarska liegt Tučepi. Der kleine Ort wäre kaum der Rede wert, hätte er nicht eine nette kleine Marina, die unmittelbar unterhalb der kleinen Ansiedlung zu finden ist. Sollte jemand mit einem Trailerboot in

die Gegend kommen, findet er in Tučepi eine gute Slipmöglichkeit.

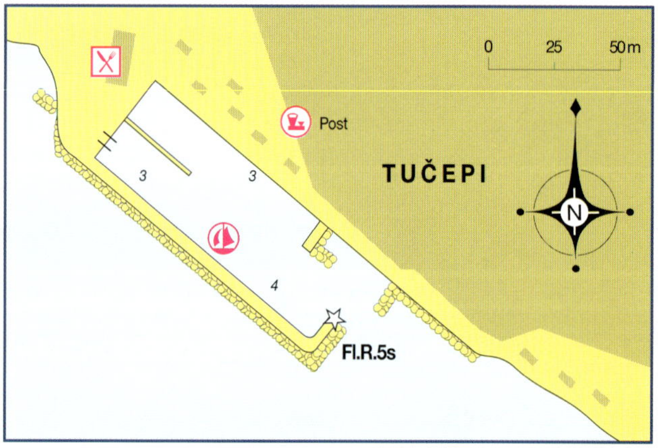

Tučepi

Podgora (43° 15' N 017° 05' E)

Weitere 2,5 Meilen weiter östlich befindet sich der kleine Ort Podgora. Auffällige Landmarke ist ein Denkmal hoch über dem Ort, das wie ein gebogenes Kreuz aussieht. Vor dem Ort in einer weit geschwungenen Bucht vor der Kulisse einer hübschen palmengesäumten Uferpromenade findet sich vor dem Hafen eine Ankermöglichkeit bzw. im Hafen neben dem Was-

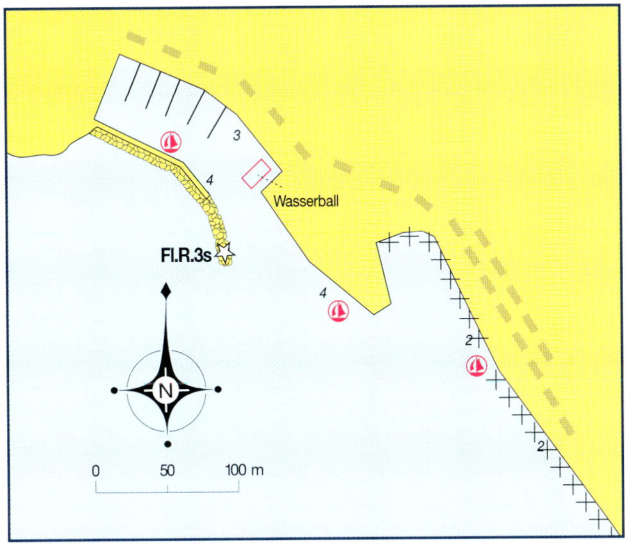

serballspielfeld an fünf Betonstegen eine Liegemöglichkeit. Man tankt an der Innenseite der Außenmole. Vor der Uferpromenade kann man auch längsseits festmachen, muss aber auf viele große Steine und eine Menge Unrat achten, der hier dicht an der Kaimauer im Wasser liegt. Viel Schutz bietet der Hafen insbesondere vor Jugo nicht.

Bol (43° 16‘ N 016° 40‘ E)

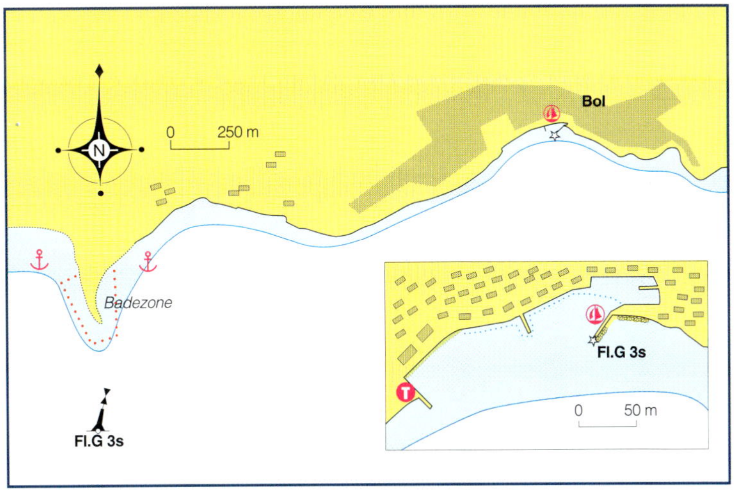

An der Südostküste der Insel Brač, ungefähr auf halber Insellänge, findet sich ein interessantes Naturspektakel. Auf einer Landzunge, eine halbe Meile westlich des Ortes Bol, befinden sich zwei hell leuchtende Strände, die als hervorragende Badestrände weithin bekannt sind. Je nach Windrichtung kann man vor dem einen oder anderen dieser Strände relativ gut ankern. Aber Achtung, die Untiefe zieht sich in Form einer Sandbank deutlich ins Meer hinaus und muss weiträumig umfahren werden. Von Bol schweift der Blick hinüber auf die lang gestreckte, zum Teil schroffe Insel Hvar. Mit 68 km Länge ist sie im süddalmatinischen Archipel die längste Insel. Lang und schmal versperrt sie den Weg zur freien Adria, wenn man von Land kommt. Der Westteil der Insel ist touristisch erschlossen, der gesamte Ostteil erscheint weitgehend unberührt. Wer das Glück hat, im Juni die Insel zu erleben, wird von den vielen blauen Blüten des Lavendels beeindruckt sein. Aber auch andere mediterrane Kräuter wie Rosmarin und Salbei wachsen üppig auf der hügeligen Insel, die

Der Sandstrand von Zlatni Rat westlich Bol

Bol – an der Südküste von Brač

ein besonders mildes Klima auszeichnet. Sie wird nicht umsonst die Lavendelinsel genannt.

Einige Seemeilen südlich Brač liegt die Insel Hvar mit

Jelsa (43° 10' N 016° 42' E) und Vrboska (43° 10,8' N 016° 41' E)

an ihrer Nordküste.

Jelsa, der pittoreske alte Ort, mit seinem unverkennbar venezianischen Campanile verfügt über ein ausgedehntes Hafenbecken, das für durchreisende Yachten leider so gut wie unbrauchbar ist. Die einzig akzeptable Anlegestelle wird für die

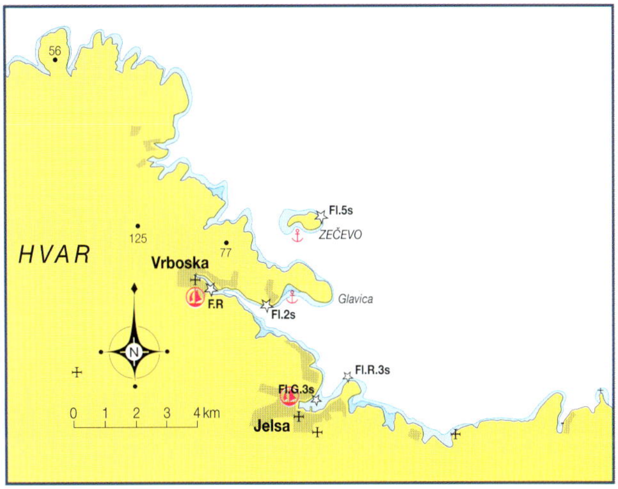

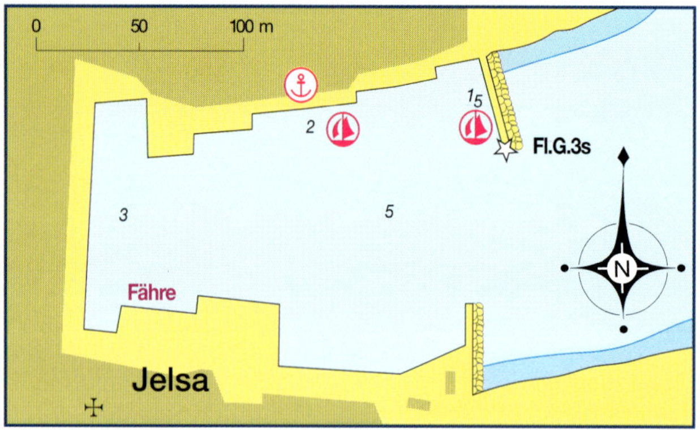

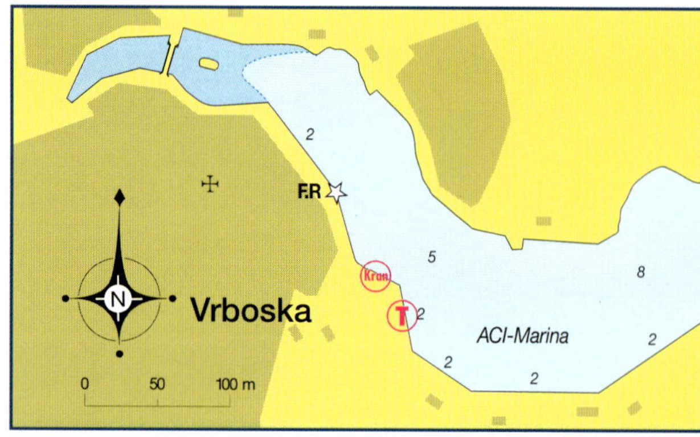

Fähre freigehalten, im übrigen sind die Tiefen unsicher. Nicht umsonst ist eine Meile nördlich die ACI-Marina von **Vrboska** eingerichtet worden.

Ansteuerung:

Von Norden steuert man um die Spitze von Glavica herum und geht auf Westkurs. So kann man die Einsteuerung nach Mari-

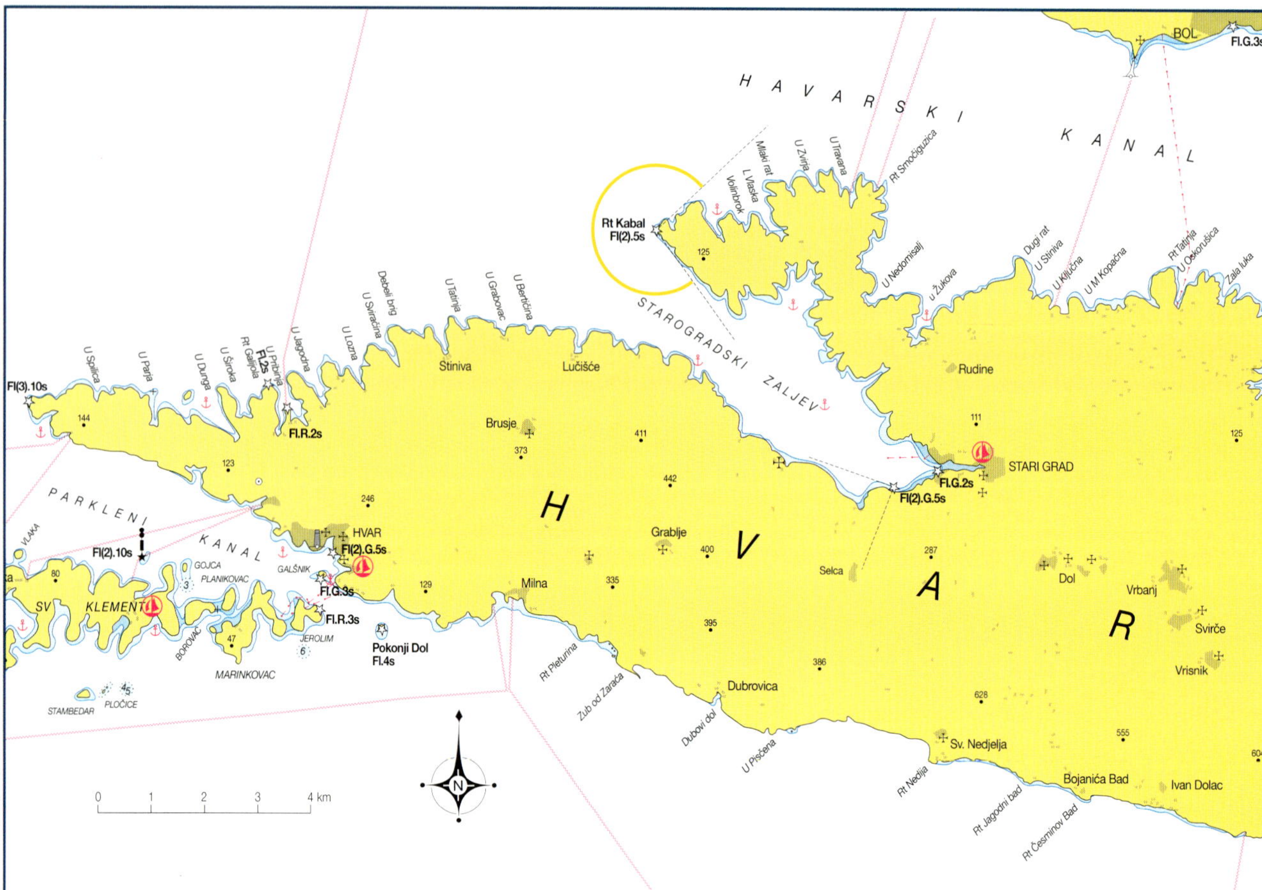

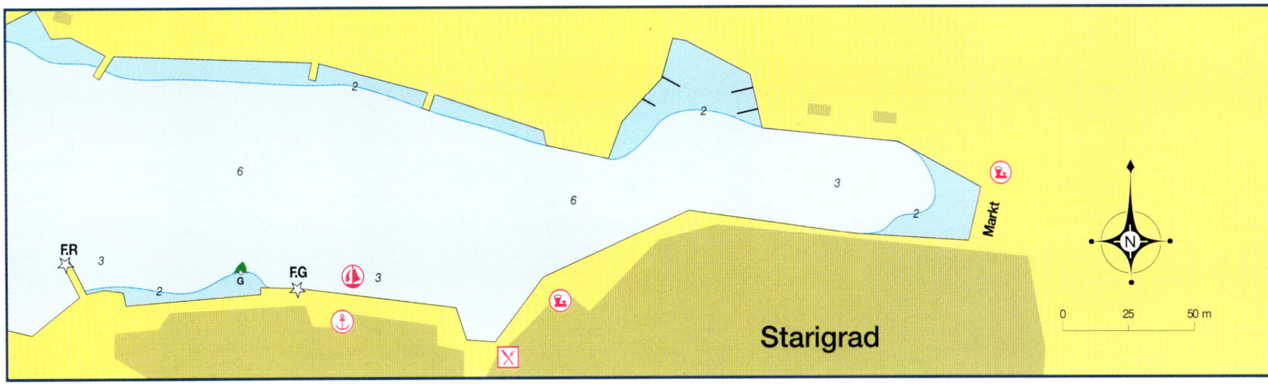

na Vrboska nicht verfehlen. Am Ende des langen Schlauches liegt die Marina in landschaftlich hübscher Lage und recht gut geschützt. Die Länge des Fjordes bedingt allerdings auch, dass bei bestimmten Wetterlagen Seiches mit starken Wasserstandsschwankungen (bis zu 2 m) vorkommen können. Dies dürfte aber die extreme Ausnahme sein.

Liegeplätze:

Die ACI-Marina bietet den üblichen Komfort. Ein ausgezeichneter Ankerplatz befindet sich im Scheitelpunkt der Bucht, die dem eigentlichen Hafenschlauch vorgelagert ist, noch in Sichtweite von Jelsa. Man kann dort auf sieben bis 10 m ordentlich haltendem Kiesgrund vor der Einfahrt nach Vrboska liegen.

Touristik:

Die Gegend ist wie kaum eine andere dazu geeignet, botanische Wanderungen zu unternehmen und in der einen oder anderen Schänke ortsübliche Spezialitäten zu genießen. Z. B. sind gesalzene Sardinen, die mit Kräutern, vor allem Oregano, schichtweise eingelegt werden, eine interessante Gaumenfreude. Dazu isst man dann als Gemüse Mangold, der in der Gegend ohnehin sehr beliebt ist. Natürlich fehlen auch nicht Wein und Süßfeigen zum Nachtisch. Außerdem wird auf der Insel, die vor Kräutern nur so strotzt, der Schnaps auch meist mit diversen Käutern wie Myrte, Salbei oder Anis versetzt.

Stari Grad (43° 11‘ N 016° 35‘ E)

Im äußersten Scheitelpunkt von Stari Grad Caljev liegt die kleine beschauliche Stadt. Es ist erstaunlich, wie ein Ort von ca. 2.000 Einwohnern urbane Atmosphäre ausstrahlen kann – Stari Grad gelingt dies.

Ansteuerung:

Die Ansteuerung des Ortes ist nicht besonders schwierig und frei von Unterwasserhindernissen. Hat man den Kanal von Stari Grad erst erreicht, läuft man bis zu dessen Ende. Am äußersten Zipfel befindet sich der Ort.

Liegeplätze:

Man macht am Stadtkai vor dem Hafenbüro fest. Hier liegen Muringleinen aus, obgleich die Liegeplätze nicht bewirtschaftet aussehen. Die WCs befinden sich in einem Restaurant neben der Hafenmeisterei und duschen kann man auf dem Campingplatz, der ca. 50 m westlich der Hafenmeisterei und 80 m den Hang hinauf liegt.

Versorgung:

Am äußersten Ende des Hafenschlauches, linker Hand, befindet sich ein gut sortierter Supermarkt, gegenüber ein kleiner

Hotel einlaufend an Backbord
Fähranleger einlaufend an Steuerbord

Laden mit Bäckerei. Es gibt auch einige Marktstände, an denen man frisches Obst und Gemüse bekommen kann.

Touristik:

Hübsche alte Bruchsteinhäuser säumen die Hafenbucht. Man sieht dem Ort seine bedeutende Vergangenheit noch deutlich an. Lebhaftes, aber nicht zu lautes städtisches Leben prägt das Bild, und es macht Spaß, am Hafenkai entlangzubummeln und die netten Kneipen aufzusuchen. Nicht zu vergessen sei, dass Stari Grad die älteste Stadt der Insel ist und obendrein eine der ältesten Städte Europas. Schon im 4. Jahrhundert vor Christus gründeten die Griechen die Kolonie Faros. Die Römer

Kaltenberg
MESNICA

siedelten hier, nachdem sie die griechischen Bauten zerstört hatten. Im Jahre 1147 war die Stadt Bischofssitz und bis Ende des 13. Jahrhunderts auch Verwaltungszentrum der Insel, bis diese Funktion von Hvar übernommen wurde. Nicht verfehlt werden kann der palmengesäumte Zentrale Platz an dem das Denkmal des Dichters Hektorovic steht. Der massive Renaissancebau seines Schlosses, erbaut im 16. Jahrhundert, drückt dem Ort seinen Stempel auf. Seine Wuchtigkeit wird gemildert durch die umgebenden Gärten mit mediterranen Pflanzen, Palmen, Granatäpfeln usw.

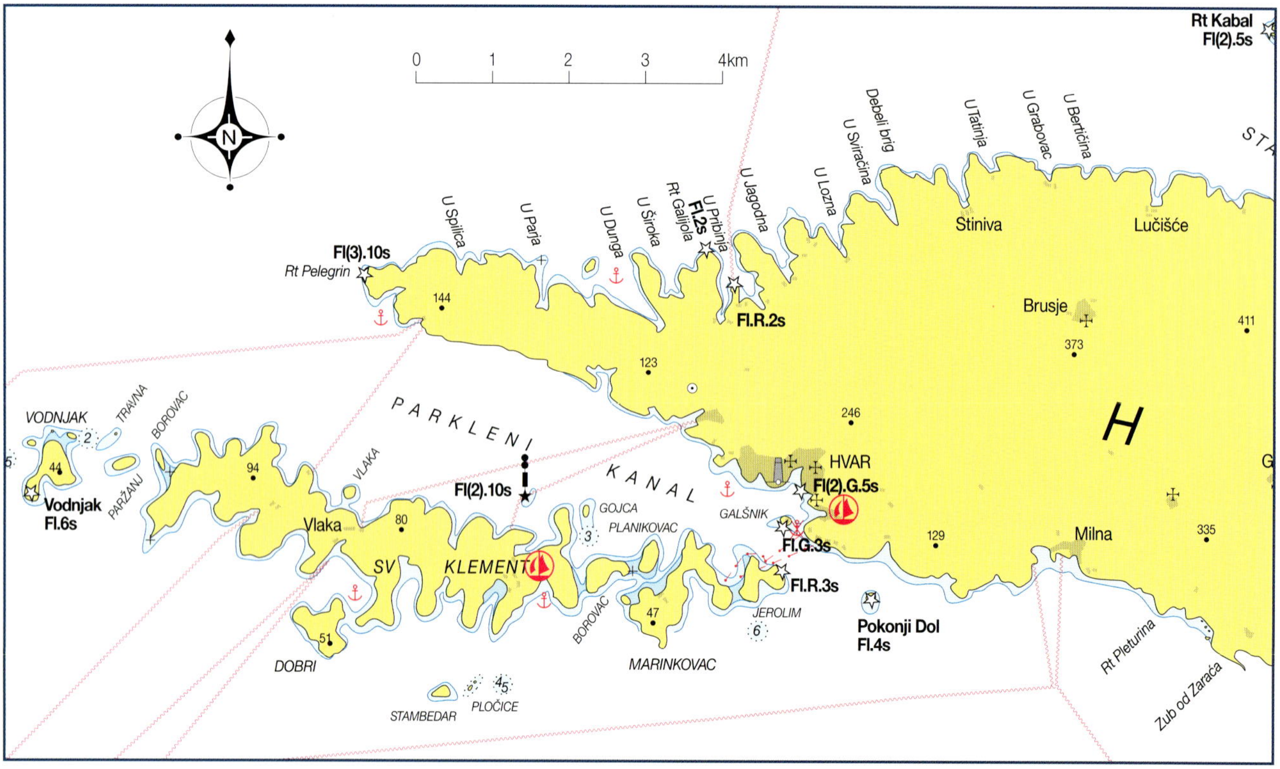

Hvar (43° 10,5‘ N 016° 27‘ E)

Ansteuerung:

Hat man Kap Pelegrin gerundet, steuert man auf östlichem Kurs in den immer enger werdenden Kanal von Paklan hinein. Auf der Steuerbordseite befindet sich der Archipel Pakleni Otoci. Er besteht aus einer Unzahl kleiner und kleinster Inselchen und einer größeren Zentralinsel namens Sveti Klement. Schmal und buchtenreich liegt sie der Insel Hvar vorgelagert. Am Ostende des Kanals von Pakleni befindet sich der malerische Ort Hvar, der einen Besuch sicher lohnt. Er ist unschwer zu erkennen an der hoch oben auf dem Berg thronenden Festungsanlage. In der Nordspitze der sehr weit geöffneten Bucht befindet sich der eigentliche Hafen des Ortes.

Liegeplätze:

Und an dieser Stelle wird es zwiespältig. Liegeplätze sind so gut wie nicht zu bekommen. Mit viel Glück kann man an der im Plan gekennzeichneten Stelle einen Platz am Stadtkai erhaschen. Leider ist der Hafen aber gegen die vorherrschenden

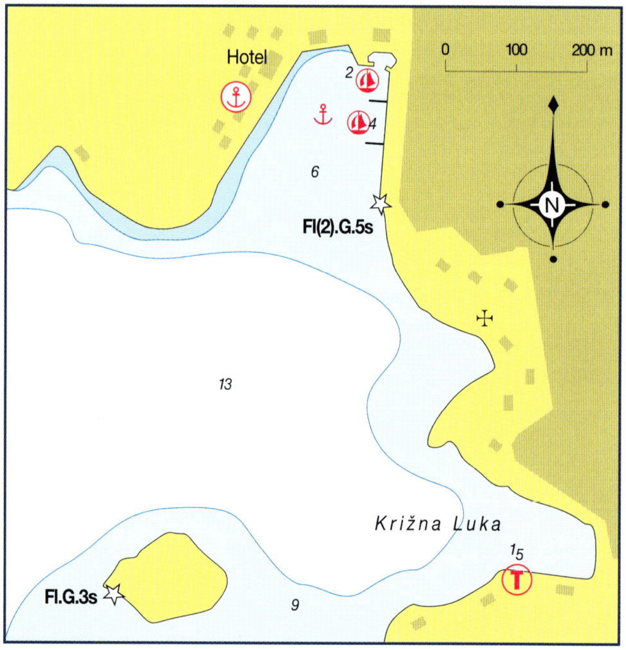

Windrichtungen äußerst ungeschützt, was wohl auch der Grund hierfür ist, dass sich hier keine Marina angesiedelt hat. Will man Hvar besuchen – was sicherlich lohnenswert ist, ist es besser, sich einen Liegeplatz auf der gegenüberliegenden Insel von **Sveti Klement**, in der Marina von Palmizana zu suchen. Von dort kann man mit dem Wassertaxi nach Hvar übersetzen. Dies ist sicherlich nicht die seemännischste aller Lösungen, aber wahrscheinlich die praktischste.

Ansteuerung:

Die Marina von Palmizana liegt auf der Ostseite der Insel Sveti Klement, am Ende einer gut geschützten, tief ins Land hineingeschnittenen Bucht. Erkennbar ist die Einsteuerung am besten

an einem nordwestlich, auf einem Felsen stehenden, Gefahrenzeichen. An dieser Stelle geht es leicht geschwungen in die Bucht von Palmizana hinein.

Liegeplätze:
Die Marina bietet bei dem üblichen Komfort fast 200 durchreisenden Yachten Liegeplätze. Im Winterhalbjahr hat sie jedoch geschlossen. Von der Marina aus fahren Wassertaxis regelmäßig nach Hvar hinüber.

Versorgung:
Der Laden der Marina ist recht gut bestückt. Eine Reihe guter Restaurants, insbesondere auf der gegenüberliegenden Seite der Insel, an der Bucht von Perna, bieten interessante Gerichte. Die Marina verfügt über keine Tankstelle!

Touristik:
Die Marina auf Sveti Klement besticht durch ihre naturnahe Lage. Ringsherum nichts als Kiefernwälder bis dicht an die Wasserlinie heran. Man liegt in reinster Natur. Man kann über

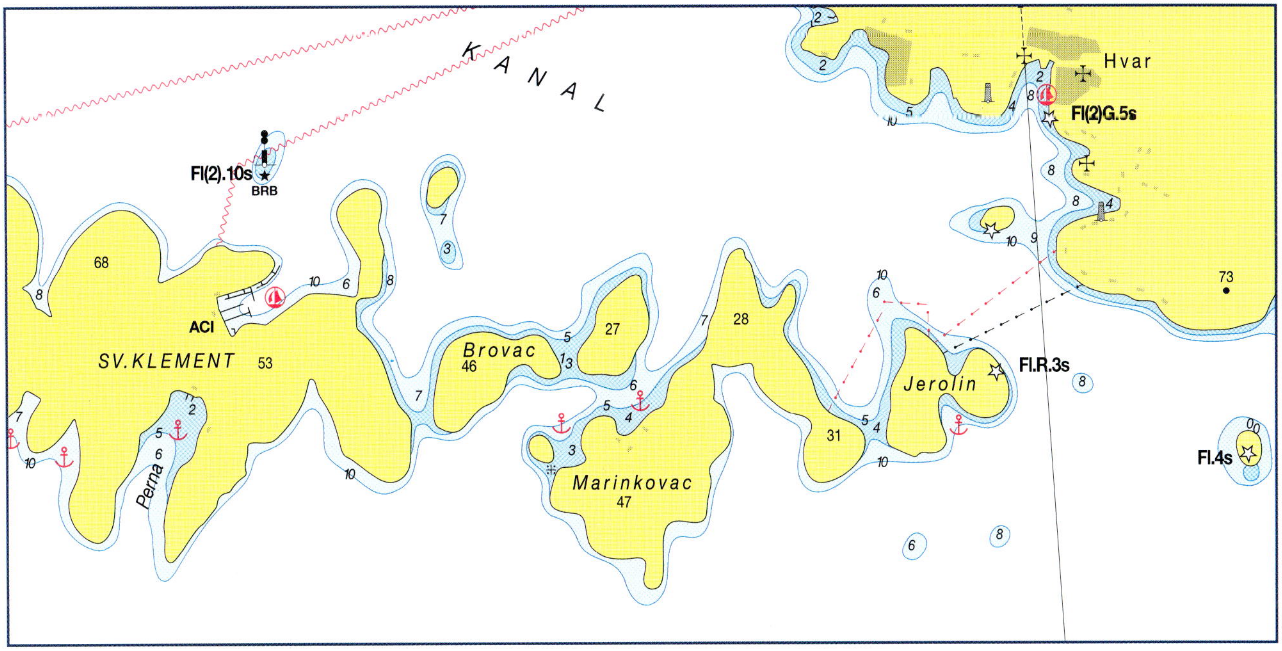
K A N A L
Hvar
Fl(2)G.5s
Fl(2).10s
BRB
ACI
SV.KLEMENT
Brovac
Marinkovac
Jerolin
Perna
Fl.R.3s
Fl.4s

ACI-Marina Palmižana – aus Ost gesehen

Ankerbucht Perna

Einsteuerung zur ACI-Marina Palmižana

leicht erkennbare Trampelpfade auf die gegenüberliegende Seite der Insel wandern (ca. 10 bis 15 Minuten) und findet um eine hübsche Bucht herum, die als Tagesankerplatz auch durchaus taugt, einige nette Restaurants und wunderbare Badegelegenheiten.
Möchte man der Ruhe entfliehen, ist es nur ein kurzer Trip mit dem Wassertaxi hinüber nach Hvar. Wuchtig überragt von der Festung Spanjol, von der aus man auch einen sehr schönen Blick über die Stadt und den vorgelagerten Archipel hat, liegt

Ankerbucht Perna – darüber die ACI-Marina Palmižana

die Stadt Hvar. Am Kai wiegen sich Palmen in einer milden Meeresbrise, verwinkelte Gassen und Gässchen laden inmitten einer üppigen Flora zum Stadtbummel ein.
In den Sommermonaten ist der Ort aber zumeist touristisch völlig überlaufen.

Vis (43° 04‘ N 016° 11‘ E)

Als mächtiger Klotz gut, von Sveti Klement aus zu erkennen, liegt die Insel Vis, weit draußen in der Adria. Sie ist vom Festland die am weitesten entfernte kroatische Insel. Ihre Geschichte war wechselvoll und zumeist militärisch geprägt. Die herausragende strategische Lage war Fluch und Segen zu-

Nordküste von Sveti Klement mit Blick nach Hvar

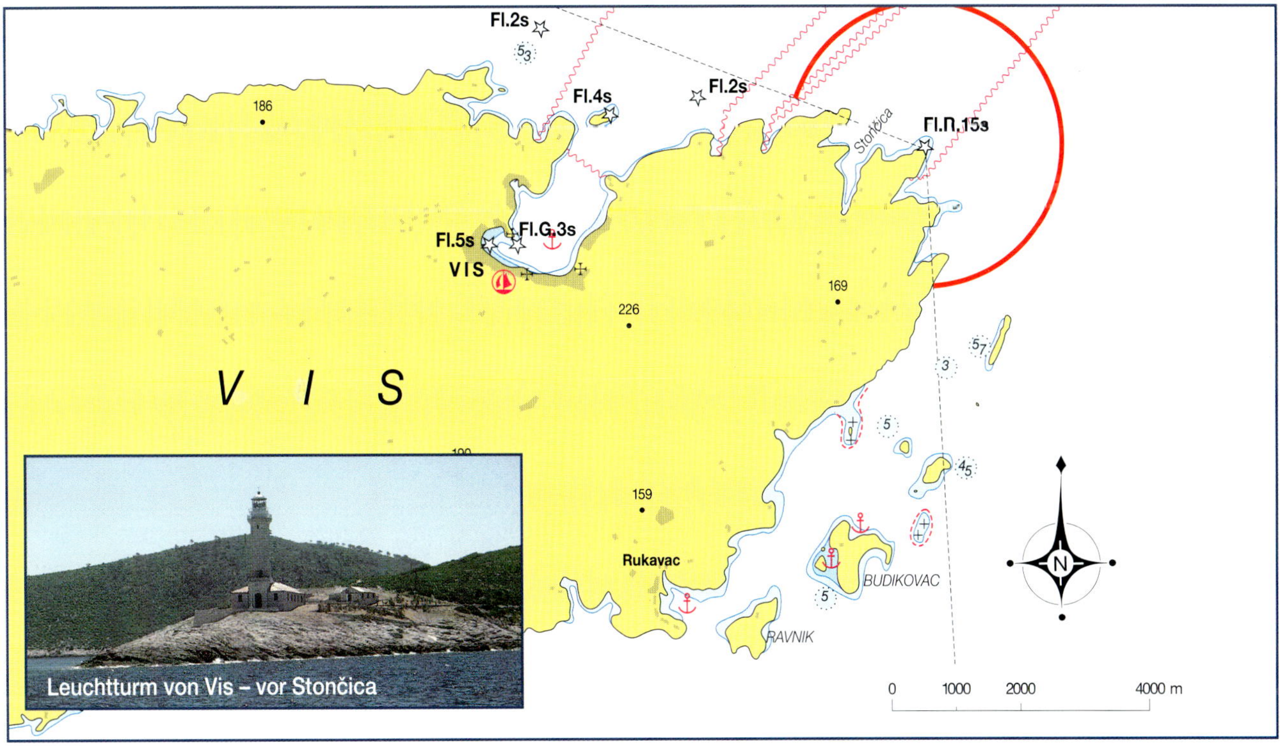

Leuchtturm von Vis – vor Stončica

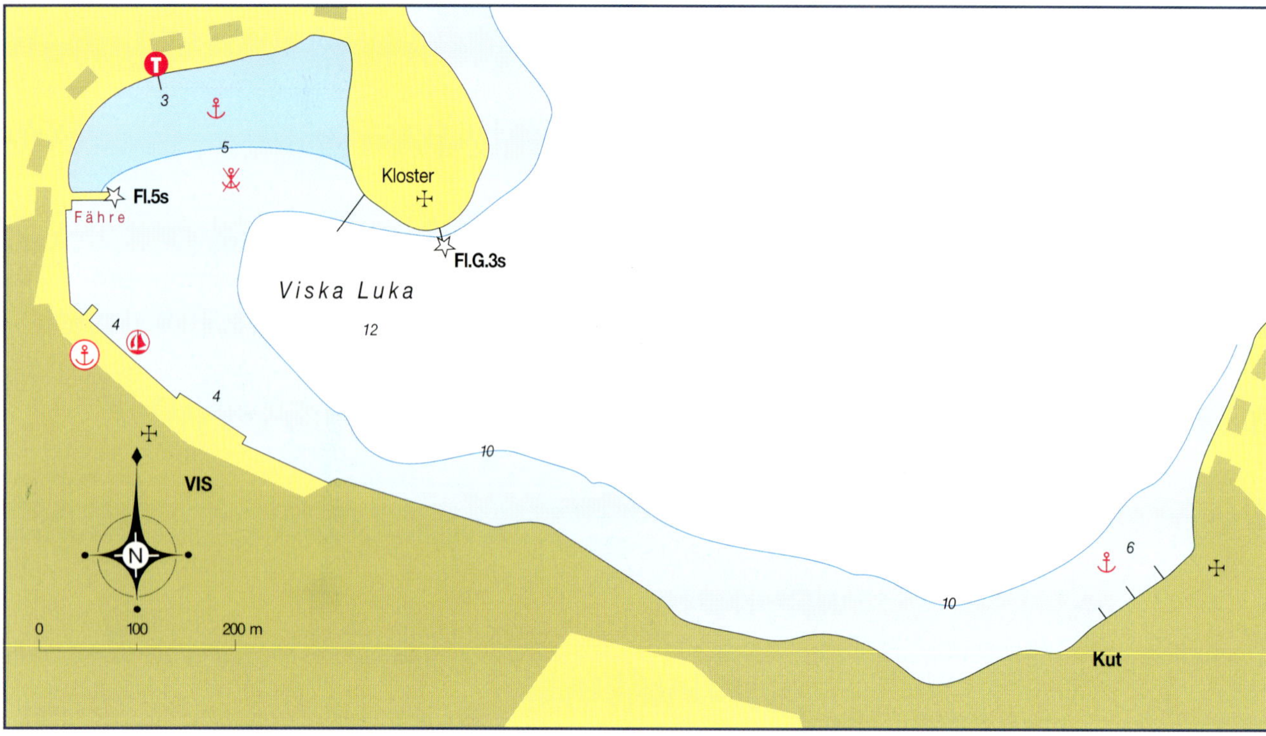

Vis mit seinen Liegemöglichkeiten

Die Bucht von Vis, im Zentrum das Franziskanerkloster

gleich. Fluch insofern, da die Entwicklung der Insel zurückhängt, Segen, insofern sich die Flora der Insel recht gut erhalten hat, trotz des hier ausgeprägten Wassermangels.

Ansteuerung:

Der Ort Vis auf der gleichnamigen Insel befindet sich im Nordteil der Insel, am Ende einer ausladenden Bucht. Die Einsteuerung bereitet keine Schwierigkeiten, hält man sich an die deutliche Betonnung, die ganz offensichtlich an den Bedürfnissen der Marine ausgerichtet ist. Als gute Einsteuerungsmarke von ferne können die die Buchteinfahrt begrenzenden Leuchttürme gut benutzt werden.

Liegeplätze:

Für die Bedürfnisse eines durchreisenden Bootes ist indes schlecht gesorgt. Man kann unmittelbar vor der Uferpromenade vor eigenem Geschirr „römisch-katholisch" festmachen. Da

Krava – Fl.R.2s

die Bucht sehr weiträumig und vorherrschenden Winden ausgesetzt ist, kann dies ein schwieriges, wenn nicht sogar unmögliches Unterfangen werden. Sowohl Bora als auch Jugo wehen ungeschützt in die Bucht. Vor dem Stadtteil Kut, im äußersten Osten der Insel, kann man auf schlecht haltendem Felsengrund eventuell auch ankern.

Versorgung:

Im äußersten Nordwestteil gibt es eine ordentliche Tankstelle. Lebensmittel sind zu bekommen, ansonsten ist man aber auf sich allein gestellt.

Touristik:

Die Insel war bis 1989 für Ausländer strikt gesperrt. Das Militär beherrschte das Bild der Insel. Diese militärische Vergangenheit merkt man dem Ort auch heute noch deutlich an. Teile wirken wenig anheimelnd und eher nüchtern. Im Stadtteil Kut wird man so etwas wie eine verwinkelte Altstadt finden; das Franziskanerkloster auf der Landzunge nordwestlich des Hafens mit seinen Lebensbäumen will so gar nicht in die Atmosphäre des Ortes passen. Die Insel an sich wirkt eher kahl. Rosmarin, Estragon und weitere Macchiegewächse beherrschen das Bild. Die Insel öffnet sich erst langsam dem Tourismus. Neben der Marine waren seit jeher Weinbau und Fischfang die wirtschaftliche Grundlage der Insel. Die Geschichte des Weinbaus reicht hier recht weit zurück. Schon im 2. Jahrhundert vor Christus wurde berichtet, dass es auf der Insel Vis, damals griechisch Issa genannt, hervorragenden Wein gebe. Die be-

Franziskanerkloster

kanntesten der Weine sind Vugava und Plavac. Es sind schwere Südweine mit hohem Alkoholgehalt und geringer Säure. Das Zentrum der antiken Besiedelung lag auf der Seite, wo heute das Franziskanerkloster auf der Landzunge nordwestlich des Hafens steht. Es wurde auf den Überresten römischer Bebauung errichtet. Weiter im Nordosten findet man noch Teile und Überreste der ehemaligen griechischen Siedlung Issa.

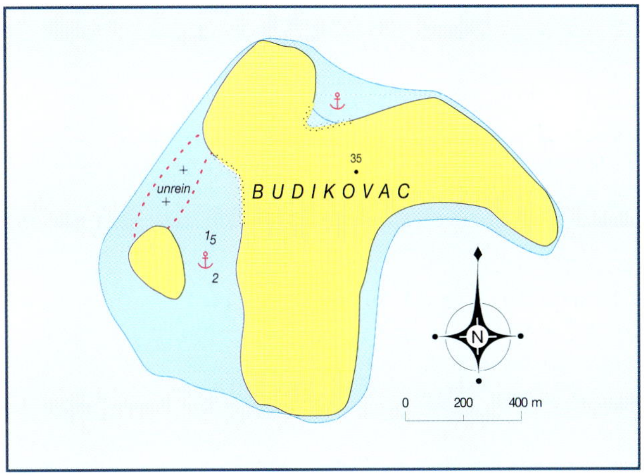

Budikovac (43° 01,6‘ N 016° 14,8‘ E)

Der Insel Vis südöstlich vorgelagert befinden sich eine Reihe kleiner Inseln. Eine davon, Budikovac, bietet einen sehr malerischen Ankerplatz. Am besten steuert man die Insel Budiko-

Budikovac – Blick nach süd

Budikovac vor der Südostküste von Vis

vac von Süd kommend an, an ihrem äußersten Westzipfel öffnet sich die kleine Ankerbucht. Mehr als vielleicht vier oder fünf Boote gehen hier nicht hinein. Der 2,50 bis 4 m tiefe Felsgrund ist mit Sandflecken durchsetzt. Einige Seegraswiesen zeichnen sich ab. Im Scheitelpunkt der Bucht erkennt man eine einsame Fischerkate und einen wunderschönen Sandstrand. Die Kate ist unbewohnt. Nach Norden hinaus riegelt ein knapp unter der Wasseroberfläche liegendes Felsriff die Bucht gegen Nord ab. Das Wasser ist dort nur wenige Zentimeter tief! Also nur von Süden ansteuern! Man kann hier in unberührter Natur sehr schön liegen. Die Insel ist von einer Vielzahl interessanter Seevögel bevölkert. Leider ist der Ankerplatz gegen Wind und Schwell aus dem südlichen Quadranten völlig ungeschützt. Ein schöner Seeschlag führt von Vis hinüber zu der kleinen Insel Sušac.

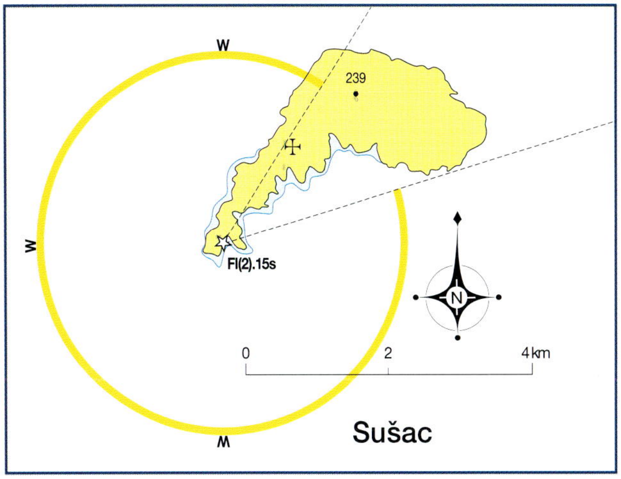

Sušac (42° 46‘ N 016° 31‘ E)

Ansteuerung:

Unverwechselbar klotzig liegt die Insel mitten in der Adria. Am besten erkennbar ist sie aufgrund ihres wuchtigen Leuchtfeuers auf der Südspitze der Insel. Je näher man an den Felsklotz heranrückt, desto deutlicher tritt der Leuchtturm hervor. Hat man die Südseite der Insel erst gerundet, gewinnt man einen interessanten Landschaftseindruck. Die Insel ist steil, schroff und ihre Klippen sind von laut kreischenden Seevögeln besiedelt. Außer der Leuchtfeuerbesatzung gibt es hier kein menschliches Lebewesen.

Liegeplätze, Versorgung:

Die Liegemöglichkeiten sind schlecht, eine Versorgung gibt es nicht. Lediglich auf der Südseite, nahe der kleinen Kapelle Sveti Mihovil befindet sich ein unsicherer Ankerplatz. Die Insel wirkt doch eher abweisend, aber sehr ursprünglich und abgelegen.

Lastovo (42° 46‘ N 016° 50‘) E

Rund 12 Seemeilen östlich von Susac trifft man auf das zerklüftete Eiland Lastovo.

Ansteuerung:

Auf der Westseite der Insel befindet sich eine große, tief ins Land eingeschnittene und guten Schutz bietende Bucht. Bei der Ansteuerung dieser Bucht muss man auf eine Reihe vorgelagerter Inseln und Inselchen achten, die allerdings bis dicht ans Ufer heran große Wassertiefen bieten. Klare Ansteuerungsmarken bieten sich nicht, aber es ist unproblematisch, in die Bucht von Ubli, welches ein kleiner Ort am Südende der Einbuchtung ist, zu gelangen.

Liegeplätze:

Ganz im Süden der Bucht bei Ubli gibt es eine Tankstelle und einen Fähranleger. Der Liegeraum für Yachten ist sehr knapp bemessen. Man wird aber für eine Übernachtung ohne weiteres auch an der Tankstellenpier festmachen können. Die einladenden Kaimauern direkt in der Einfahrt auf der Backbordseite sind leider dem Fährverkehr vorbehalten, und die Fähren verkehren bis spät in die Nacht. Die Ankermöglichkeiten in der Bucht sind insofern schlecht, als die Wassertiefen bis dicht ans Ufer heran groß sind. Dieser Nachteil für durchreisende Sportboote war für U-Boote eher günstig. Noch heute zeugen ungenutzte U-Boot-Bunker im Nordteil der Bucht von Ubli von der einstigen militärischen Nutzung. Nur wagemutige Motorbootskipper benutzen diese U-Boot-Bunker als Bootsgarage.

Versorgung:

Die Insel Lastovo war genauso wie Vis militärisches Sperrgebiet. Ubli als Fährhafen war auch militärisch genutzt. Davon

Veli Lago von Norden aus gesehen, im Vordergrund Mali Lago

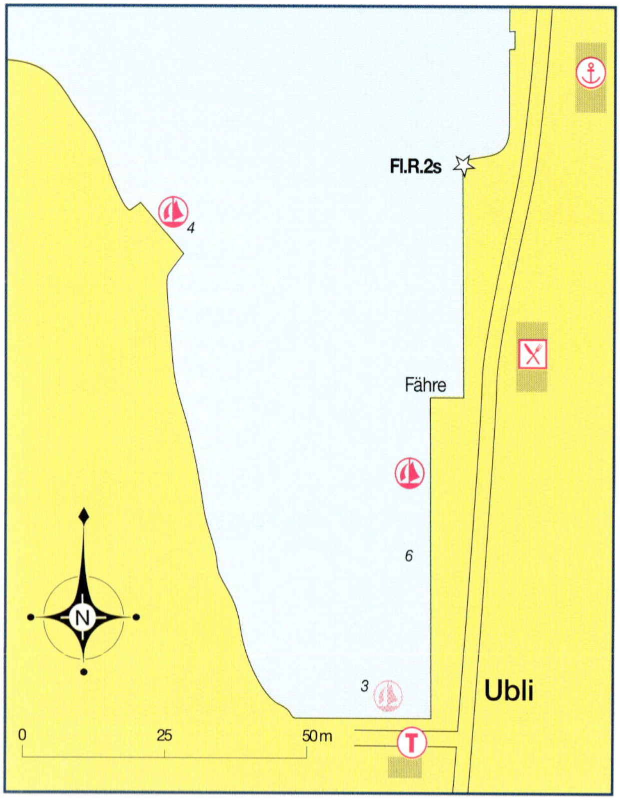

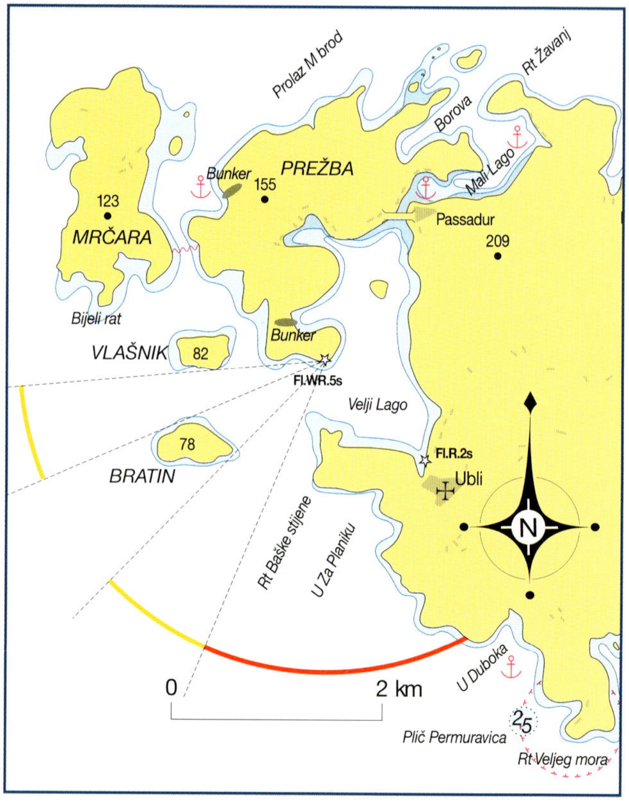

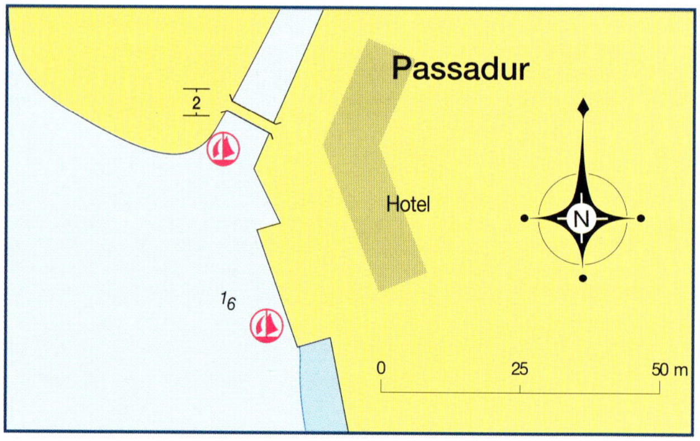

zeugen heute gesprengte und zerschossene Mannschaftsunterkünfte, die in der Nähe der kleinen Kirche an der Landstraße bis ins Inselinnere hinein zu sehen sind. Die Versorgungslage ist nicht besonders gut. Ein kleiner Laden befindet sich die Straße aufwärts linker Hand in dem ehemaligen Supermarktkomplex. Das kleine Restaurant am Fähranleger ist gastfrei.

Ubli mit Fähranleger

Römische Ruinen in Ubli

Weitere Versorgungsmöglichkeiten gibt es nicht. Im Norden der Bucht Velji Lago gibt es einen schmalen Durchstich in die Bucht von Mali Lago. Der Kanal ist weitgehend versandet und die feste Brücke verhindert ohnehin die Durchfahrt für ein Segelboot.

Dabei ist die Bucht von Mali Lago zum Ankern gar nicht schlecht geeignet. Von Norden kommend kann man in die tiefe und reine Einfahrt der Bucht problemlos einlaufen. Mit einem Segelschiff muss man allerdings auf ständig wechselnde und drehende Winde gefasst sein, die die Einsteuerung etwas heikel gestalten können. Am Ende der tief eingeschnittenen Bucht liegt der Ort Presba. Vor dem Ort kann man auf 3 bis 6 Meter ordentlich haltendem Grund hübsch und vor allem gut geschützt ankern. Hier liegt es sich ausgesprochen idyllisch.

Touristik:

Nachdem die Insel bis 1989 weitgehend unzugänglich war, ist Tourismus hier noch ein Fremdwort. Entsprechend läuft man die Insel auch wegen ihrer landschaftlichen Schönheit – zerklüfteter Karst, üppig grüne Wälder, mediterrane Macchie – an und nicht wegen lautstarker Vergnügungen. Lastovo ist damit – noch – eine Insel der Stille und Beschaulichkeit.

Im Innern von Lastovo

Nördlich von Lastovo liegt lang gestreckt, im Osten hoch, im Westen flach auslaufend die Insel Korčula. Am äußersten Westende, am Ende einer tief eingeschnittenen Bucht, umgeben von eher flachen Hügeln befindet sich der Ort.

Vela Luka (42° 58‘ N 016° 43‘ E)

Ansteuerung

Am Ende einer anfangs sehr breiten Bucht, die zum Ort hin immer enger zusammenläuft, befindet sich die Stadt. Mit ihren rund 4500 Einwohnern ist sie die größte Stadt der Insel. Schon von weitem ist die Streubebauung des Ortes zu bemerken. Im Übrigen ist die Einfahrt durch Leuchtfeuer sehr gut gekennzeichnet und eigentlich nicht zu verfehlen. Näher herangerückt

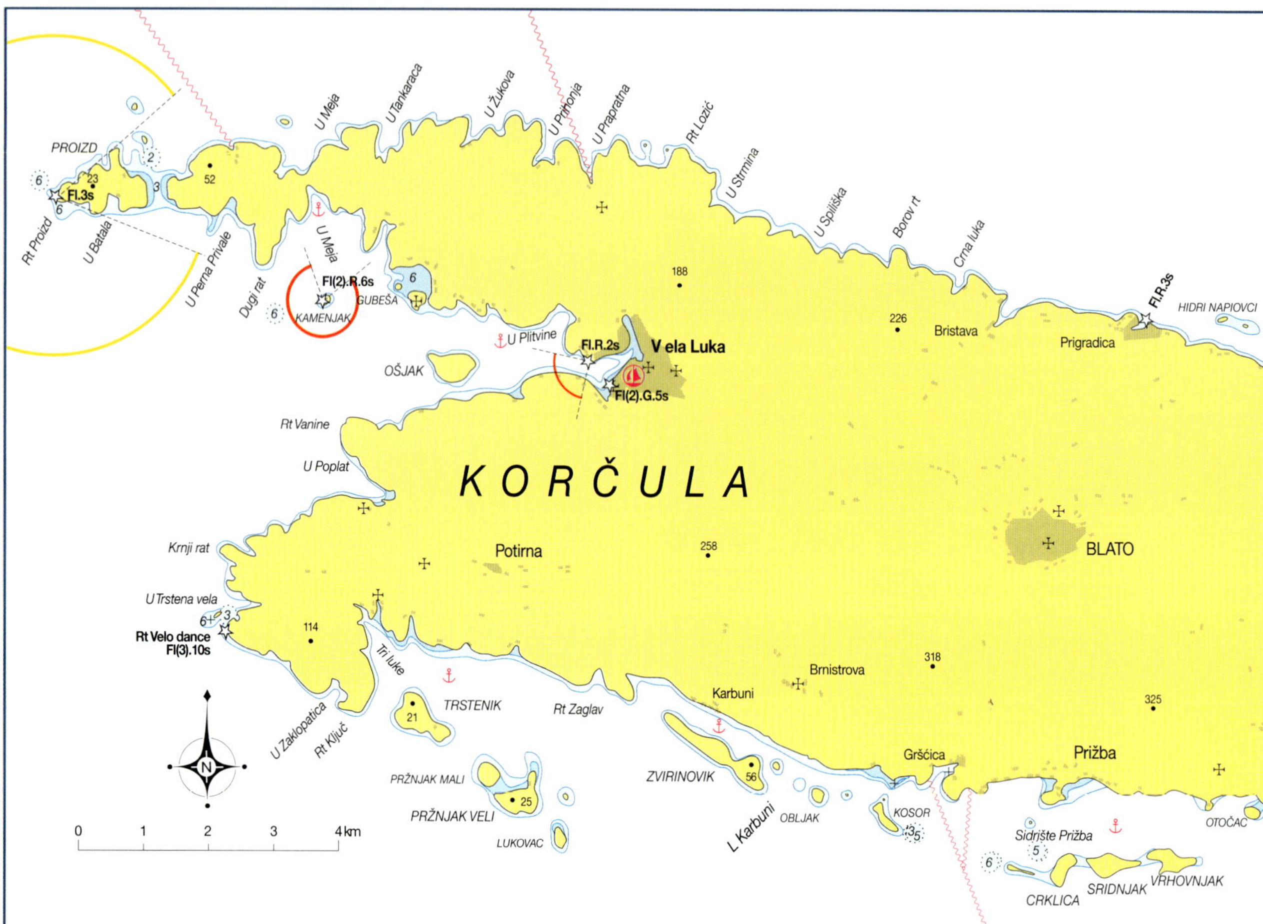

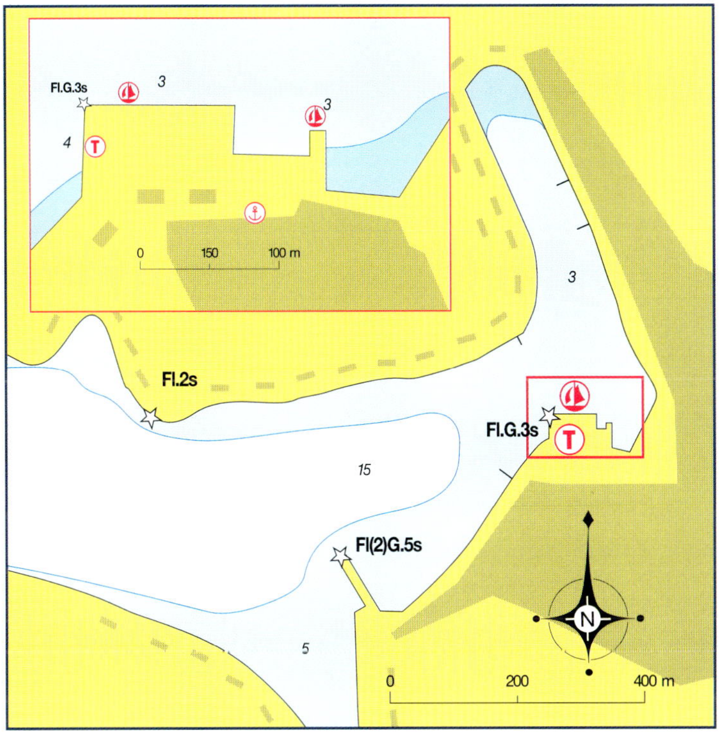

kann man sich auch gut an dem spitzen, venezianischen Kirchturm von Sveti Josip orientieren.

Liegeplätze:

Auf Yachten ist der Ort wenig eingestellt. Liegeplätze befinden sich am Stadtkai hinter der Tankstelle, einlaufend Steuerbord. Leider sind die Plätze bei Wind aus fast allen Richtungen recht exponiert.

Touristik:

Vela Luka ist eigentlich kein touristisches Zentrum. Man spürt dem Ort an, dass er von Fischfang und Werftindustrie lebte und auch heute noch lebt. Die an der Südseite der weiträumigen Bucht gelegene große Werft baut heute Fischerkähne und Rettungsboote, und zwar aus Kunststoff. Sie ist also hervorragend in der Lage, mit GFK umzugehen! Darum ist das touristische Interesse relativ begrenzt. Es gibt eine Reihe netter Restaurants direkt an der Wasserlinie um die Bucht herum gruppiert. Will man allerdings irgendwo gut Fisch essen gehen, ist Vela Luka eine ausgezeichnete

Adresse. Man bekommt hier sehr guten und vor allem fangfrischen Fisch. Übrigens, wenn man ein Faible für frischen Thunfisch hat, muss man hierauf nicht verzichten. In den seltensten Fällen steht dieser Speisefisch auf der Karte des Restaurants – man muss fragen. Warum? Er gilt bei Einheimischen eher als minderwertig, wird deshalb nicht besonders zur Schau gestellt, ist aber immer zu bekommen. Außerdem hat man die Gelegenheit, sich den Fisch zeigen zu lassen und frisch zu wählen.

Korčula (42° 58‘ N 017° 08‘ E)

Am äußersten Südostende der Insel Korčula liegt der Hauptort, ein Kleinod mittelalterlicher Architektur.

Ansteuerung:

Hat man den Südostzipfel der Insel gerundet, dient als Landmarke der eigentlich von überall her gut zu sehende Berg Sveti Jlija. Er liegt auf der Insel Pelješac und ist aufgrund seiner wuchtigen Statur, seiner Höhe von immerhin fast 1.000 Metern und seiner charakteristischen Silhouette, eine Spitze mit deutlich ausgeprägten zwei Schultern, unverkennbar. Von Süden

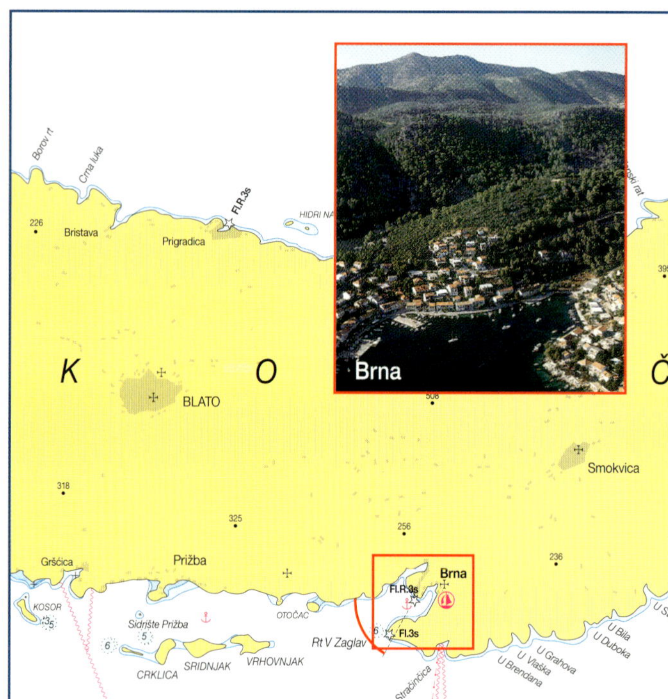

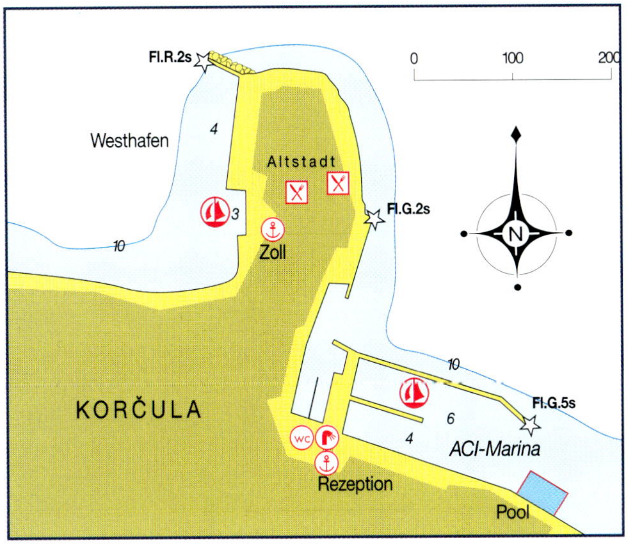

kommend ist er auch als Landmarke von Dubrovnik zu erkennen. Näher herangerückt erkennt man deutlich die trutzige Festungsmauer, die Korčula umgibt. Sie ist direkt ins Wasser gebaut und schützt den Hafen seit alters her. Halbrunde Bastionen, direkt zum Wasser hin gebaut, erwecken einen mittelalterlichen Eindruck. Die Stadt ist so gut wie nicht über ihre Mauern hinausgewachsen, was sie heute als äußerst pittoresk erscheinen lässt.

Liegeplätze:

Die Altstadt Korčulas ist auf einen Felsvorsprung hinausgebaut. Auf diese Weise öffnet sich nordwestlich eine Bucht mit dem Altstadthafen und südöstlich eine weitreichende Bucht mit der neuen ACI-Marina. Yachten können am Altstadtkai festmachen, liegen dort in der Regel aber recht ungeschützt. Besser ist allemal die Marina. Sie bietet 150 Liegeplätze. Errichtet wurde sie aber wohl noch zu Zeiten, als Boote von 10 Metern Länge groß erschienen. Will sagen, der Manövrierraum ist eng. Die Wassertiefen reichen allemal und überall aus. Durchreisende Yachten liegen zumeist an der Innenseite der Außenmole. In der Regel wird man aber vom Marina-Personal eingewiesen.

Versorgung:

Die Versorgungslage ist ausgezeichnet, mehrere Supermärkte – auch in Hafennähe – und eine Unzahl von Restaurants bieten

sich dem Besucher an. Der Hafen verfügt jedoch über keine Tankstelle! Diesel – eine kombinierte Auto- und Bootstankstelle befindet sich rund 1 Meile südöstlich am Fähranleger, an dem die Fähren aus Pelješac festmachen. Wer die Insel mit einem Fahrzeug erkunden möchte, ist in Korčula bestens bedient. Direkt am Hafen, Richtung Altstadt, neben dem Supermarkt ist ein Motorroller-Verleih. Es macht großes Vergnügen, die kleinen Sträßchen der Insel auf eigene Faust zu erkunden.

Touristik:

Viele meinen, das Städtchen Korčula sei das hübscheste Adriastädtchen schlechthin. Da es auf einer Halbinsel gelegen ist, die von wehrhaften Mauern umgeben ist und sich praktisch nicht über seine mittelalterlichen Stadtmauern hinaus entwickelt hat, vermittelt das Stadtbild heute noch einen ungestört antiken Charakter. Eine geschützte Hauptachse, von der viele kleine verwinkelte Gässchen abzweigen, prägen das Bild. Die wuchtigen Berge der Insel Pelješac jenseits des Pelješac-Kanals tun ein Übriges, den pittoresken Landschaftscharakter zu unterstreichen. Übrigens ist die Entstehungszeit der Stadt Korčula völlig unbekannt. Der Sage nach soll die Kolonie bereits von Vertriebenen des Trojanischen Krieges herrühren –

Nordkai der Stadt Korčula

Fähranleger und Tankstelle Korčulas

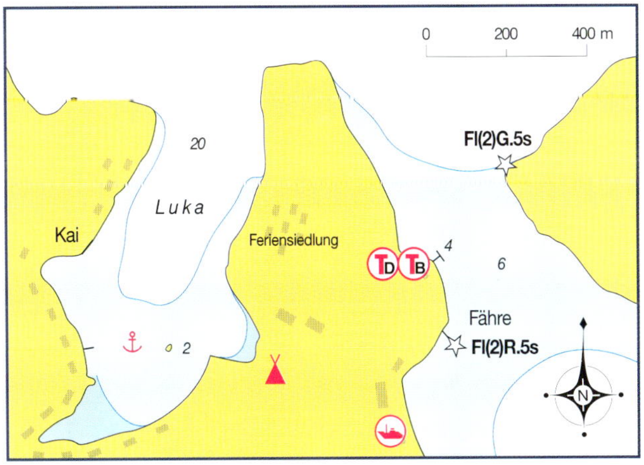

wer weiß? Die Stadt, wie wir sie heute sehen, stammt in ihren Grundanlagen aus dem 13. Jahrhundert. Eingenommen wurde sie wohl nie, was heute für ein ungestörtes Stadtbild sorgt. Am besten betritt man die Altstadt durch das Südtor, durch das ein imposanter Treppenaufgang hinter die Stadtmauern führt. Hier erkennt man auch, dass der imposante Mauerring zum Teil schon notdürftig repariert und stellenweise auch ordentlich saniert werden musste. Besonders stolz sind die Ein-

Das mittelalterlich geschlossene Stadtbild Korčulas – im Hintergrund: Halbinsel Pelješac

Einsteuerung in den Pelješki-Kanal aus Süd

wohner darauf, dass der als venezianischer Kauffahrer bekannt gewordene Marco Polo aus Korčula gebürtig ist. Geht man die Hauptachse vom Südtor Richtung Kirche, trifft man zunächst links auf das Rathaus mit einer Vielzahl venezianischer Ornamente. Der Löwe von San Marco ist allgegenwärtig. Weiter aufwärts auf der rechten Seite trifft man auf das Geburtshaus von Marco Polo, den so genannten Torre de Marco Polo. Noch weiter aufwärts am Kirchplatz weitet sich die Straße ein wenig. Es lohnt, die Kirche zu betreten. Sie beherbergt einen sehenswerten Barock-Hauptaltar und einen uralten Beichtstuhl am nördlichen Seiteneingang. Es ist derjenige aus Stein gehauene mit der Holztür und der Sprechklappe. Ständig zweigen von der Hauptachse, die wir jetzt verfolgt haben, Quergassen ab, die von Nord nach Süd verlaufen. Sie sind systematisch angelegt worden und sollen im Sommer in der Altstadt für angenehme Durchlüftung und Kühle sorgen. Im

Das Stadttor von Korčula

Die schmalen Gassen Korčulas sorgen auch bei Hitze für ein angenehmes Klima

Markt vor dem Stadttor

Winter ist die Altstadt gegen harte Stürme ebenfalls gut gesichert. Daneben liegt die gewaltige Bergkulisse der Insel Pelješac, sie sieht nicht nur pitoresk aus, sie sichert Korčula auch vor nördlichen Kaltlufteinbrüchen.
Verfolgt man die Kardinale weiter bis zur Spitze der Altstadt, geht es wieder hinunter Richtung Meer. In der dortigen exponiertesten aller Bastionen liegt ein Künstleratelier. Von dort kann man links am alten Hafen entlang oder rechts an der Steilseite der Stadt, direkt am Wasser, zurück zum Eingangstor der Altstadt laufen. Hier vor dem Südtor spielt sich insbesondere der Gemüsemarkt ab, aber auch touristische Artikel werden feilgeboten.

Knapp 3 Seemeilen südöstlich der Stadt Korčula liegt noch die kleine Marina von Lumbarda.
Sollte, was im Hochsommer vielleicht vorkommen kann, Korčula keine Liegemöglichkeit mehr bereithalten, ist Lumbarda ein guter Ausweichhafen für Boote, die weder zu groß sind, noch zu viel Tiefgang haben.

Marina Lumbarda

Lumbarda

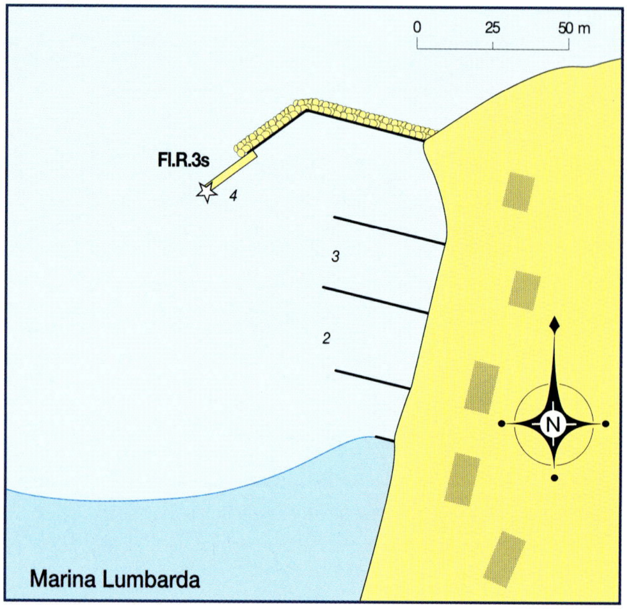

Marina Lumbarda

Lumbarda (42° 55‘ N 017° 11‘ E)

Ansteuerung:

Auffällig ist eine kleine Kirche auf einem grünen Hügel hoch über der Marina gelegen.

Liegeplätze:

Die Marina verfügt über 120 Liegeplätze. Vorzugsweise sollten Boote mit größerem Tiefgang nur an der Außenmole festmachen und nicht zu weit in den Hafen hineinlaufen. Außer einigen wenigen Restaurants gibt es keine Versorgungsmöglichkeiten. Auch touristisch hat der Ort nichts Außergewöhnliches zu bieten.

Orebič 42° 58,5‘ N 017° 24‘ E

Ansteuerung:

Genau gegenüber der Stadt Korčula liegt der kleine Fährhafen auf der Halbinsel Pelješac. Im Hintergrund ist eindrucksvoll der mächtige Sveti Jlija zu sehen, fast der „Hausberg“ von Orebič. Hinter den Hafenmolen ist der kleine Ort sichtbar.

Liegeplätze:

Orebič verfügt über einen kleinen Yachthafen, der als Ausweichhafen von Korčula gut in Frage kommt.

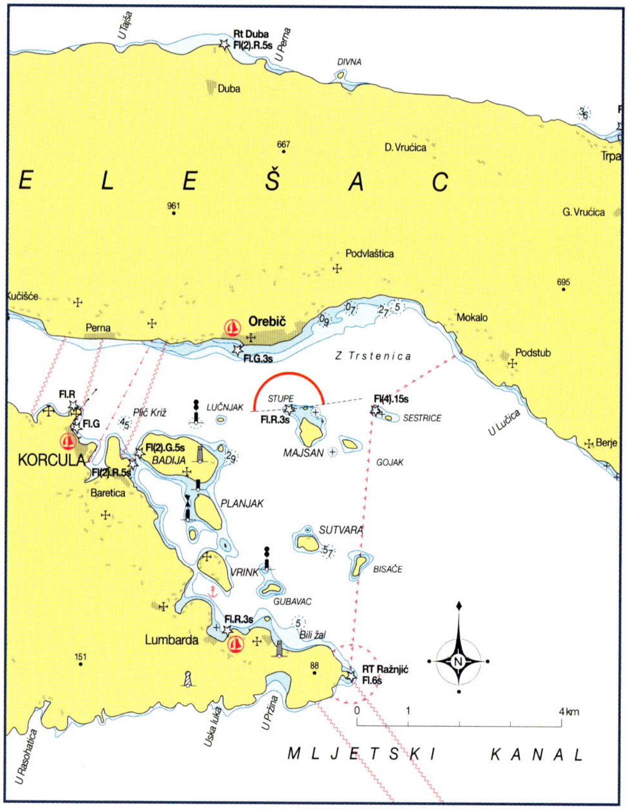

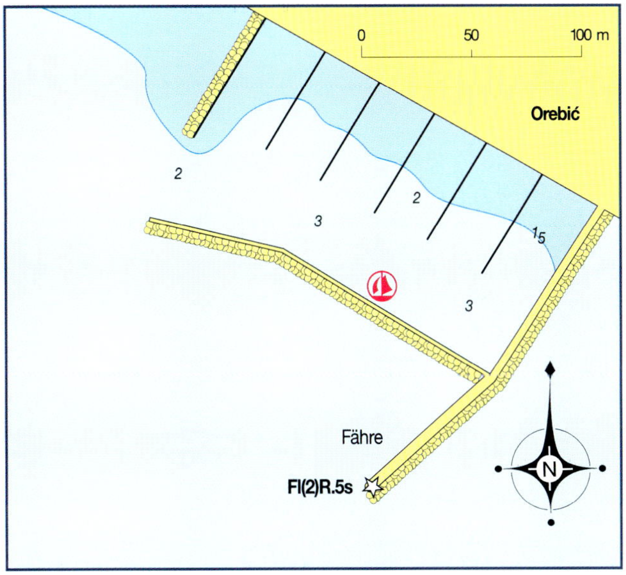
0
50
100 m
Orebić
2
3
2
1,5
3
Fähre
Fl(2)R.5s
N

Orebič

Kapelle, an den Berg geklebt, westlich Orebič

Orebič – Außenmole

Auslaufen aus dem Pelješki-Kanal in Richtung Ost

Versorgung:

Die notwendigen Versorgungsmöglichkeiten gibt es in Orebič, aber es ist kein Vergleich zu Korčula.

Touristik:

Obgleich der Ort schon in römischer Zeit genau wie heute Bedeutung als Fährhafen hatte, konnte er sich neben seiner berühmten Schwesterstadt Korčula kaum entwickeln. Touristisch hat er daher außer einigen wenigen römischen Ruinen nichts zu bieten. Es ist eben eine Durchgangsstation nach Korčula.

Trstenik (42° 55‘ N 017° 24,2‘ E)

Trstenik-Mole

Küstenbild westlich Trstenik

Mole und das Feuer. Früher gab es in dem verschlafenen Nest nur einige Fischerboote, die auf den Strand gezogen wurden. In der Zwischenzeit war der Fährbetrieb auch einmal eingestellt worden. Das hat den Ort wieder in seinen alten Dornröschenschlaf fallen lassen. Nun fahren die Fähren wieder. Wie auch immer – er ist für durchreisende Sportboote durchaus interessant. Einsteuernd steuerbord wird man auch auf einer Anhöhe ein grösseres Gutsgebäude ausmachen können. Es ist recht characteristisch für dieses Gebiet.

Liegeplätze:

Man kann an der Innenseite der Mole festmachen, wobei der innere Teil aber für den Fährbetrieb freizuhalten ist. Nachts verkehren die Fähren im Übrigen nicht. Auch das Ankern ist in der Bucht vor dem Strand möglich. Die Wassertiefen liegen hier aber recht tief bei vielleicht 8 m und der Grund hält nicht besonders. Das ist erwähnenswert wegen des eingangs schon erwähnten Taleinschnittes hinter dem Ort. Nachts können kräftige Fallböen durch das Tal rauschen, insbe-

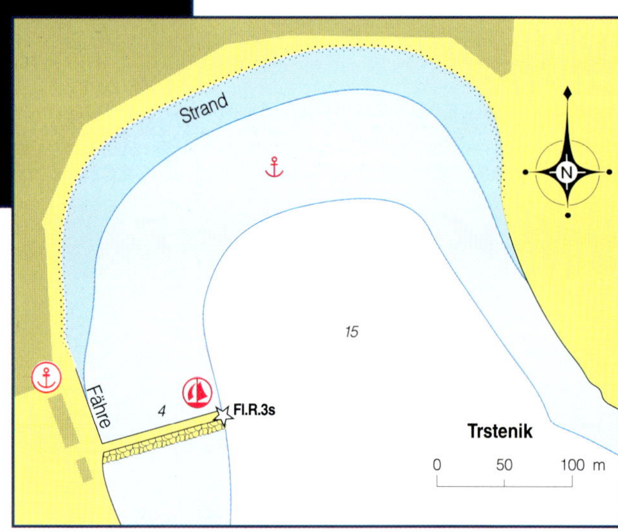

Ansteuerung:

Rund 10 sm südöstlich von Orebič liegt der kleine Hafen von Trstenik. Erkennbar ist er als weiße Siedlung mit roten Ziegeldächern – unmittelbar vor einem tief eingeschnittenen grünen Tal. Es ist damit klar, der Ort liegt an einer Bachmündung, die auch für einen netten kleinen Strand gesorgt hat. Näher herangerückt erkennt man auch auf der Spitze einer Mole ein mächtig großes Feuer. Warum so gut befeuert? Trstenik war seit etwa 1980 der Fährhafen zur Nachbarinsel Mljet. Daher die

Trstenik

sondere, wenn es Boralagen gibt. Der Taleinschnitt verstärkt den Wind dann noch kräftig. Schwell wirft der Wind dann zwar nicht auf, aber am Ankergeschirr zieht es doch kräftig.

Versorgung:

Der kleine Ort bietet nur sehr bescheidene Möglichkeiten.

Wolken über Pelješac

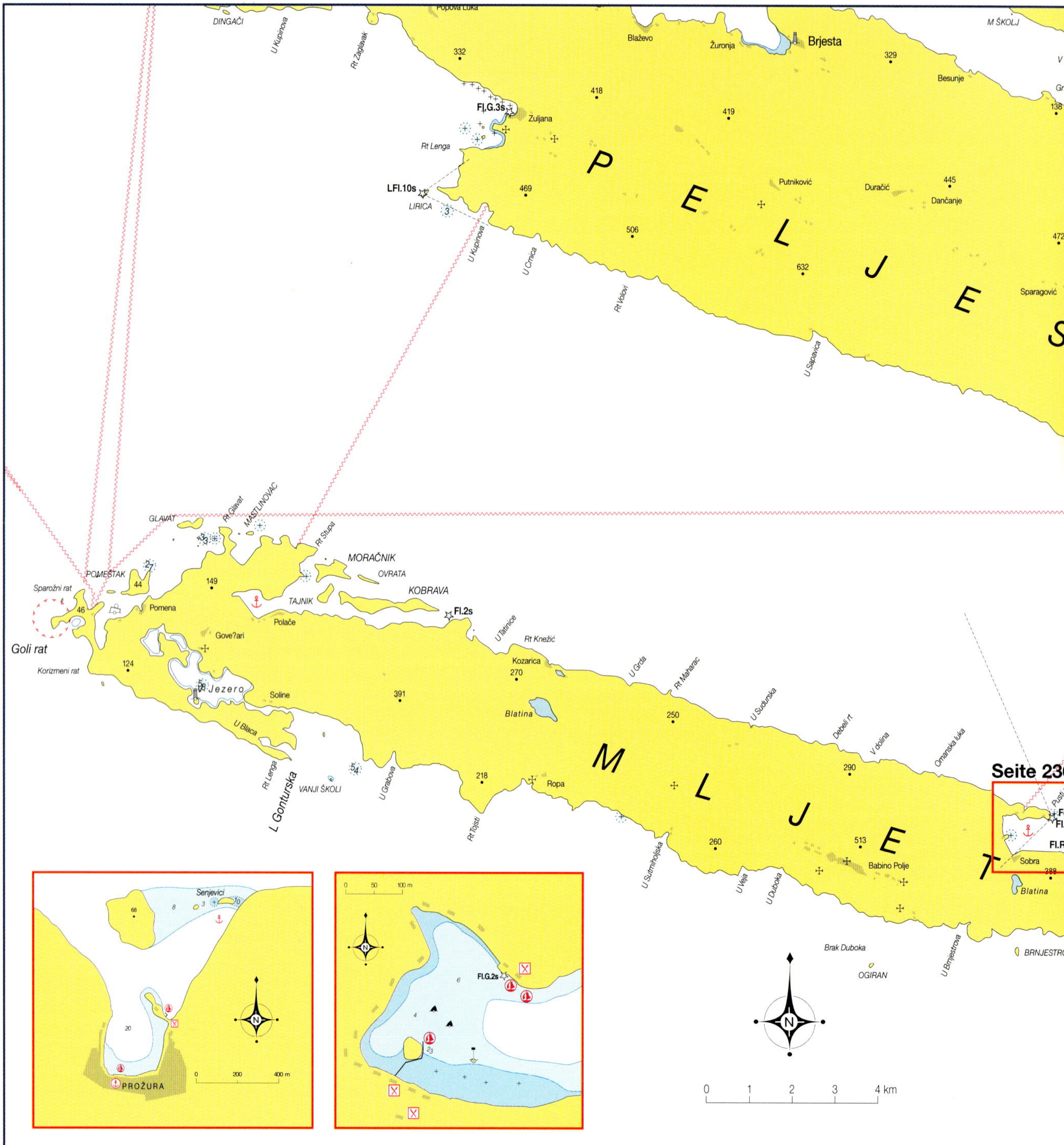

Popova Luka
DINGAČI
U Kupinova
Rt Zaglavak
332
Blaževo
Žuronja
Brjesta
329
M ŠKOLJ
Besunje
418
419
Fl.G.3s
Zuljana
Rt Lenga
P E L J E Š
LFl.10s
LIRICA
469
Putniković
Duračić
445
Dančanje
506
632
472
U Kupinova
U Crnica
Rt Volovi
Sparagović
U Sapavica
GLAVAT
Rt Glavat
MASTLINOVAC
Rt Stupa
MORAČNIK
OVRATA
KOBRAVA
TAJNIK
Fl.2s
POMEŠTAK
44
Sparožni rat
46
Pomena
149
Polače
Goli rat
Gove?ari
U Tatinice
Rt Knežić
Korizmeni rat
124
Jezero
Soline
391
Kozarica
270
U Grda
Rt Maharac
Blatina
250
U Sudurska
Debeli rt
V dolina
Omanska luka
290
U Blaca
Rt Lenga
L Gonturska
VANJI ŠKOLI
U Grabova
218
Ropa
M L J E T
Seite 236
Pusti rt
Rt Tojsti
U Sutmiholjska
260
U Veja
U Duboka
513
Babino Polje
Sobra
389
Blatina
Brak Duboka
OGIRAN
U Brnjestrova
BRNJESTRO
0 1 2 3 4 km
Senjevici
68
PROŽURA
0 200 400 m
0 50 100 m
Fl.G.2s

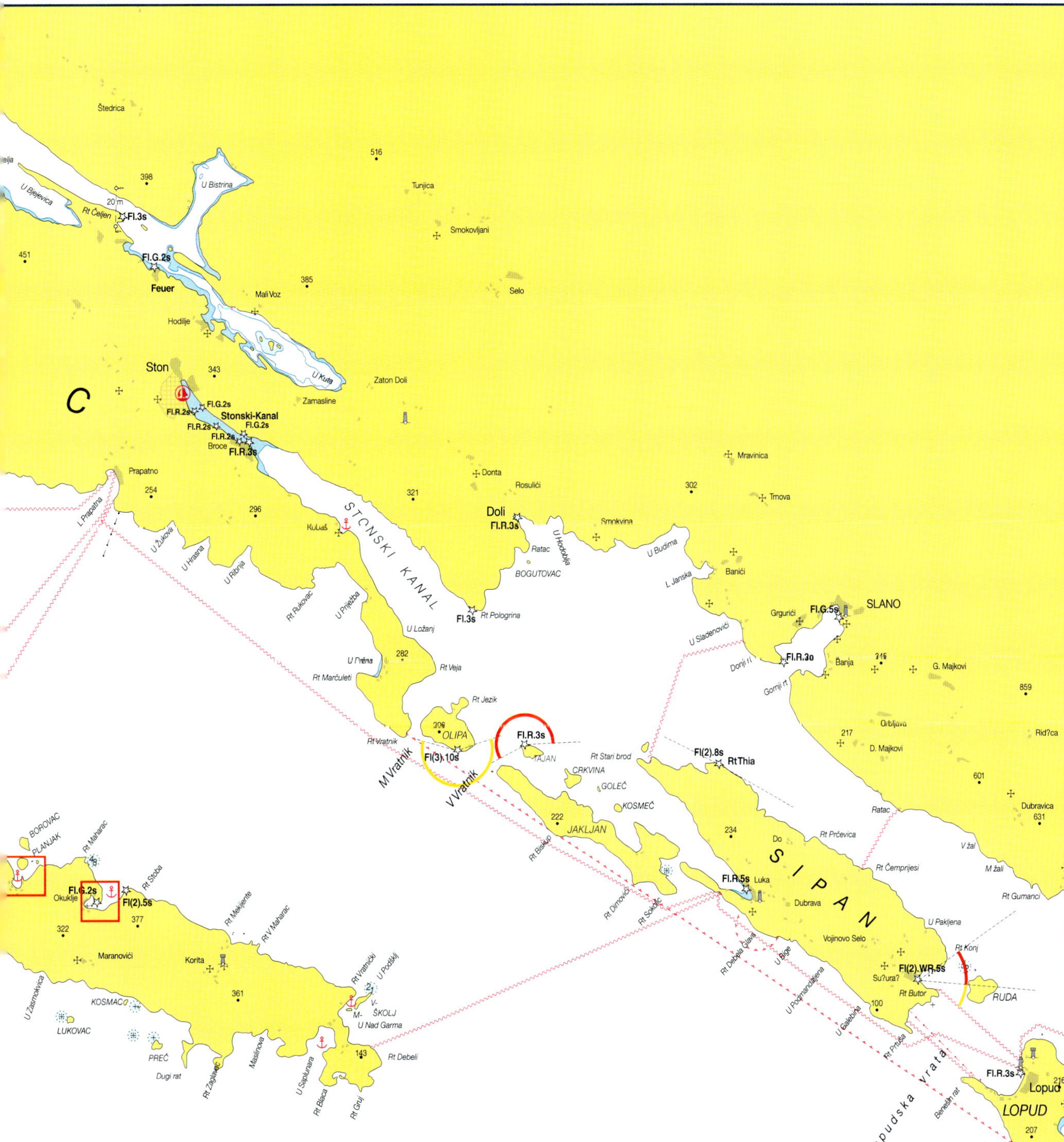
Štedrica
U Bjejevica
398
U Bistrina
20 m
Rt Čeljen
Fl.3s
516
Tunjica
Smokovljani
451
Fl.G.2s
Feuer
385
Mali Voz
Selo
Hodilje
Ston
343
U Kuta
Zaton Doli
C
Fl.G.2s
Fl.R.2s
Zamasline
Stonski-Kanal
Fl.R.2s
Fl.G.2s
Fl.R.2s
Broce
Fl.R.3s
Mravinica
Prapatno
Donta
254
Rosulići
321
302
Trnova
296
L Prapatna
STONSKI KANAL
Doli
Fl.R.3s
Smokvina
Kobaš
U Žukova
U Hrasna
U Ribnja
Ratac
U Hodobija
U Budima
BOGUTOVAC
Banići
L Janska
Rt Rukovac
U Prijeżba
Fl.3s
Rt Pologrina
Grgurići
Fl.G.5s
SLANO
U Ložanj
U Sladenovići
282
Rt Veja
Rt Marčuleti
Fl.R.3s
Banja
G. Majkovi
Gornji rt
859
Rt Jezik
306
OLIPA
Fl.R.3s
Rt Vratnik
Fl(3).10s
TAJAN
Rt Stari brod
Fl(2).8s
Rt Thia
217
D. Majkovi
CRKVINA
GOLEČ
M Vratnik
V Vratnik
KOSMEČ
601
Dubravica
631
Ratac
222
JAKLJAN
234
Do
Rt Prčevica
BOROVAC
PLANJAK
Rt Maharac
V žal
M žali
Rt Bisitup
Rt Čemprijesi
Fl.G.2s
Okuklje
Fl(2).5s
Rt Stoba
377
Rt Mekijente
Rt V Maharac
Rt Dirnovići
Rt Sokolić
Fl.R.5s
Luka
S I P A N
Dubrava
Rt Gumanci
322
Maranovići
Korita
U Pakljena
Vojinovo Selo
Rt Konj
Rt Debela Glava
U Bige
Fl(2).WR.5s
RUDA
Rt Vratnički
U Podšilj
Rt Butor
361
U Zasmokvica
KOSMAC
V-ŠKOLJ
M-
U Nad Garma
LUKOVAC
U Podmandijena
U Galebina
100
143
Rt Debeli
PREĆ
Dugi rat
Rt Zaglavac
Maslinova
U Saplunara
Rt Blaca
Rt Gruj
Rt Prkas
Fl.R.3s
Lopud
216
Benešin rat
LOPUD
opudska vrata
207
Rt Kuk

Naturschutzgebiet im Westsüdwesten Mljets

Polače auf Mljet – im Nordwesten Mljets

Polače auf Mljet (42° 47‘ N 017° 23‘ E)

Ansteuerung:

Schön bewaldet und urig präsentiert sich die abgeschiedene Insel, wenn man von Trstenik herübergesegelt kommt. Klare Landmarken kann man nicht ausmachen.

Hält man von Trstenik kommend rwK 180°, steht man nach rund 6 sm vor der nördlichen Zufahrt in die Bucht von Polace. Sie ist sehr schwer auszumachen und öffnet sich dem Betrachter auch erst, wenn das Schiff schon dicht unter Land steht. Dann aber wird der Blick frei auf eine weit ins Land hineinreichende Bucht. Rechts und links der Einfahrt ragen scharfe Felsen zum Teil dicht unter der Wasseroberfläche weit in die Einfahrt hinein. Hier heißt es Obacht geben. Bei üblen Wetterbedingungen empfiehlt sich die Nordeinfahrt daher nicht. Unter solchen Umständen ist die rund 2 sm südöstlich gelegene Südeinfahrt die bessere Variante. Kommt man aus Richtung Dubrovnik, ist sie ohnehin die Variante der Wahl. Sie ist breit, tief und im Gegensatz zu der Nordeinfahrt auch gut befeuert. Die Fähre bedient sich auch dieser Einfahrt.

Liegeplätze:

Im äußersten Westteil der weiträumigen Bucht befindet sich der Ankerplatz. Er liegt wunderschön inmitten eines Halbkreises grünbewaldeter Hänge. Die Macchie reicht bis hinunter ans Wasser und gibt der Ankerbucht einen romantischen Touch. Der Ankergrund ist gar nicht so schlecht, wenngleich sich an keiner Stelle im Halbrund eine Ankermöglichkeit unter 8 bis 10 m Wassertiefe bietet. Für kleine Boote eher ein Handicap.

Vor Bora bietet der Ankerplatz nur insoweit Schutz, als dieser Wind hier keine Welle aufbauen kann. Er fegt aber heftig über die Bucht.

Bei Yugo soll man die Bucht besser verlassen, da sie nach Osten recht offen ist und sich infolge des großen Fetches eine kräftige Welle aufbauen kann.

Pomena – westlichste Ankerbucht auf Mljet

Pomena

Aber der Landschaftseindruck entschädigt. Da der ganze Westteil der Insel Mljet unter Naturschutz steht, ist das Ankern an dieser Stelle gebührenpflichtig. Übrigens ist Polace der einzige Ort im Westen der Insel, der von einer durchreisenden Yacht gut angelaufen werden kann. Die übrigen Buchten der tief gegliederten Küste werden freigehalten.

Versorgung:

Das Boot sollte verproviantiert sein. Die Versorgungslage ist nicht gut. Es gibt aber zwei Restaurants.

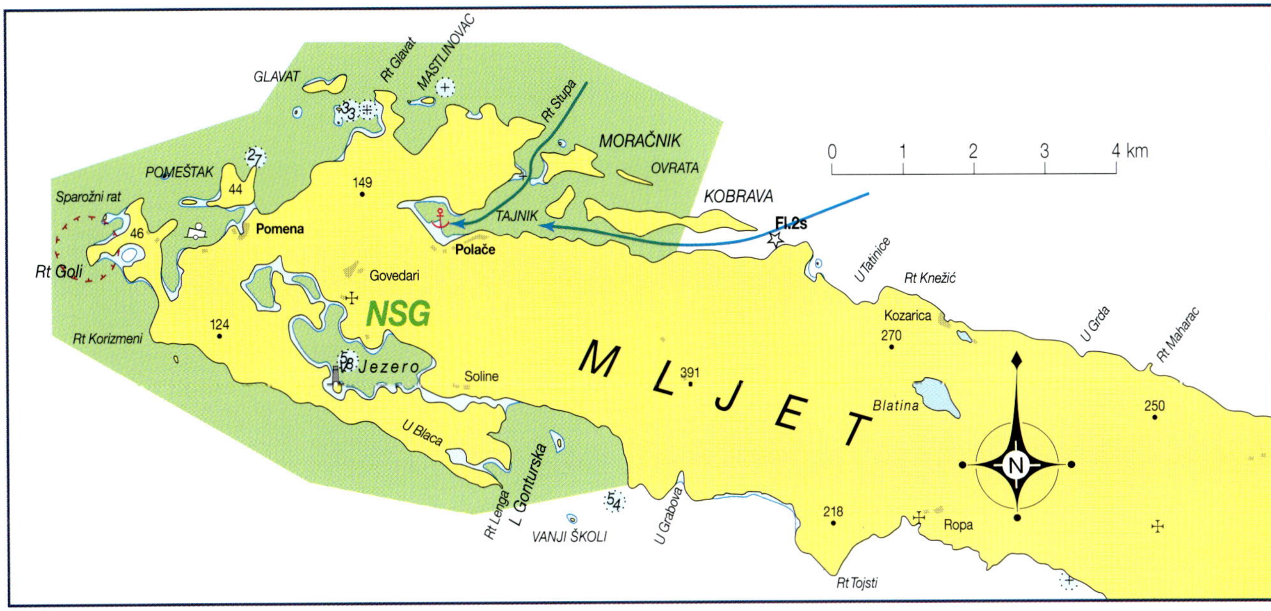

Touristik:

Hier geht es um Landschaft und nochmals Landschaft. Dabei ist das Land selbst recht unzugänglich von dichtester Macchie überwuchert. So lässt sich die Landschaft am besten direkt vom Boot aus genießen.

Sobra auf Mljet (42° 44,4‘ N 017° 36,4‘ E)

Ansteuerung:

Rund 10 Seemeilen entlang der Küstenlinie Mljets Richtung Südosten folgend, trifft man auf die Bucht von Sobra. Sie ist

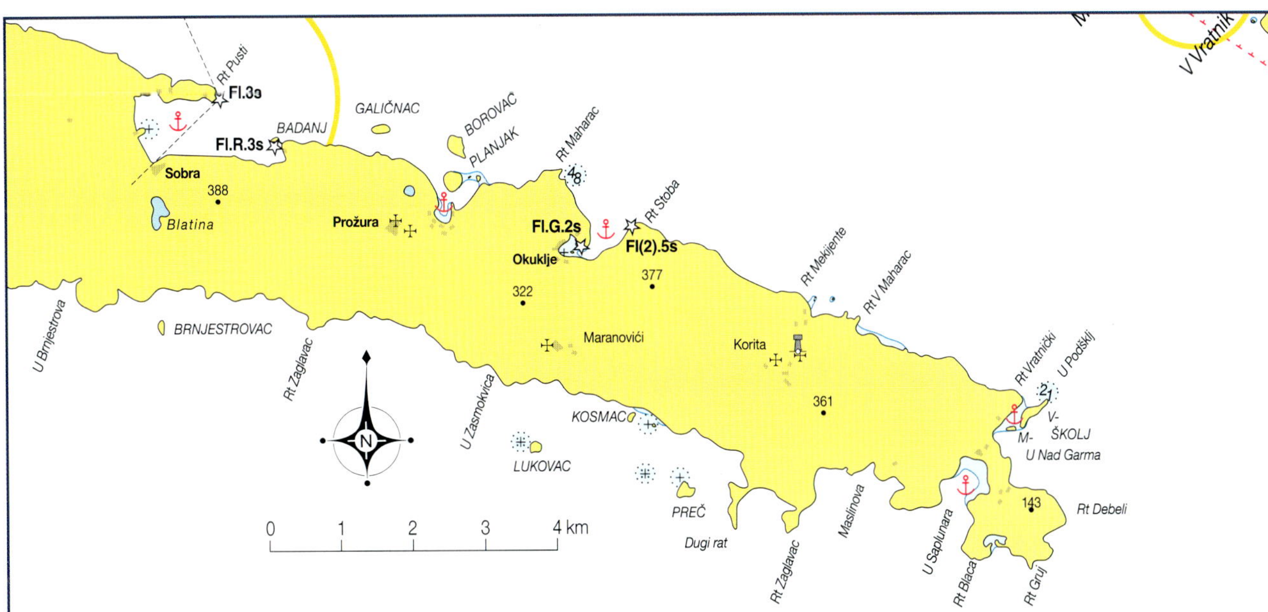

Einfahrt nach Sobra

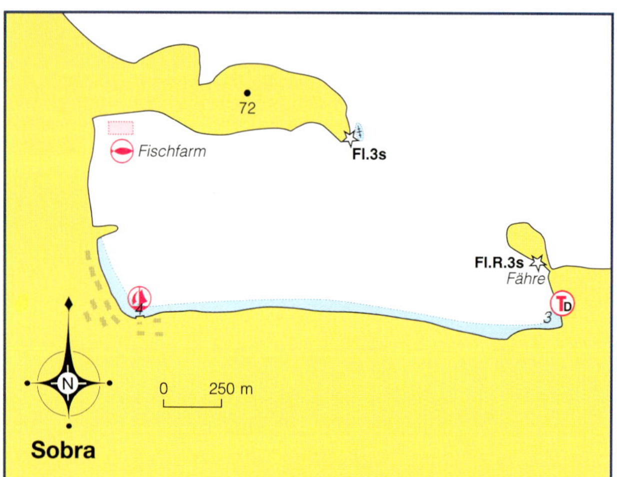

breit und tief und mit Ausnahme der auf der Steuerbordseite der Einfahrt liegenden Felsen auch weitgehend rein. Die Einsteuerung wird an Steuerbord auch von einem kräftigen Feuer auf einem dicken Betonsockel markiert.

Liegeplätze:

Will man den winzigen Ort besuchen, kann man an der Ortspier im äussersten Südwesten der Bucht festmachen. Was die Bucht aber wirklich interessant macht, ist der Fährkai im äußersten Osten der Bucht hinter einem nach Norden abriegelnden Felsvorsprung. Der Fährkai bietet nämlich ein relativ borasicheres Liegen, was für den Ortskai auf keinen Fall gilt.

Versorgung:

Die Versorgung ist schlecht. Es gibt allerdings ein Restaurant.

Einfahrten in die Zaliv Budima – aus Süd gesehen

Ston (42° 49,5‘ N 017° 42‘ E)

Ansteuerung:

Will man von Mljet aus nach Dubrovnik, gibt es zwei Möglichkeiten.

Man kann südwestlich der Inselgruppe der Elaphiten mit den Hauptinseln Lopud und Sipan passieren und Dubrovnik direkt anliegen.

Man kann aber auch, und das empfiehlt sich, durch den Pass nordöstlich der Insel Jakljan in den Kolocepski-Kanal einlaufen, dessen nordwestliche Verlängerung der Stonski-Kanal bildet. Nordwestlich von Jakljan gibt es zwei Durchstiche. Der westlichere von beiden ist recht eng und unbefeuert aber tief genug. Der östlichere ist breiter, tiefer und befeuert, verlängert aber den Weg nach Ston um rund 2 Seemeilen. Welcher der rechte Weg ist, entscheidet sich nach Wetter und vor allem der Windlage. Möglich sind beide Wege.

Der Stonski-Kanal

Der westlichste Durchlass zum Stonski-Kanal, M. Vratnik, nicht befeuert – im Hintergrund Mljet

Die befeuerte Durchfahrt zum Stonski-Kanal, V. Vratnik

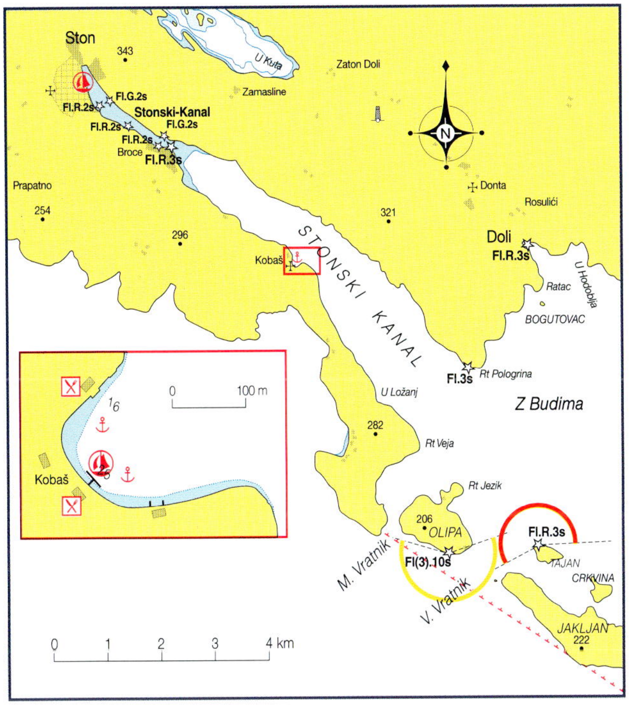

Kobaš – Westufer Stonski-Kanal

Der Stonski-Kanal ist in seinem unteren Teil breit und tief ins Land eingeschnitten. Er verengt sich trichterförmig, bis er oberhalb von etwa Broce in eine gebaggerte Rinne führt. Auf etwa halber Strecke bei Kobas ist einlaufend backbord ein kleiner Anleger vor einem Restaurant entstanden, den man sich gut merken sollte. Oberhalb dieser Stelle gibt es keine Anlegemöglichkeit außer in Ston, und sollte man dorthin aus welchen Gründen auch immer nicht gelangen können, bietet dieser Anleger willkommenen Schutz.

Hat man den Anfang der gebaggerten Rinne erreicht, kann man dem betonnten Fahrwasser nach Ston folgen. Aber unbedingt auf die Betonnung und das Echolot achten. Die Rinne ist mit 4 m am Anfang und ca. 2,5 m am Ende dicht bei Ston zwar tief genug für die meisten Boote. Aber es kann nicht nur durch die Gezeiten, sondern auch durch Seiches zu heftigen Wasserstandsänderungen im Kanal kommen. Tidenhub von 1 m ist hier normal. Das kann man gut an den Rändern der gebaggerten Rinne sehen, die fallen bei Ebbe nämlich trocken. Am besten hält man sich in der Mitte des Fahrwassers. Leider hat es in letzter Zeit den Anschein, als würden die Wassertiefen im Kanal ständig abnehmen. Hier ist also Aufmerksamkeit besonders wichtig. Dabei ist das Fahrwasser mit etwa 25 m auch nicht besonders breit. Am Ende der gebaggerten Rinne

Beginn der betonnten Einsteuerung nach Ston bei Broce

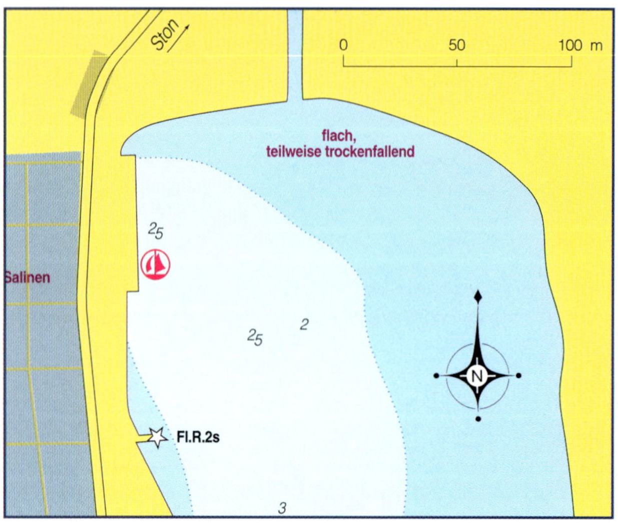

trifft man auf eine Betonpier, an der ca. 3 Schiffe Platz finden. Der Manövrierraum ist knapp bemessen wegen der begrenzten Wassertiefe. Man lasse sich ja nicht bei Flut von der relativ weiträumigen Wasserfläche täuschen. Es ist weiträumig flach! Die Pier diente früher im wesentlichen dem Abtransport des in den Salinen gewonnenen Salzes. Seit die wirtschaftliche Bedeutung der Salinen aber marginalisiert ist, geht es hier beschaulich zu. Eine ganz auffällige Ansteuerungshilfe mag auch noch die gewaltige Festungsanlage am Berg über Ston sein.

Liegeplätze:

Betonpier bei den Salinen.

Versorgung:

Die Versorgung ist gut. Zwar gibt es weder Strom noch Wasser an der wilden Pier, aber bis zum Ort ist es nicht weit, und dort gibt es alles zu günstigen Konditionen. Ston ist nicht besonders touristisch angehaucht. Ein größerer Supermarkt am Rathaus und ein kleinerer Laden vor der Stadtmauer an der Durchgangsstrasse nach Mali Ston halten ihr Angebot bereit.

Touristik:

Die große Wehrmauer, die den Ort wie einen Fünfzack umgibt, ist der touristische Höhepunkt der Gegend, und ein Rundgang über die Wehrmauer ist auf jeden Fall zu empfehlen. Zuvor aber eine Erläuterung zum besseren Verständnis. Wenn bisher von Ston die Rede war, war immer Veli Ston gemeint. Es gibt aber noch ein weiteres Dorf, Mali Ston, das von Veli Ston etwa 5 km entfernt liegt. Hier, an der Engstelle, die die Halbinsel Pelješac vom Festland trennt war immer schon ein strategisch wichtiger Punkt zwischen der Einflusssphäre des aufstrebenden Ragusa, heute Dubrovnik, und der selbstbewussten Kapitale von Korčula. An der Engstelle zwischen Mali und Veli Ston trafen beide aufeinander. Damals waren die Salinen von Ston äußerst bedeutend und zu ihrem Schutz soll Dubrovnik im 14. Jahrhundert das gigantische Festungswerk angelegt haben. Eine

Franziskanerkloster von Ston

Mauer, 5 km lang, verbindet die beiden Wehrdörfer Mali und Veli Ston. Veli Ston wurde ganz planmäßig errichtet. Die schachbrettartig angelegten Straßenzüge legen davon noch beredt Zeugnis ab. Außerdem strahlen die kleinen Bruchsteinhäuser des Dorfes noch heute einen Hauch Wehrhaftigkeit aus. Sie wirken regelrecht trutzig. Aber alle Trutzigkeit half dem Ort nichts, als er im September 1996 von einem verheerenden Erdbeben bis ins Mark getroffen wurde. Viele der kleinen historischen Häuser stürzten ein oder wurden zumindest schwer beschädigt. Obwohl die Wiederaufbauarbeiten schnell begonnen wurden, wird man die Narben jenes furchtbaren Ereignisses wohl noch lange sehen können. Die kleine Kirche am Ortseingang wurde ebenfalls schwer getroffen. Teile der Fassade lösten sich, und der Giebel der Westseite stürzte ein. Tiefe Risse im Mauerwerk machen deutlich, dass es das kleine Kirchlein regelrecht zerrissen hat. Ein Wunder, dass es trotz der schwersten Beschädigungen stehen geblieben ist. Ein Wunder auch, dass das gigantische Festungswerk die Naturkatastrophe nahezu unbeschadet überstanden hat. Ein Spaziergang über die Mauerkrone zählt daher auch zu den Highlights eines Besuches. Am besten beginnt man den Rundgang am Anfang der Wehrmauer am Ostrand des Ortes von der Durchgangs-

Unübersehbar: Erdbebenschäden an der Kirche von Ston

straße aus. Eine Treppe führt hinauf auf die Mauerkrone. Man klettert auf der Mauer den Berghang hinauf – recht steil! Immer wieder hat man hübsche Ausblicke auf das Dorf. Je höher man zu dem Festungsturm mit dem auffallend großen Torbogen oben am Hang hinaufgelangt, desto freier schweift der Blick über die Landschaft.

Von oben hat man einen schönen Blick über die Salinen und den Liegeplatz am Stonski-Kanal. Man kann erahnen, wo der Grabenbruch verläuft, der ganz langsam absinkt und im Begriff ist, die jetzige Halbinsel Pelješac in eine Insel zu verwandeln. Das kann aber noch ein Weilchen dauern. Die Erdbebengefahr wird daher wohl bleiben. Von jetzt ab führt der Weg über die Mauer wieder hinab. Er windet sich oberhalb der gepflegten Gärten des Franziskanerklosters über die Festungswälle, ehe man westlich des Klosters wieder auf die Straße stößt. Ein kleiner Bummel durch die Stadt rundet das Erlebnis ab. Einige kleine Restaurants laden zum Verweilen ein.

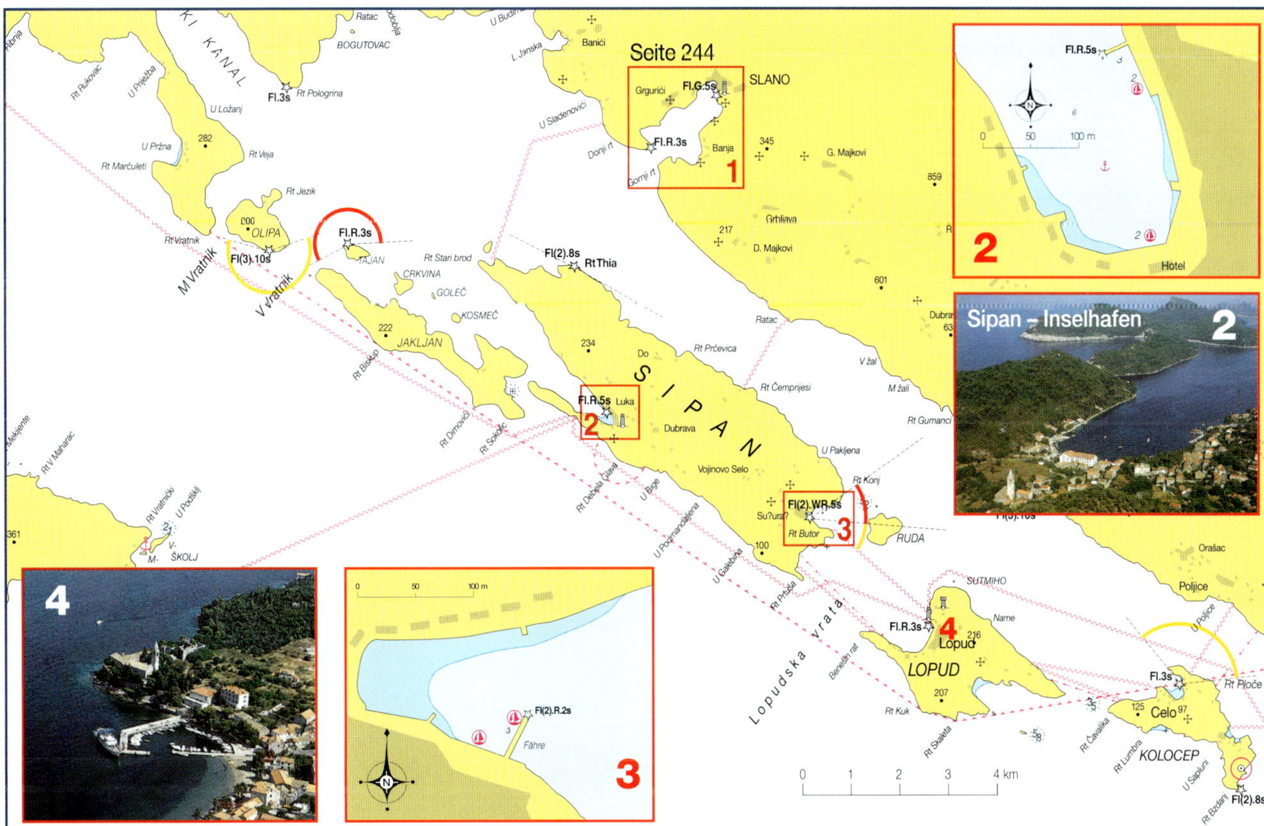

Slano (42° 47‘ N 017° 52‘ E)

Ansteuerung:

Rund 4 Seemeilen östlich der Einsteuerung in der Stonski-Kanal befindet sich die weiträumige Bucht von Slano. Vor dem Krieg, Anfang der 90er Jahre, war der Ort ein blühendes Badezentrum. Heute versucht er, den Anschluss an die damalige Bedeutung wieder zu erlangen. Er bietet durchreisenden Yachten eine Möglichkeit, zwischen Dubrovnik und Ston Halt zu machen, denn gute Liegeplätze sind auf dieser Strecke Mangelware. Nur in Kobas gibt es, wie beschrieben, noch einen Anleger. Die Einfahrt zur Bucht ist gut befeuert. Die gewaltigen bosnischen Berge im Hintergrund bilden eine traumhaft imposante Kulisse.

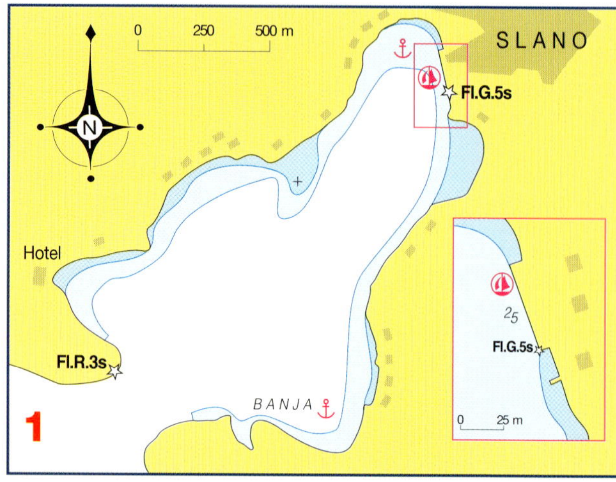

Hat man die Einfahrt passiert, öffnet sich die Bucht. Auf der Backbordseite wird ein gigantischer weißer Hotelkomplex sichtbar. Landschaftsangepasst ist er nicht gerade. Im nordöstlichen Zipfel der Bucht wird der Ort sichtbar. Dort befindet sich auch der Anleger.

Liegeplätze:

Allzu viel erwarten darf man nicht. Viele Fischerboote belagern die Pier, an der man aber in der Regel noch ein freies Plätzchen ergattern kann. Die Wassertiefe an der Pier dürfte mit rund 2,5 m in der Regel ausreichen.

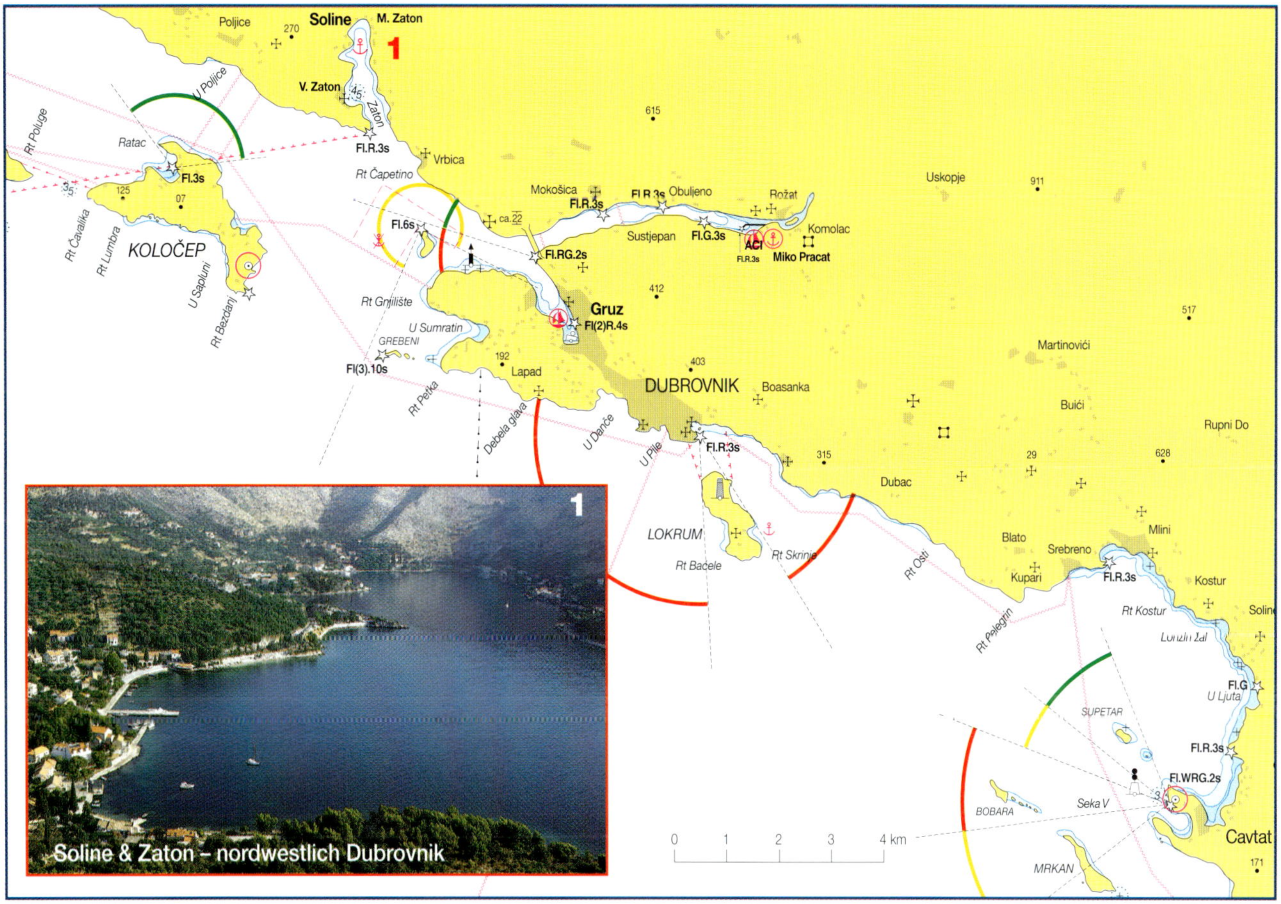

Soline & Zaton – nordwestlich Dubrovnik

Dubrovnik – Marina Miho Pracat
42° 40,3' N 018° 07,6' E

Ansteuerung:

Dubrovnik verfügt über 2 Marinas, eine befindet sich im Ortsteil Gruz, nahe beim Busbahnhof und dem Fährterminal. Die andere rund 2 Meilen von der alles überragenden Schnellstraßenbrücke den Flusslauf aufwärts. Damit ist auch schon die deutlichste Ansteuerungsmarke genannt. Es ist die neue Schnellstraßenbrücke, die dem Autofahrer, der die Metropole Dubrovnik nach Norden über die Küstenstraße verlassen will, den Weg um rund 10 km gegenüber früher verkürzt. Von Norden nach Dubrovnik einsteuernd sieht man im Hintergrund die hohen weissen Bauten von Gruz und links die Spannbetonbrücke unter der es hindurch (Durchfahrtshöhe geschätzte 20 m) den Flusslauf hinaufgeht.

Nach 2 sm trifft man auf dem linken Flussufer, gegenüber einer hübschen Ortschaft vor majestätischer Bergkulisse auf die moderne Marina Miho Pracat.

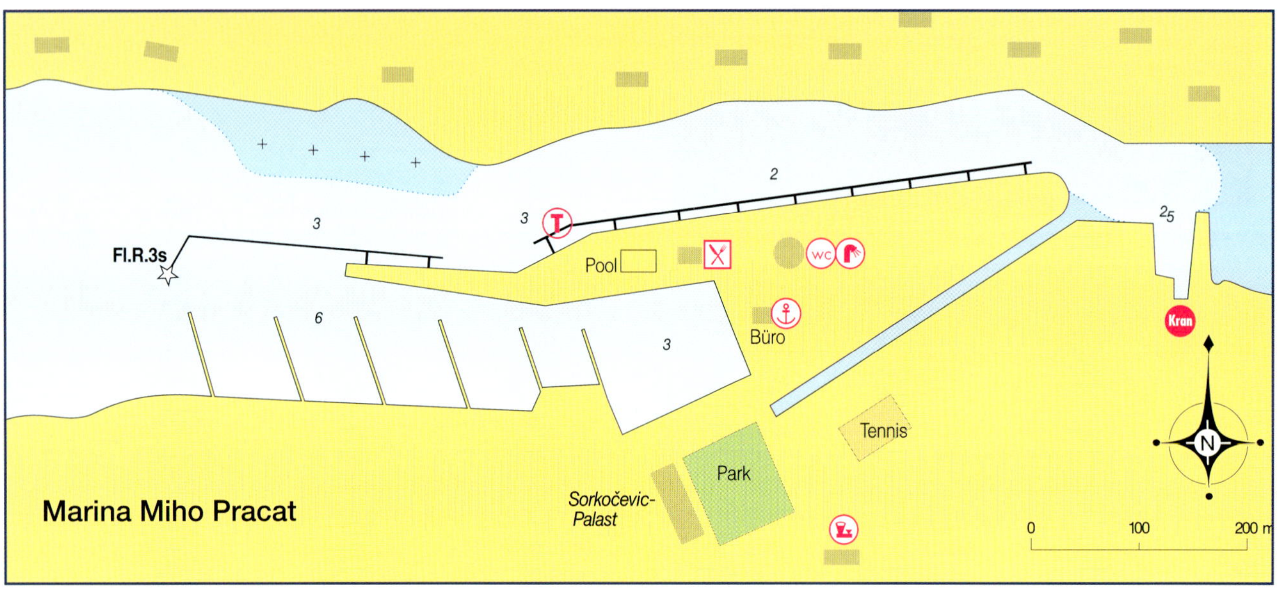
Marina Miho Pracat
Fl.R.3s
3
3
2
2
5
6
3
Pool
WC
Büro
Kran
Tennis
Park
Sorkočevic-
Palast
N
0
100
200 m

Liegeplätze:

Der Hafen bietet ca. 350 Liegeplätze für Boote jeder Größe. Die Wassertiefe im Hafen variiert zwischen 6 m in der Einfahrt und 3 m am Ende des Hafens. Das dürfte für alle reichen. Im Übrigen darf man mit dem gewohnten Komfort einer ACI-Marina rechnen. Vor allem liegt man hier ruhig und ungestört auch vom Autoverkehr. Die nahe gelegene Straße stört nicht. Zugleich ist die Anbindung an die Stadt, trotz der relativen Entfernung zur City, ausgezeichnet, dank der Buslinie (1a oder 1b, alle 20 Minuten), die direkt an der Marina eine Haltestelle hat. Von hier kann man bis zur Endstation an der Altstadt in rund 15 Minuten gelangen. Der Fahrpreis beträgt rund 10% des Taxipreises für die gleiche Strecke.

Versorgung:

Der lokale Supermarkt in der Marina ist gut bestückt, und ein nettes Restaurant ist auch vorhanden, ansonsten ist es aber auch kein Problem dank der Busverbindung, sich aus der Stadt zu versorgen.

Touristik:

Warum nach Dubrovnik? Diese Frage ist schnell und klar beantwortet – wegen seiner Altstadt natürlich. Obgleich dieser Stadtteil im Vergleich zu der gesamten Ortsfläche nur einen kleinen Teil ausmacht, trägt er den touristischen Ruf der Stadt zu einhundert Prozent.
In einem Geviert von rund 1 mal 1 km offenbart sich dem müßigen Betrachter eine mittelalterliche Stadt völlig unverfälscht und wie gerade einer anderen Epoche entsprungen. Die wuchtigen Wehrmauern umschließen die Altstadt vollständig und geben ihr so zusätzlich das so ansprechende Gepräge.

Neben Venedig war Ragusa – so hieß Dubrovnik in früheren Zeiten – der Seerepublik Venedig fast ebenbürtig. Vielleicht nicht an politischem Einfluss, jedoch mit Sicherheit an Schönheit. Aber wie nähert man sich der Altstadt mit ihrem Gassengewimmel? Kommt man von der Bushaltestelle der Linie 1a oder 1b, geht es einige Meter weiter geradeaus, und man

gerät fast zwangsläufig durch das Pile-Tor in die Altstadt. Hat man die mächtigen Außenmauern passiert, steht man unvermittelt vor dem alten Onofriobrunnen. Es ist der beste Treffpunkt in der Stadt und von Jugendlichen gerne als solcher benutzt. Hier gleich linker Hand gibt es auch einen Aufgang auf die Stadtmauer. Auf der Mauerkrone kann man die gesamte Altstadt umrunden (Eintritt 15 Kn). Neben einer ordentlichen Kondition – es geht hier kräftig bergauf und bergab – braucht man dafür eine gute Stunde Zeit. Das ist aber eine Minimumempfehlung, denn von der Mauer bieten sich einem immer neue schöne Ausblicke auf die Stadt und nötigen geradezu zum Verweilen. Insbesondere vom hoch gelegenen Teil der Nordmauer hat man einen prächtigen Blick über die Stadt der Klöster und Kirchen.

Das Dominikanerkloster nahe am alten Hafen ist schon beeindruckend. Es wird aber von der Mächtigkeit des Jesuitenklosters nahe dem Südteil der Mauer auf einer Anhöhe gelegen, noch in den Schatten gestellt. Selbst der prächtige Dom wirkt neben dem Kloster nahezu bescheiden. Das Franziskanerkloster am Onofriobrunnen wird von hübschen Gärten umrahmt, die man von der Stadtmauer aus einsehen kann. Das letztgenannte Kloster beherbergt als Kuriosum eine uralte – angeblich sogar die älteste Europas – aber noch in Betrieb befindliche Apotheke und wartet in seinem Innenhof nicht nur mit wunderschön verzierten Säulenkapitellen auf, sondern auch mit einer sehenswerten Darstellung Dubrovniks vor dem verheerenden Erdbeben von 1667. Geht man vom Onofriobrunnen über die Hauptachse der Stadt Richtung Osten, gelangt

man nach ca. 800 m wieder an die Stadtmauer. Zuvor sieht man auf der rechten Seite vor der Kirche Sveti Vlaho noch die Steinskulptur des Rolands von Dubrovnik und schräg dahinter das Rathaus und den Rektorenpalast. Geht man durch die Stadtmauer, steht man unvermittelt im alten Hafen, der, von der Küstenstraße etwas weiter südlich und ca. 50 m höher fotografiert, das wohl bekannteste Motiv der ganzen Adriaküste darstellt. Aktuell wird der Hafen ausschließlich von einigen Fischern und natürlich einer reichen Zahl von Ausflugsbooten genutzt. Für Yachten ist er tabu!

Hat man sich Am Hafen satt gesehen, empfiehlt sich ein Abstecher ins Marinemuseum. Es befindet sich in der Befestigungsanlage Fort Sveti Ivan, die die Hafeneinfahrt südlich flankiert. Der Weg dorthin ist auch gut beschildert. Direkt am Mu-

seum befindet sich der zweite Aufgang auf die Stadtmauer. Man kann hier seinen Mauerrundgang unterbrechen oder auch erst hier statt am Onofriobrunnen den Rundgang beginnen – ganz nach Belieben.

Das Marinemuseum (Eintritt 10 Kn) füllt zwei Stockwerke in der Befestigungsanlage. Im unteren Stockwerk befinden sich Exponate aus dem 16. und 17. Jahrhundert. Darunter viele nautische Instrumente, einige Wrackfundstücke und eine Fülle von Gebrauchsgegenständen jener Epoche. Auch einige antike Amphoren fehlen nicht, denn schon in der griechisch-römischen Zeit war das heutige Dubrovnik eine bedeutende Ansiedlung mit geschäftigem Hafen.

Interessant sind aber vor allem die vielen Schiffszertifikate, nautischen Unterlagen, Schiffsversicherungspolicen und Ka-

Am Rektorenpalast

Roland von Dubrovnik

Jesuitenkloster

Wunderschön verzierte Säulenkapitelle

pitänspatente des 16. und 17. Jahrhunderts, ausgestellt von Ragusa. Sie zeigen eindrucksvoll, wie viele Schiffe damals unter der Flagge der Republik Ragusa das Mittelmeer und den Ozean befuhren. Zugegeben wirken diese Artefakte nicht so offensichtlich spektakulär wie die allfälligen alten Kanonen und rostigen Anker, sie suchen aber ihresgleichen. Vor allem die Adriaportolane aus dem 16. Jahrhundert, Vorläufer der heutigen Seekarten, sind hochinteressant.

Das obere Stockwerk des Museums enthält nautische Instrumente des 19. und 20. Jahrhunderts. Viele Schiffsmodelle und Malereien von Dubrovniker Schiffen und Kapitänen runden das Bild ab. Je nach Lust und Kondition kann man nach dem Mauerrundgang und der Besichtigung noch einen kleinen Bummel durch die Altstadtgassen mit ihren unzähligen kleinen Restaurants und Lädchen anschließen.

Anhang

Slowenien

Slowenien, ein Staat etwa so groß wie das Bundesland Hessen, grenzt mit einem kleinen Zipfel seines Staatsgebietes an die Adria. Auf einer Küstenlinienlänge von nur 10 Meilen – Einbuchtungen nicht mitgerechnet – befinden sich drei Marinas und der Altstadthafen von Piran. Wer die formalitätstechnischen Voraussetzungen für die Einreise nach Kroatien erfüllt, erfüllt auch diejenigen von Slowenien – einige wenige Besonderheiten seien an dieser Stelle aufgeführt:

Bei Einreise auf dem Seeweg kann man entweder Koper, Piran oder Izola anlaufen, alle drei sind Einklarierungshäfen, die auch das ganze Jahr über geöffnet sind. Einmal im Jahr – bei der ersten Einreise – ist eine Leuchtturmsteuer in Höhe von zurzeit 200 Tolar zu entrichten. 100 Tolar entsprechen zurzeit etwa 0,60 €. Die Liegegebühren in den drei Marinas differieren nur wenig voneinander. Sie lagen für ein 10-m-Boot im Jahr 1998 bei umgerechnet rund 25 € pro Tag.

Es ist sicher nicht falsch, zu behaupten, daß die drei großen slowenischen Marinas als gute und sichere Bootsparkplätze anzusehen sind, von denen aus der Urlaubstörn in weiter südlich gelegene Gewässer üblicherweise gestartet wird.

Koper (45° 33‘ N 13° 45‘ E)

Ansteuerung:

Koper ist wohl die kleinste der slowenischen Marinas. Tief in den südlichen Zipfel der Bucht von Koper wurde die Marina unmittelbar vor die Altstadt gebaut. Als Ansteuerungshilfe ist in der Fernansteuerung am besten der venezianisch wirkende Turm der Kathedrale dicht westlich der Marina geeignet. Näher herangerückt, wird man den Wellenbrecher des Hafens vor einigen klotzig wirkenden Betonhochhäusern gut ausmachen können. Vorsicht, die Bucht wird zu ihrem Ende hin deutlich flacher. Unmittelbar östlich der Hafenzufahrt wurde ein Strand für Badegäste aufgeschüttet. Die Einfahrt zum Hafen ist zwar üblicherweise von einer Bojenreihe abgetrennt, dennoch muss man beim Einlaufen auf unvorsichtige Schwimmer acht geben.

Liegeplätze:

Man kann einlaufend an Steuerbord vor dem Kopf der Innenmole festmachen und sich einen Platz zuweisen lassen. Die Wassertiefen in der Einfahrt liegen bei 3 m. Für tiefergehende Boote empfiehlt sich denn auch ein Liegeplatz im inneren Teil der Außenmole.

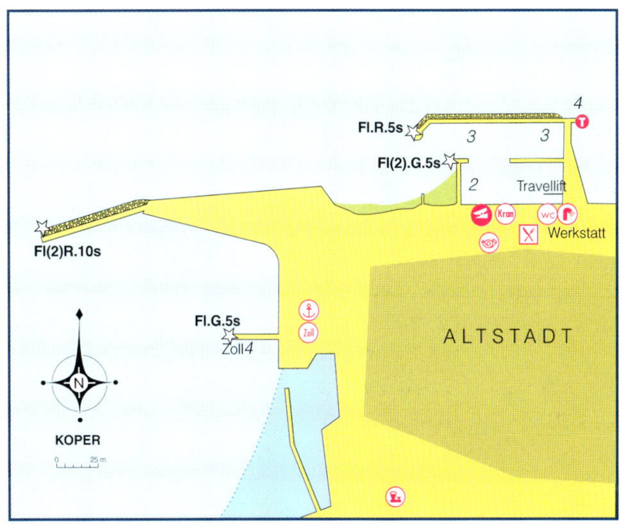

Versorgung:

Will man sich vergewissern, ob überhaupt ein Liegeplatz frei ist – Koper ist in der Regel recht gut belegt –, kann man auch an der neu errichteten Tankstellenpier im Westteil des Hafens kurzzeitig überliegen. Zollformalitäten kann man im zuständigen Hafenamt erledigen. Man erreicht es, wenn man etwa 300 m an der Uferstraße um die Altstadt herum in östliche Richtung geht. 100 m weiter entfernt in dieser Richtung befindet sich auch ein ordentlich geführter Supermarkt.

Der nordwestlich der Marina gelegene Handelshafen soll als das Tor Sloweniens zur Welt großzügig aus- und umgebaut werden. Hier sind also auch kurzfristig bauliche Änderungen möglich.

Izola (45° 32'N 13° 39'E)

Ansteuerung:

Nur 3 Seemeilen östlich der Marina Koper liegt die neu ausgebaute Marina von Izola.

Die Stadt Izola – auf einer kleinen Landzunge in der Adria gelegen – besaß ursprünglich einen kleinen Fischerhafen an der Südwestseite der Landzunge. Dieser beschauliche Fischerhafen zu Füßen des Ortskampanile, der aus der Ferne als die ideale Ansteuerungsmarke anzusehen war, ist mittlerweile aber nur noch ein winziges Teilchen eines riesigen Hafenkomplexes.

Kommt man von Norden, muss man die Halbinsel Izola weiträumig runden, da Untiefen der hier flachen Küstenlinie weit vorgelagert sind. Bevor man in den Hafen einläuft, sieht man auf der linken Seite eine in der Regel freie Betonpier. An ihrer Wurzel befindet sich der Zoll, bei dem man ein- und ausklariert.

Einlaufend an Backbord liegt Izolas Fischereiflotte. Diese Liegeplätze muß man auch unbedingt freihalten. An der Wurzel der Fischermole befindet sich eine Tankstelle.

Liegeplätze:

Einlaufend an Steuerbord befinden sich dann die Stege der modernen Marina. In dem weiträumigen Hafenteil linker Hand kann man, wenn es der Liegeraum zuläßt, auch ankern bzw. eine freie Ankerboje, von denen viele ausliegen, benutzen. Eine Trippleine bei Benutzung eigenen Geschirrs ist aber unbedingt erforderlich. Es liegen eine Menge Teile älterer Grundgeschirre und andere Dinge im Hafenschlamm.

Die Marina bietet, wenn das Projekt voll ausgebaut ist, mehr als 600 Liegeplätze für Boote bis 25 m Länge und bis zu 4 m Tiefgang. Im Hinblick auf ihren technischen Standard ist sie schon jetzt hervorragend ausgerüstet.

Die Wassertiefen betragen in der Einfahrt etwa 5 m und nehmen kontinuierlich nach innen bis auf rund 3 m ab. Da das Projekt aber noch im Ausbau befindlich ist, muss man erfahrungsgemäß noch mit einigen Änderungen rechnen.

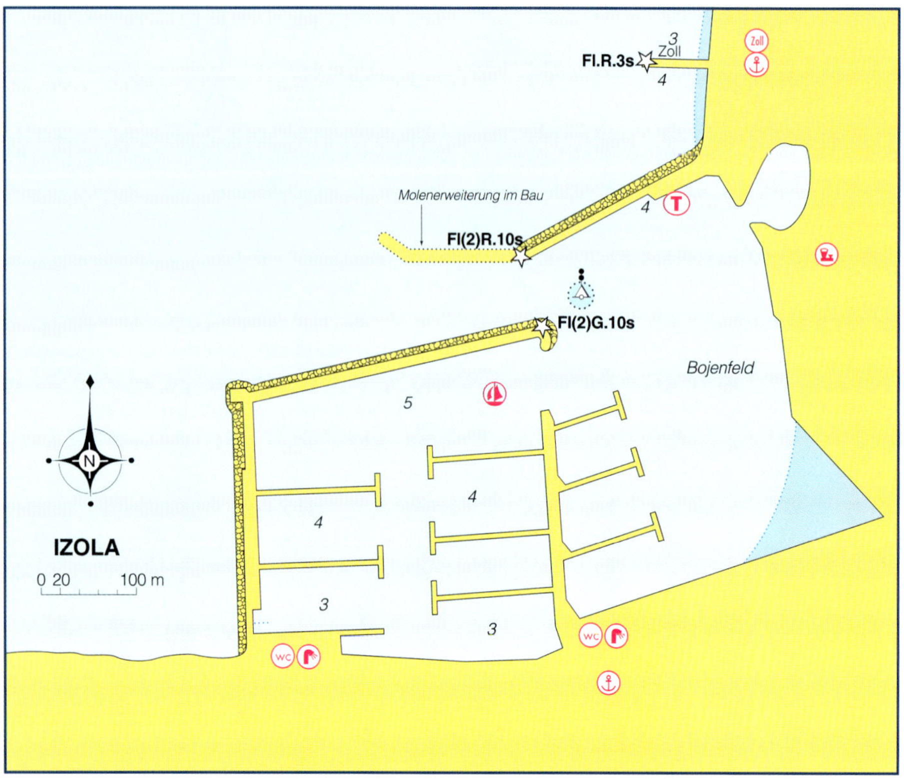

Versorgung:

Die Versorgungsmöglichkeiten sind gut. Lebensmittel finden sich in der Nähe des Eingangs bereits erwähnten alten Fischerhafens, und gemütliche Restaurants an der Uferstraße laden zum Verweilen ein.

Piran (45° 32‘ N 13° 34‘ E)

Ansteuerung:

Piran ist ein kleines malerisches Adriastädtchen, das – vorwitzig weit ins Meer hinausgereckt – auf einer Landzunge erbaut wurde. Eines dieser charmanten Kleinvenedigs, die den gesamten Adriaraum prägen. Es verwundert also nicht, dass der Ortskampanile, wie so häufig, die optimale Ansteuerungshilfe ist. Auf der Südwestseite der Landzunge trifft man, nachdem man, von Norden kommend, das Kap Madona gerundet hat, auf den Hafen. Der Grund ist bis dicht an die Hafeneinfahrt heran tief und rein, sodass die Ansteuerung selbst keine Probleme bereitet. Die Probleme fangen nach dem Einlaufen in den Hafen an.

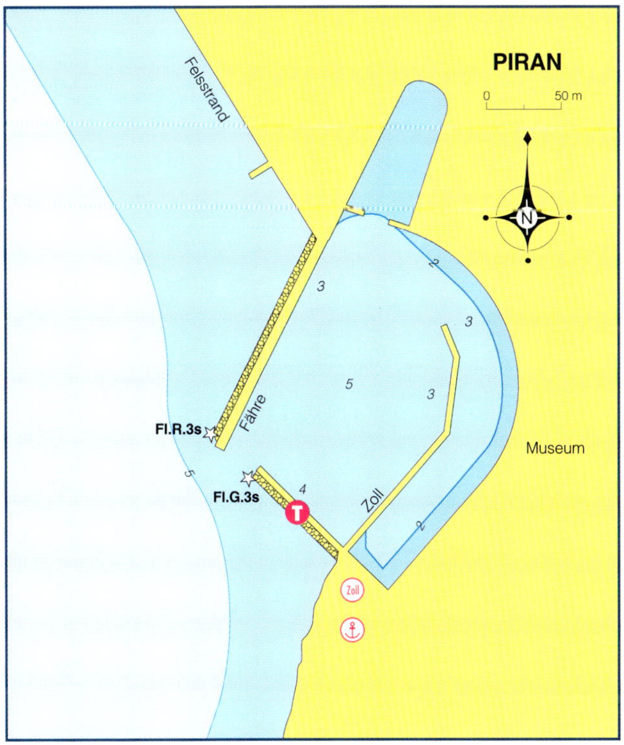

Liegeplätze:

Die Ursprünglichkeit und Schönheit des Städtchens bedingen, dass der Liegeraum mehr als knapp ist. Hat man noch nicht einklariert, kann man einlaufend an Steuerbord an der Zollpier festmachen. Sie ist durch ein Metallgitter vom übrigen Hafengebiet sichtbar abgetrennt. Aber dieser Liegeplatz ist eben nur zum Einklarieren gedacht.
Wenn man Glück hat, findet man an der Außenseite des Stegs, der die Zollpier fortführt, ein freies Plätzchen, sonst bleibt die Innenseite der Außenmole als Liegemöglichkeit. Mit 4 bis 5 m Wassertiefe an all den genannten Liegeplätzen ist es in der Regel tief genug. Der äußere Teil der Außenmole muss aber unbedingt für die Berufsschifffahrt freigehalten werden.

Versorgung:

Zoll- und Hafenamt befinden sich am Fuß der Innenmole, ebenso die Tankstelle und eine Wasserzapfstelle. Versorgungsmöglichkeiten befinden sich im neueren Teil des Ortes nahe beim Hafen. Es sei aber ausdrücklich noch einmal darauf hingewiesen, daß die Wahrscheinlichkeit, im Sommer einen Liegeplatz zu bekommen, eher gering ist.

Portorož (45° 30‘ N 13° 36‘ E)

Ansteuerung:

Dicht südlich des Badeortes Portorož liegt die moderne Marina. Sie grenzt unmittelbar an den kleinen, hier ins Meer mündenden Fluss. Klare Ansteuerungsmarken, außer vielleicht der nördlich angrenzenden Bebauung des Ortes, sucht man vergeblich. Näher herangerückt, nehmen die Wassertiefen rasch ab. Deswegen ist eine Fahrrinne zur Hafeneinfahrt mit Pfählen markiert. Die Einfahrtsrinne wird hier auf etwa 4 m gebaggert. Im Südteil des Hafens darf man mit 2 bis 3 m, im Nordteil des Hafens eher mit maximal 2 m Wassertiefe rechnen.

Liegeplätze:

Der Hafen hat 650 Liegeplätze für Boote bis theoretisch 25 m Länge. Der Hafen ist mit Dauerliegern gut gefüllt. Der Hafenmeister wird einem einen Liegeplatz zuweisen. Falls nicht, kann man kurzzeitig an die Tankstellenpier gegenüber der Einfahrt gehen und sich von dort einen Platz zuweisen lassen.

Versorgung:

Gute Slip- und Parkmöglichkeiten lassen den Hafen übrigens besonders geeignet für Trailerbootskipper erscheinen, die von

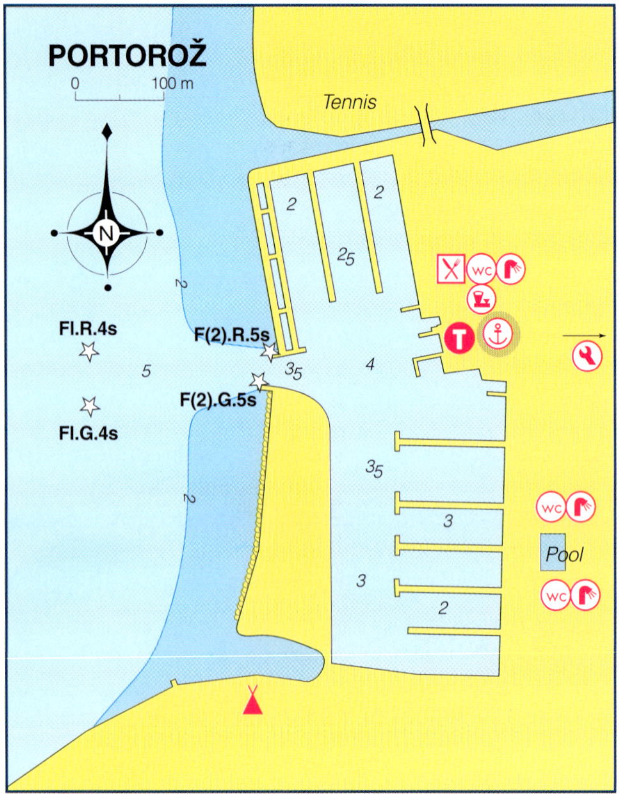

hier einen Törn in den nördlichen Teil der Nordadria unternehmen wollen.

Die Versorgung im Hafen ist recht gut – Supermarkt im Hafen vorhanden. Portorož ist aber kein Port of Entry, Ein- und Ausklarierungsformalitäten kann man nur in Piran erledigen.

Kroatisch-deutsches Glossar

Kroatisch	Deutsch
banka	Bank
benzinska stanica	Tankstelle
čamak	Boot
da	ja
desni brok boda	Steuerbord
desno	rechts
dobar dan	guten Tag
dobra večer	guten Abend
draga	kleine Bucht
grad	Stadt
hrid	Felsen, Klippe
isploviti	auslaufen
jarbol	Mast
jata	Yacht
jedrilica	Segelboot
jedro	Segel
jezero	See
kapetan	Kapitän
kljun	Bug
kormilar	Rudergänger
krma	Heck
lijeva strana	Backbord
lijevo	links
lučka milicija	Hafenpolizei
lučka taksa	Hafengebühr
luka	Hafen
mali	klein
more	Meer
morska bolest	Seekrankheit
morski	nautisch
most	Brücke
napunite molim	volltanken bitte
ne	nein
nori	neu
obala	Küste
otok	Insel
platiti molim	zahlen bitte
plicina	Untiefe
plutača	Boje
pojas za spasavanje	Schwimmweste
prolaz	Durchfahrt
ravno	geradeaus
restoran	Restaurant
roniti	tauchen
sidro	Anker
sveti	Heiliger
trznica	Markt
urala	Bucht
uzao	Knoten
uže	Tau
val (plural ovi)	Welle
veli	groß
zaljev	Bucht
zastava	Flagge

Aussprachehilfe:

c	wie z in Zell
č	wie tsch
ć	wie dsch
e	wie ä
h	wie ch in Schach
s	wie ß
š	wie sch
v	wie w in Wagen
z	wie s in Dose
ž	wie j in Journal

Ortsregister

Register nach Gebieten

Volker Lipps
Kroatien –
Buchten · Ankerplätze · Häfen · Landgänge
ISBN 3-88412-366-1
2. erweiterte und überarbeitete Auflage 2002

Herausgeber: Peter Krampe

Gründgensstrasse 18
22309 Hamburg

Bearbeitung: Jochen Meyer
Layout/Kartengrafik: machart, Hamburg
Lithografie: Reproform, Hamburg
Druck: Merkur-Druck, Norderstedt

Printed in Germany

Bildnachweis:
Luftaufnahmen, Bernd Euler;
alle anderen Fotos: Volker Lipps, Dr. Susanne Lipps, Jochen Meyer

Grafiken:
Seekartenausschnitte Seiten 10, 11 und 12 nach Katalog Bade & Hornig;
Druckverteilungsgrafiken Bora Seite 16 nach dem Buch „Seewetter“, erschienen im DSV-Verlag.

Haftungsausschluss:
Dieses Buch bürgt für eine aktuelle und detaillierte Beschreibung der Häfen und Ankerplätze im beschriebenen Seegebiet. Trotz größter Sorgfalt bei der Zusammenstellung kann eine Haftung für die Angaben nicht übernommen werden.
Die Karten und Pläne dieses Werkes sind nicht für die Navigation zu verwenden.
Seekarten sind auf den Seiten 10ff. aufgeführt.